V&R

Verena Göttsching/Stefano Marino

Interpretieren im Lateinunterricht

Ein Handbuch

Vandenhoeck & Ruprecht

Mit 38 Abbildungen

Bibliografische Information der Deutschen Nationalbibliothek

Die Deutsche Nationalbibliothek verzeichnet diese Publikation in der Deutschen Nationalbibliografie; detaillierte bibliografische Daten sind im Internet über http://dnb.d-nb.de abrufbar.

ISBN 978-3-525-71109-5

Weitere Ausgaben und Online-Angebote sind erhältlich unter: www.v-r.de

Umschlagabbildung: © nuvolanevicata/shutterstock.com

© 2017, Vandenhoeck & Ruprecht GmbH & Co. KG, Theaterstraße 13, D-37073 Göttingen / Vandenhoeck & Ruprecht LLC, Bristol, CT, U.S.A.
www.v-r.de
Alle Rechte vorbehalten. Das Werk und seine Teile sind urheberrechtlich geschützt. Jede Verwertung in anderen als den gesetzlich zugelassenen Fällen bedarf der vorherigen schriftlichen Einwilligung des Verlages.
Printed in Germany.

Satz: SchwabScantechnik, Göttingen
Druck und Bindung: ⊕ Hubert & Co GmbH & Co. KG, Robert-Bosch-Breite 6, D-37079 Göttingen

Gedruckt auf alterungsbeständigem Papier.

Inhalt

1 **Vorwort** 9

2 **Lebenswelten** 14

2.1 Jugendliche und ihre Lebenswelten 14
2.1.1 Wie ticken Jugendliche? 15
2.1.2 Didaktische Konsequenzen 24
2.1.3 Auf den Punkt gebracht: Beispiel 27

2.2 Lehreralltag 29
2.2.1 Einleitung 29
2.2.2 Herausforderungen im Schulalltag 30
2.2.3 Summa summarum 34
2.2.4 Zeit für das Interpretieren? 34

2.3 Literatur 35

3 **Jugendgerecht interpretieren – wie kann das gehen?** 37

3.1 Plädoyer für eine besondere Gewichtung der Interpretation 37

3.2 »Das ist Interpretationssache!« 40

3.3 Was bedeutet »jugendgerecht« interpretieren? 42

3.4 Interpretieren ab der ersten Lateinstunde 49

3.5 Literatur 51

4 **Bausteine der Textarbeit** 52

4.1 Grundsätzliche Überlegungen zur Unterrichtsplanung 52

4.2 Die Bausteine der Textarbeit im Überblick 56
4.2.1 Die Übersetzung und ihre Stellung innerhalb der Texterarbeitung 57
4.2.2 Beispiel für eine vollständige Texterarbeitung nach Variante 1 (Lehrbuchphase) 58

4.3 Die Bausteine der Textarbeit im Einzelnen 63
4.3.1 Der Einstieg 64
4.3.2 Die Texterschließung – kurz und knapp 75
4.3.3 Die Übersetzung – einige Anmerkungen 78
4.3.4 Die Analyse 80
4.3.5 Kriterienkatalog für die Analyse eines lateinischen Textes (für die Hand des Schülers) 88
4.3.6 Die (textüberschreitende) Interpretation 90
4.4 Literatur 96

5 Analyse und Interpretation – praktisch und konkret 98
5.1 Originaltexte: Erarbeitung von Analyse und Interpretation 103
5.1.1 Allgemeine Vorbereitungen 103
5.1.2 Vorbereitung der Analyse 105
5.1.3 Vorbereitung der Interpretation 107
5.2 Lehrbuchtexte 115
5.2.1 EXKURS: Kindliche Interpretationsfähigkeit 119
5.2.2 Allgemeine Vorbereitungen 123
5.2.3 Vorbereitung der Analyse 123
5.2.4 Vorbereitung der Interpretation 124
5.2.5 Zwei Beispiele zu Analyse und Interpretation 126
5.3 Übergangslektüre 129
5.3.1 Anregungen zum Übergang 130
5.3.2 Texte des Übergangs und wo sie zu finden sind 132
5.3.3 Vorbereitungen 134
5.3.4 Zwei Beispiele für Analyse und Interpretation in der Übergangslektüre 134
5.4 Literatur 139

6 Ethisch argumentieren 140
6.1 Ethische Themen und lateinische Texte 140
6.2 Das »ethische« Gespräch 144
6.3 Begründungsansätze ethischen Argumentierens 145
6.4 Methodisches Handwerkszeug 154
6.5 Zwei Beispiele aus dem Lateinunterricht 159
6.6 Literatur 162

7 Bilder und Zweittexte ... 163
7.1 Einsatz von Bildern ... 163
7.1.1 Kunstwissenschaft und Bild ... 166
7.1.2 Methodisches Handwerkszeug ... 170
7.1.3 Ein ausführliches Beispiel: Narzissus ... 179
7.2 Umgang mit Zweittexten ... 182
7.2.1 Vorbereitungen ... 182
7.2.2 Beispiel Narzissus ... 184
7.3 Literatur ... 186

8 Kreativ-produktive Verfahren ... 187
8.1 Binnendifferenzierung und kreatives Handeln ... 187
8.2 »Große« und »kleine« kreativ-produktive Verfahren ... 188
8.3 Die fünf Säulen kreativer Textinterpretation ... 189
8.4 Impulsgebung ... 192
8.5 Literatur ... 196

9 Basiswissen 1: Operatoren und Arbeitsaufträge ... 197
9.1 Einleitende Überlegungen ... 197
9.2 Operatoren – Benennung und Beschreibung ... 198
9.3 Weitere erprobte Arbeitsaufträge ... 201
9.4 Experiment: Schüler finden Operatoren ... 206
9.5 Literatur ... 207

10 Basiswissen 2: Fachdidaktische Modelle ... 208
10.1 H.-J. Glücklich (1978): Fünf Formen der Interpretation ... 209
10.2 F. Maier (1984): Die modellorientierte Interpretation ... 210
10.3 K. H. Spinner (1987): Interpretieren als Verständigung übers Verständnis ... 212
10.4 W. Heilmann (1993): Quid ad nos? als Leitgedanke des Interpretierens ... 213
10.5 P. Kuhlmann (2009): Die Interpretation – hermeneutisch und pädagogisch ... 214

11 Schlusswort 215

Stellenindex 216

Bildnachweise 219

Bibliographische Angaben zu den verwendeten Lehrbüchern 220

1 Vorwort

Liebe Kollegin, lieber Kollege,

Abb. 1: Laptop-Arbeit

wer unter Ihnen kennt das Problem nicht? Sie sitzen jetzt bereits eine halbe Stunde vor einem altsprachlichen Text und zerbrechen sich den Kopf darüber, wie Sie das Beste aus diesem schönen Text herausholen könnten: »Es müsste eine ordentliche Gebrauchsanweisung geben, an der man sich orientieren kann!«, seufzen Sie.

Das ist genau die Situation, für die dieses Handbuch gedacht ist; es möchte Ihnen neben einer fachdidaktischen Grundlage vor allem konkrete Hilfestellung geben, antike Texte für sich selbst und für den Unterricht in Universität, Schule, Studienseminar zu interpretieren.

Dieses Buch ist ein Versuch, Praxis und Theorie eng zu verbinden. Es ist so angeordnet, dass Sie es nicht von der ersten bis zur letzten Seite lesen müssen, um Gewinn aus ihm zu ziehen. Jedes Kapitel ist so verfasst, dass Sie mit ihm arbeiten können, ohne notwendigerweise die vorhergehenden gelesen zu haben. Querverweise erleichtern die Verbindung zu anderen Kapiteln.

Was zeichnet heute eine gelungene Interpretation[1] aus? Die Betonung inner-

1 Ausführliche Definitionen des Begriffes finden Sie in den Kapiteln 3.2, 4.2 (S. 57), 4.2.1 und 5.1.3.

halb dieses Satzes liegt auf der zeitlichen Bestimmung *heute*. Jede Zeit hat ein anderes *heute*. Jugendliche von *heute* finden andere Lebensumstände vor und entwickeln andere Lebensformen als junge Leute aus dem letzten Drittel des 20. Jahrhunderts. Aber auch Sie, die Sie einer anderen Generation als Ihre Schüler angehören, haben Ihre eigene Vorstellung vom *heute*. Es macht also keinen Sinn, einen Text »nur« so zu interpretieren, wie es viele Lehrer und Schüler in den vielen Jahrhunderten vor dem *heute* gemacht haben. Wenn lateinische Texte, die für Jugendliche immer fernere und damit vielleicht auch unverständlichere Inhalte transportieren, für dieses *heute* noch einen Wert darstellen sollen, darf die Interpretation nicht nur Texte in philologischer Manier deuten, sondern sie muss auch in eine vermittelnde Kommunikation zwischen den Rezipienten und den Texten eintreten. Eine Interpretation muss von den Lebenswelten der jungen Menschen ausgehen (z.B. von der fortschreitenden Individualisierung ihrer Lebensentwürfe oder von der Pluralität der Weltanschauungen) und im Idealfall auch wieder bei ihnen ankommen. Nur so lässt sich sicherstellen, dass die Schüler aus der Beschäftigung mit dem lateinischen Text intellektuellen *und* emotionalen Gewinn ziehen. Literatur soll Freude machen und Nutzen bringen, *delectare et prodesse* (in Anlehnung an die berühmten Verse des Dichters Horaz[2])!

In diesem Sinne haben sich Inhalte und Ziele der Interpretation verschoben. Einen Text zu interpretieren ist immer zunächst eine philologische Aufgabe; hieran wird sich nichts ändern. Denn ohne eine sichere Kenntnis des Textes und seiner (vorläufigen) Aussage kann dieser nicht in seinen verschiedenen Aspekten und Schichten verstanden und ausgelegt werden. Darüber hinaus aber gewinnt die Forderung an Bedeutung, dass wir andere, persönlichere Wege der Interpretation anbieten, ohne dem Text seinen historischen Kontext wegzunehmen.

Wir wollen in diesem Buch das Rad der Interpretation nicht neu erfinden, allenfalls ergänzen und anders justieren. Die Fachdidaktik hat in den letzten Jahrzehnten wertvolle Erkenntnisse für den Unterricht gewonnen, auch in Sachen Interpretation. Nichts davon ist obsolet oder unbrauchbar geworden. Wir zeigen die Gültigkeit fachdidaktischer Erkenntnisse, indem wir sie durch Beispiele einem Praxistest unterziehen. Überhaupt prägen die zahlreichen Beispiele dieses Handbuch. So oft wie möglich erklären und verdeutlichen Beispiele, wie man einen theoretischen Ansatz praktisch umsetzen kann (Lösungen zu Beispielen finden Sie im Downloadbereich [→ **DLB**] auf der Seite www.v-r-schule.de). Wir fordern Sie, liebe Leserin und lieber Leser, damit zur konkreten, praktischen Mit-

2 Horaz, ars poetica, v. 333–334.

arbeit auf und hoffen gleichzeitig, Ihnen zahlreiche Tipps und Hilfen zu geben, die Sie bei Ihrer täglichen Vorbereitung von Interpretationen nutzen können.

Zum Inhalt: Der Weg zu einer gelingenden Interpretation beginnt bei den beteiligten Personen: bei den Schülern und Schülerinnen (nachfolgend immer mit SuS abgekürzt) und bei uns Lehrern. Die SuS stehen in Spannungsfeldern, die durch Familie, Lebenswelten, Interessen und andere Faktoren beeinflusst werden. Wie ticken Jugendliche heute? Was bedeuten ihnen Schule und Unterricht? Jugendstudien und andere Quellen gewähren uns Einblick in die spannende Welt junger Menschen, ohne den Anspruch zu erheben, mit Hilfe der Forschungsergebnisse genau über sie Bescheid zu wissen.

Was prägt dagegen uns Lehrer? Was leitet uns? Was beschwert und erfreut uns im Zusammenhang mit Schule und Schülern? Diese in Fragen angedeuteten Faktoren formen uns und beeinflussen unser Agieren im Unterricht. Da wir nicht nur die Organisatoren und Gestalter des Unterrichts mit all seinen Herausforderungen im Alltag sind, sondern auch Begleiter und Partner unserer SuS, benötigen wir unsere ganze Lebenserfahrung, um im Spannungsfeld zwischen deren Bedürfnissen und unseren eigenen Vorgaben erfolgreich zu arbeiten. Welche didaktischen Konsequenzen ergeben sich aus dem Befund? Vor jeder Überlegung zur Interpretation müssen wir uns dieser grundlegenden Fragen bewusst werden (Kap. 2).

Interpretieren ist ein Begriff des Alltags, aber eher ein unreflektierter, denn kaum jemand realisiert, dass unsere gesamte Kommunikation von der Interpretation dessen, was gesagt wird, bestimmt ist. Umso mehr besteht die Notwendigkeit, dass wir uns fragen, was Interpretieren im schulischen Kontext bedeutet, und noch spezifischer, was *jugendgerechtes* Interpretieren ausmacht, denn mit Jugendlichen zu kommunizieren folgt wieder anderen Regeln als sich mit Erwachsenen auszutauschen; das kann man allein schon an der sich ständig verändernden Jugendsprache sehen (Kap. 3).

In einem ersten Schritt der Konkretisierung wird die Frage behandelt, mit welchen Bausteinen Texte erarbeitet werden können. In der Theorie sind wir mit ihnen vertraut, aber immer wieder sehen wir uns mit der Situation konfrontiert, dass wir nicht wissen, wie man diese Theorie mit Leben füllen kann, immer von dem Wunsch beseelt, den jungen Menschen Wichtiges mit auf den Lebensweg zu geben. Texte zu deuten macht daher Arbeit, in Vorbereitung und Durchführung (Kap. 4).

Werden wir noch konkreter: Wenn mehrere Kolleginnen oder Kollegen jeweils denselben Text für die Interpretation vorbereiten, ergeben sich so viele Interpretationen, wie es Kollegen sind. Und doch sind alle von ein und demselben Text ausgegangen. Aus diesem Befund soll man nicht schließen, dass Interpretieren eine beliebige Angelegenheit ist. Es gibt hilfreiche Schritte, mit denen eine Interpretation von uns Lehrerinnen und Lehrern entworfen werden kann. Betrachten Sie die vorgeschlagenen Schritte als mögliche, aber nicht zwingend notwendige Schritte; diese stellen sich in Abstimmung mit der Entwicklung der SuS in jeder Altersstufe immer wieder anders dar. Kohlbergs Stufen der Moralentwicklung geben hier nützliche Hinweise (Kap. 5).

Haben wir bisher versucht, ein anwendungsfreundliches Gerüst für das Entwerfen von Interpretationen zu entwickeln, so geht es danach um weitere Interpretationsansätze, die jeder Deutung ein eigenes Gesicht geben und dann tatsächlich den viel beschworenen Zusammenhang zum *quid ad nos? quid ad me?* ergeben. Das sind die ethischen Fragestellungen an den Text, der Einsatz von Bildern zum Text und das kreativ-produktive Weiterentwickeln von Texten bis hin zu noch tieferen Bedeutungsschichten, die weit über die Intention des Autors hinausgehen können (Kap. 6–8).

Wir würden Ihnen Wesentliches schuldig bleiben, würden wir Ihnen ein Basiswissen vorenthalten, das Didaktiker der alten Sprachen für die Interpretation entwickelt haben. Das Basiswissen umfasst zunächst eine Art Checkliste, d. h. eine Sammlung von Operatoren und eine Beschreibung dessen, was sie für die Interpretation leisten (Kap. 9).

Zusätzlich wird das Buch durch die Darstellung wichtiger fachdidaktischer Grundmodelle der Interpretation abgerundet. Zu den für unser Fach wichtigen Didaktikern zählen wir auch den Germanisten Kaspar Spinner mit seinen literaturdidaktischen Aufsätzen im Fach Deutsch (Kap. 10).

Für ihre Unterstützung danken müssen wir vielen Personen, ganz besonders aber Ingvelde Scholz und Klaus Banholzer.

Wir wünschen Ihnen beim Lesen des Buches viel Vergnügen und Gewinn für Ihre Arbeit!

Freiburg und Emmendingen im Mai 2016

Verena Göttsching und Stefano Marino

P. S. An dieser Stelle wollen wir auf das Buch *Interpretieren im Lateinunterricht - konkret* hinweisen, das in Kürze erscheinen wird. In ihm finden Sie eine Vielzahl erprobter und vollständiger Interpretationen zur eigenen Nutzung und Bearbeitung. Die Interpretationen beziehen sich auf Lehrbuchtexte, auf Texte der Mittelstufe und auf Originaltexte der Lektürephase. Bei jeder Interpretation geben wir eine Einstiegsidee, die Sie einsetzen *können,* wenn sie zum Unterrichtskontext passt. Unter der Bezeichnung »Interpretation« bieten wir zu jedem Text eine (textimmanente) Analyse und eine (textüberschreitende) Interpretation (+ Lösungshinweise im Downloadbereich [→ **DLB**] auf www.v-r.de).

2 Lebenswelten

Wegweiser durch dieses Kapitel:

2.1 Jugendliche und ihre Lebenswelten
2.2 Lehreralltag
2.3 Literatur

2.1 Jugendliche und ihre Lebenswelten

Wer über Wege des Interpretierens nachdenkt, muss vor allem diejenigen im Blick haben, die diese Wege beschreiten sollen. Es sind Kinder, Jugendliche, Heranwachsende.

»Die Jugend liebt heute den Luxus. Sie hat schlechte Manieren, verachtet die Autorität, hat keinen Respekt mehr vor älteren Leuten und diskutiert, wo sie arbeiten sollte. Die Jugend steht nicht mehr auf, wenn Ältere das Zimmer betreten. Sie widerspricht den Eltern und tyrannisiert die Lehrer.«[1]

Es scheint eine anthropologische Konstante des Erwachsenwerdens zu sein, vielleicht sogar der Fortentwicklung der Menschheit überhaupt, dass junge Menschen vieles anders machen wollen und auch müssen, als es die ältere Generation von ihnen erwartet. Ihre Wünsche an Schule und Unterricht entsprechen nicht unbedingt denen ihrer Eltern. Was diesen interessant erscheint, lässt sie gähnen; was ihnen selbst wichtig ist, mag ihren Eltern nicht einleuchten.

1 Der Ausspruch ist ca. 2400 Jahre alt und wird Sokrates zugeschrieben. Womöglich ist er einfach frei erfunden.

Niemand kann in die Köpfe von jungen Menschen hineinblicken und dann genau sagen, was bei ihnen irgendein Interesse weckt und wodurch das geschieht, wenn man überhaupt bei jungen Menschen von der *einen* Jugend sprechen kann. Fragen drängen sich u. a. auf:

- Was ist jungen Menschen (besonders) wichtig?
- Wie orientieren sie sich in ihrer Welt und in der Gesellschaft?
- Welches sind ihre Lebensziele?
- Welche Werte, welche Haltungen haben sie?
- Was erwarten sie von der Zukunft?
- Wie stehen sie zu Schule und Bildung?

Interessen unterliegen gesellschaftlichen Einflüssen, die auf junge Menschen vom ersten Tag ihres Lebens einwirken. Es ist daher für den Unterricht und für uns Lehrende von großer Bedeutung, etwas über Meinungen und Haltungen der Jugend zu erfahren, bezogen auf Schule, Bildung und ihre beruflichen Vorstellungen, Wertvorstellungen, Zukunftswünsche, aber auch auf ihr Verhältnis zu Politik, Kultur, Religion und Gesellschaft hier und in der Welt. Erst aus der Reflexion über diese Kräfte gewinnen wir die Nähe, die wir benötigen, wenn wir zusammen mit den SuS (alte und neue) Texte verstehen wollen.

Interpretieren gelingt, wenn Aussagen von Texten interessant sind oder ungewöhnlich, wenn sie Lust erzeugen, »dazwischen zu sein, dabei zu sein«. Synonyme für »Interesse« sind: Aufmerksamkeit, geistige Teilnahme, Wissbegierde, Neigung. Kurz gesagt: Interesse ist ein Gefühl, von etwas mehr haben oder wissen zu wollen. Interesse knüpft meistens an Bekanntes an und verbindet es mit etwas Unbekanntem, das aus sich heraus eine große, intrinsische Anziehungskraft entwickelt. Ein Junge hat beispielsweise das Hobby, Vögel zu beobachten. Er kennt daher bereits viele Vogelarten. Plötzlich entdeckt er einen Vogel, den er nicht einordnen kann. Sein Interesse ist geweckt. Oder ein junges Mädchen lernt zunächst recht unwillig Klavier zu spielen. Eines Tages hört sie einen Song, den jemand für das Klavier adaptiert hat. Das poppige Stück begeistert die junge Dame; jetzt macht das Klavierüben Sinn und Spaß, denn diese Musik weckt in ihr das Verlangen, selbst so spielen zu können …

2.1.1 Wie ticken Jugendliche?

Um Wissen über die heutige Jugend zu gewinnen, stehen uns im Prinzip drei Quellen zur Verfügung:

► Die *erste* Quelle sind wir selbst. Erinnern wir uns an unsere eigene Jugendzeit und unsere früheren Einstellungen und Gedanken zum sog. Establishment, denken wir an unsere Wünsche für ein gelingendes Leben. Nutzen wir also eigene Erfahrungen, wohl wissend, dass diese (a) nicht übertragbar und (b) nicht zu verallgemeinern sind.

► Die *zweite* Quelle sind Erfahrungen, die wir als Lehrende (es sei denn, Sie studieren noch!) über die Jahre hinweg gewonnen haben, wie wir SuS im Klassenverband und im Lebensraum Schule wahrgenommen haben. Was wir bei uns oder bei ihnen beobachtet haben, mag subjektiv und punktuell sein, es ist trotzdem von größtem Wert, weil es authentisch ist. Auch wir lernen ja stets hinzu, wenn wir auf Jugendliche reagieren und mit ihnen agieren.

Hinzu kommen noch Erfahrungen aus der Familie, aus Alltagsbegegnungen, aus der Nachbarschaft. Sie alle runden sich zu einem aussagekräftigen Bild. Aufmerksam sollten wir außerdem aktuelle Jugendtrends in Rock und Pop, in Mode und Sport verfolgen.

Die *dritte* Quelle sind zahlreiche wissenschaftliche Studien aus Soziologie und Politik, z. B.: die Sinus-Studie (2012, u18), die Sinus-Milieu-Studie 2015, die Shell-Studie 2010, der Heidelberger Leben-Trendmonitor 2011, MediKus-STUDIE des deutschen Jugendinstituts und des Deutschen Instituts für Internationale Pädagogik 2011/2012 und außerdem – besonders aussagekräftig – die Untersuchungen der Soziologin Anne Honer.

Veränderte Rahmenbedingungen

Die Sinusstudie z. B. zeigt die enormen soziokulturellen Unterschiede innerhalb der heutigen Jugend auf und verweist als Ergebnis darauf, dass sich die Lebensphase *Jugend* im letzten Jahrhundert »neu herausgebildet und immer weiter ausgedehnt hat«. Als Gründe nennt sie die Entwicklungen am Arbeitsmarkt und die damit zusammenhängenden Veränderungen im Bildungssystem:

»Je mehr sich in den letzten fünf Jahrzehnten wegen steigender Qualifikationsanforderungen die in Schule und Hochschule verbrachte Lebenszeit ausdehnte, desto mehr ›Jugend‹ war in der Lebensgestaltung möglich. Für junge Männer und Frauen ist es typisch, noch keine volle gesellschaftliche Verantwortung in den Bereichen zu übernehmen, für die sie nicht qualifiziert sind. Stattdessen ergibt sich die Möglichkeit, in anderen gesellschaftlichen Bereichen vollwertig zu partizipieren. Das gilt ganz besonders für den Konsumwarenmarkt, den Freizeit- und Mediensektor und die privaten sozialen Beziehungen.«[2]

---

2 Sinus 6 (Alle Zitate dieses Abschnitts aus der Sinus-Studie 2010, u_18, kurz »Sinus« genannt).

Die Studie unterscheidet sieben Lebenswelten (Milieus) von Jugendlichen:

1. Die *konservativ-bürgerliche Lebenswelt:* Für diese Jugendlichen sind **Anpassungs- und Ordnungswerte**[3] am wichtigsten. Sie wollen nicht auffallen, bezeichnen sich als häuslich, heimatverbunden und ruhig. Die gesellschaftliche Ordnung stellen sie nicht in Frage. Sie wünschen sich eine klar strukturierte, geordnete Zukunft. Lifestyle spielt für sie nur eine untergeordnete Rolle. Ihre Werte sind: Sicherheit, Ordnung, Disziplin, Zuverlässigkeit, Kontinuität, Gemeinschaft, Bildung, Pflichtbewusstsein[4]. Familie, Freunde und Vereine sind ihnen wichtig. Im Unterricht schätzen sie klare Strukturen und klar formulierte Arbeitsaufträge und Zielvorgaben.
   Bei jungen Menschen unter 18 umfasst diese Gruppe 13 % der Befragten.
2. Die *adaptiv-pragmatische Lebenswelt:* Sie zeigt sich leistungsorientiert, familienorientiert, schätzt Freundschaft und Zugehörigkeit zu Peer Groups und passt sich dem modernen Mainstream an. Das Machbare steht im Mittelpunkt. Die Jugendlichen kombinieren **bürgerliche Grundwerte und Tugenden** wie Ehrlichkeit, Vertrauen, Pünktlichkeit und Fleiß mit hedonistischen Werten wie **Freiheit** und **Spaß.** Als Lebensziel nennen sie Erfolg im Berufsleben und im persönlichen Bereich. Eine gesicherte Zukunft in einem schönen Zuhause ist ihnen wichtig. Im Umgang mit anderen schätzen sie Rücksicht und Verantwortung; sie engagieren sich für Menschen und für die Natur. Schule und Unterricht haben für sie einen hohen Stellenwert, von Lehrern und Lehrerinnen erwarten sie Kompetenz, Hilfsbereitschaft und Fairness. Diese Gruppe umfasst 19 %.
3. Die *prekäre Lebenswelt:* Diese jungen Menschen haben durch **Benachteiligung** sehr schwierige Startbedingungen. Ihre Biografien sind oft von Brüchen gekennzeichnet, die ihre Chancen auf einen normalen Lebensweg mindern, auf jeden Fall beeinflussen können. Sie bemühen sich um Orientierung und Teilhabe an der Gesellschaft und entwickeln dabei eine Durchbeißermentalität[5]: sie wollen »dazu«-gehören. Die Familie ist für sie enorm wichtig, ebenso die **soziale Anerkennung** und der Zusammenhalt in Gruppen und Cliquen. Bedeutung haben für sie Geld, Ehre, Patriotismus u. a.. Ausgeprägte Konsumwünsche, die nicht oder nur selten erfüllt werden, stehen an erster Stelle. Prekäre Jugendliche sind vergleichsweise schul-fern. Schule ist für sie mit Zwang verbunden; besonders das Schreiben ist für sie eine

3 Hier und in der Folge sollen die von uns fett gedruckten Begriffe eine Orientierung auf den ersten Blick ermöglichen.

4 Sinus, 92 (in der Grafik »Werte-Universum«).

5 Sinus, 179 (in der Grafik »Werte-Universum«).

Herausforderung. Lernen und Lebensplanung haben für sie wenig miteinander zu tun. 7 % der befragten Jugendlichen gehören zu dieser Lebenswelt.

4. Die *materialistisch-hedonistische Lebenswelt:* So definiert die Sinus-Studie die Lebenswelt einer »freizeit- und familienorientierten Unterschicht mit ausgeprägten markenbewussten **Konsumwünschen**«[6]. Diese Jugendlichen möchten vor allem **Spaß** haben, am besten gemeinsam mit Freunden. Kurzfristige Konsumziele sind ihnen wichtig; Shoppen, Party, Urlaub sind cool. Der soziale Status innerhalb ihrer Peer Group wird auch davon bestimmt, ob sie teure Markenkleidung tragen. Schnelles Geldverdienen hat für sie daher große Bedeutung. Ihre Werte sind einerseits traditionell (Familie, Liebe, Sicherheit, Anerkennung, Anstand[7]), andererseits materialistisch: Geld, Wohlstand, Komfort, Luxus, Berühmtheit. An der Schule schätzen sie »unstressige« Lehrer, das soziale Miteinander unter den Schülern. Sie wünschen sich, von den Lehrenden ohne Leistungsdruck ernst genommen zu werden. Diese Gruppe umfasst 12 % der Befragten.
5. Die *experimentalistisch-hedonistische Lebenswelt:* Mit diesem Begriff belegt die Sinus-Studie »spaß- und szeneorientierte Nonkonformisten mit Fokus auf das Leben im Hier und Jetzt«[8]. Diesen jungen Menschen geht es um **Selbstverwirklichung** und **Freiheit** von Zwängen. Sie wollen das Leben in vollen Zügen genießen, Grenzen ausloten und sich nach eigenen Vorstellungen entfalten. Das Normale und Konventionelle gilt für sie nicht, sie schätzen es, aus der Masse hervorzustechen, durch ihre unkonventionelle Kleidung, durch eine besondere Jugendszene, durch Experimentierfreude und Kreativität. Folgende Werte sind ihnen wichtig: Spaß, **Unabhängigkeit,** Abenteuer, Freiheit, Kreativität, Authentizität, Genuss, **Selbstständigkeit,** Fantasie, Protest. Was sie ablehnen: Gehorsam, Verantwortung, Pflichtbewusstsein, Bindung. In der Schule schätzen sie Lernbereiche, die von Leistungsdruck weitgehend befreit sind. Sie arbeiten gerne in Teams und in Projekten, die neue Wege gehen. Diese Gruppe umfasst 19 %.
6. Die *sozialökologische Lebenswelt:* Diese Jugendlichen fühlen sich der Gesellschaft und der Welt als Lebensraum verpflichtet. Sie zeigen **Engagement** für soziale Probleme. **Gerechtigkeit,** Umweltschutz und Nachhaltigkeit sind Bereiche, für die sie sich einsetzen. Gegenüber dem Materialismus sind sie kritisch. Sie achten das Prinzip der **Solidarität** und der Chancengleichheit für alle und entwickeln aus dieser Grundhaltung Berufswünsche, bei

6 Sinus, 213.
7 Jessen, *pass.*
8 Sinus, 250–251.

denen weniger die Bezahlung als soziale und sinnstiftende Aspekte im Vordergrund stehen. Neuem gegenüber sind sie aufgeschlossen. Die Schule als Lern- und Lebensort ist für sie von großer Bedeutung; sie erwarten kompetente und engagierte Lehrerinnen und Lehrer. 10 % der Jugendlichen sind diesem Milieu zuzuordnen.

7. Die *expeditive*[9] *Lebenswelt:* Diese Jugendlichen versuchen, alle möglichen Aspekte der Lebensgestaltung in Einklang zu bringen, sie haben ein »buntes Wertepatchwork«[10]: **Selbstverwirklichung,** Selbstentfaltung, Selbstständigkeit, **Freiheit,** Mobilität, **Unabhängigkeit,** Kunst, Spontaneität, Einzigartigkeit. Aber sie fühlen sich auch dem Leistungsdenken verpflichtet, schätzen Zielstrebigkeit und Fleiß. Als Networker sind sie auf der Suche nach Grenzen und unkonventionellen Erfahrungen. Expeditive sind flexibel, mobil und innovativ. Ein Leben ohne Aufbrüche oder Umbrüche können sie sich nicht vorstellen. Sie verstehen sich in allem, was sie anstreben, als kulturelle, stilistische Avantgarde, weit weg vom Mainstream und Konventionen. Die Schule erleben diese Jugendlichen als einen Ort der Arbeit; für sie sollte sie aber eher der Ort sein, der ihnen Gelegenheit gibt, Lerninteressen außerhalb des Lehrplans nachzugehen. Dazu wünschen sie sich engagierte und unkonventionelle Lehrer mit hoher fachlicher Kompetenz. Ihr Motto für die Zukunft lautet: Leben ist mehr als Arbeit[11]. Dennoch streben sie eine Karriere an. Expeditive machen 20 % aus.

In der Auswertung fallen u. a. folgende Aspekte auf: Jugendliche der Gruppen 1 und 2 – also derjenigen, die sich der bestehenden Gesellschaftsordnung zuwenden und von dort Sicherheit für ihr Leben beziehen – machen mit insgesamt 32 % ein Drittel der gesamten Jugend aus. Ein weiteres Drittel wird durch die Gruppe 4 und 5 vertreten. Sie sind dadurch geprägt, dass sie ihr Ego in den Mittelpunkt des Interesses stellen, sie leben hedonistisch und ich-bezogen. Traditionelle Werte gelten für sie nur bedingt. Ihr Fokus liegt auf dem Leben im Hier und Jetzt, wobei für Gruppe 5 auch die Zukunft eine Rolle spielt. Die Jugendlichen der Gruppe 6 (10 %) vertreten hierzu quasi die Gegenposition, indem sie eher an andere denken als an sich. Sie treten Ungerechtigkeit in der Gesellschaft entgegen und versuchen, Probleme in der Welt durch Engagement lindern zu helfen.

---

9 *expeditiv* bedeutet als Bezeichnung eines Milieus: unkonventionell, hyperindividualistisch.
10 Sinus, 326–328.
11 Sinus, 351.

Zwei Gruppen fallen aus dieser Anordnung heraus: die Gruppe 3 der prekären Lebenswelt (7 %) und die Gruppe 7 der expeditiven (20 %). Diese beiden Gruppierungen bilden quasi eine antithetische Einstellung zum Leben ab. Wo die einen um Anerkennung und einen Platz in der Gesellschaft kämpfen, sind die anderen eher ziellos: Weil sie sich nicht um die Sicherung ihrer Existenz kümmern müssen, sind sie an der Erkundung immer wieder neuer Möglichkeiten der Lebensgestaltung interessiert. Sie verstehen sich als Avantgarde und benötigen daher als Orientierung keine festgelegte Lebensplanung.

Die Kategorisierung kann für das Interpretieren im (Latein-) Unterricht von großer Bedeutung sein, weil wir uns im Klaren sein müssen, dass Deutungen von Texten mit ihren vielfältigen Themenspektren auch von den Lebenswelten der Jugendlichen geprägt sein können. *Wir Lehrer* stellen uns ja nach unseren je eigenen Erfahrungen diese oder jene Lösung einer Frage vor; *wir* bewerten Antworten nach unseren Vorstellungen (Weltwissen) oder denen des vermeintlichen *common sense.* Aber können wir von den SuS *unsere* Antworten erwarten? Müssen wir uns nicht vergegenwärtigen, dass noch viele andere Antworten möglich sind, die von den SuS gegeben und mit guten Gründen belegt werden können?

Dieser Aspekt soll nun an einem konkreten Beispiel aufgezeigt werden. Stellen Sie sich vor, Sie lesen in Kl. 11 Ciceros Text zum Thema *bellum iustum* (de off., 1,34–35). Der Text ist bereits übersetzt, die Textanalyse durchgeführt. Zur weiteren, jetzt textüberschreitenden Interpretation stellen Sie als (eventuell stummen) Impuls[12] folgende These in den Raum:

Kriege verhelfen zu einem friedlichen Leben ohne Ungerechtigkeit.

Text (gekürzt)
(34) In re publica maxime conservanda sunt iura belli. Nam cum sint duo genera decertandi, unum per disceptationem, alterum per vim, cumque illud proprium sit hominis, hoc beluarum, confugiendum est ad posterius, si uti non licet superiore. (35) Quare suscipienda quidem bella sunt ob eam causam, ut *sine iniuria in pace vivatur,* parta autem victoria conservandi ii, qui non crudeles in bello, non immanes fuerunt […]

In der Politik muss das Kriegsrecht besonders gewissenhaft beachtet werden. Denn es gibt zwei Arten, einen Streit zu entscheiden: die eine durch (Streit-) Gespräche, die andere durch Gewaltanwendung. Da jene die Menschen, diese die Tiere betrifft, muss man zur letzteren Zuflucht nehmen, wenn man die erste

12 Eventuell als Tafelanschrieb ohne einleitende Worte (= stummer Impuls).

nicht nutzen kann. Daher darf man Kriege nur in der Absicht auf sich nehmen, dass man ohne Unrecht in Frieden lebt; wenn der Sieg erlangt ist, müssen die, die im Krieg nicht grausam und auch nicht unmenschlich gewesen sind, geschont werden.

Es folgt eine Phase der Gruppenarbeit mit arbeitsgleichen Aufträgen zu Text und These:

- Stellen Sie in der Gruppe ein kurzes Meinungsbild her: Wer stimmt Ciceros These zu, wer nicht?
- Sammeln Sie Argumente für bzw. gegen Ciceros These.
- Geben Sie je ein Beispiel für oder gegen die These, indem Sie sich auf die aktuelle Weltpolitik beziehen.
- Formulieren Sie *entweder* einen Slogan, der die Meinung Ihrer Gruppe zusammenfasst *oder* entwickeln Sie ein Plakat mit Stellungnahmen, die in der Diskussion gefunden wurden (Alternative dazu: Entwickeln Sie eine Grafik, in der alle Meinungen der Teilnehmer miteinander in Beziehung gesetzt werden).

Natürlich kennen Sie die in einer Gruppe vertretenen Lebenswelten nicht, natürlich können Sie, selbst wenn Sie nach Ihrer Wahrnehmung lebensweltlich affine Gruppen zusammengestellt hätten, nicht wissen, ob in der Frage ein Konsens erzielt werden kann. Wenn die Gruppenteilnehmer sich auf einen gemeinsamen Slogan einigen konnten, ist das dann eventuell eher eine Frage der Durchsetzung Einzelner, die ihre Argumente besser vertreten konnten. Aber innerhalb der Gruppe müssen sich die SuS mit einem pluralistischen Meinungsmix auseinandersetzen und das dürfte für sie sehr interessant sein und auch der Interpretation aktueller Weltpolitik dienen.

Wir bewegen uns gewiss auf unsicherem Terrain, wenn wir nun Antworten formulieren, die Jugendliche aus ihrem Milieu heraus zu diesem Thema äußern *könnten. Nihilominus*! Die Zahlen links beziehen sich auf die entsprechenden Milieus. Die rechte Spalte fasst Zustimmung, Ablehnung oder Gleichgültigkeit gegenüber Ciceros These zusammen.

Milieu	**Mögliche Antwort**	**ja nein egal**
1[13]	Ich stimme Cicero zu. Kriege schaffen klare Verhältnisse und natürlich Frieden. Deswegen gehe ich auch nach der Schule zur Bundeswehr.	ja

13 Stichworte zum besseren Verständnis der Tabelle: konservativ-bürgerlich: Anpassung.

Milieu	Mögliche Antwort	ja nein egal
2[14]	Für Politik interessiere ich mich nur, wenn sie mich betrifft. Insofern mache ich mir über Krieg erst dann Gedanken, wenn er uns hier näher kommt. Ich glaube schon, dass ein Krieg Frieden schafft. Das sieht man ja an den Entwicklungen nach dem Zweiten Weltkrieg.	ja
3[15]	Ich bin Migrant, meine Familie ist vor dem Krieg geflohen. Wir wollen, dass es nirgendwo mehr Krieg gibt. Krieg bringt keinen gerechten Frieden, sondern nur Elend und Armut.	nein
4[16]	Kriege irgendwo auf der Welt – das ist mir egal. Bei uns herrscht ja Frieden. Politik ist für mich ein No-Go.	egal
5[17]	Ich weiß nicht, ob man mit Gewalt viel erreicht. Eigentlich müssen das die Politiker entscheiden.	egal
6[18]	Im Krieg und im Frieden gibt es immer beides: Gerechtigkeit und Ungerechtigkeit. Also machen Kriege keinen Sinn. Nur mit politischen Mitteln kann ein Frieden geschaffen und aufrechterhalten werden.	nein
7[19]	Kriege könnten meine Lebensperspektiven zerstören; außerdem verhindern sie den Fortschritt. Nur in friedlichen Zeiten kann ich mich entfalten.	nein

Mit solchen oder ähnlichen Antworten (2 × ja – 3 × nein – 2 × egal) muss man rechnen. Sie stellen die Pluralität der Meinungen einer ganzen Gesellschaft dar. Die SuS haben ihre Ansichten vertreten können und sich mit anderen Meinungen auseinandergesetzt. Sie hatten außerdem die Pflicht, sich dem besseren/stärkeren oder dem mehrheitsfähigen Argument zu beugen. Durch Reduktion und Aktualisierung drangen sie zur Problematik der ciceronianischen Aussage vor. Sie formulierten ihre Haltung. Die Erkenntnisse aus den Studien helfen uns daher, Antworten von SuS richtig einzuordnen und ihre Richtigkeit zu akzeptieren, sofern die Meinungen einen Bezug zum Text aufweisen.

14 adaptiv-pragmatisch: Pragmatismus zwischen Anpassung und individuellen Wünschen.
15 prekär: Benachteiligte Jugendliche mit »Durchbeißermentalität«.
16 materialistisch-hedonistisch: Konsum, Geldverdienen, Wohlstand.
17 experimentalistisch-hedonistisch: Selbstverwirklichung, Selbstständigkeit.
18 sozialökologisch: Engagement, kritisch gegenüber Materialismus und Konsum.
19 expeditiv: Unabhängigkeit, Mobilität, Avantgarde.

Kleine Lebenswelten

Die Soziologin Anne Honer füllt den Begriff »Lebenswelt« mit ganz anderen Inhalten, als es die Jugendstudien tun. Sie benutzt den Begriff nicht als Synonym für Milieu, sondern verbindet mit ihm ein »strukturiertes Fragment der Lebenswelt«.[20]

Ihre Vorstellung einer sog. »kleinen Lebenswelt« kann man am Tagesablauf junger Menschen gut aufzeigen. Die Jugendlichen verbringen viele Stunden in der Schule bzw. in ihrer Klassengemeinschaft. Ihre Klasse ist für sie *eine* strukturierte kleine Lebenswelt. In den Pausen, in zu überbrückenden Hohlstunden treffen sie jeweils auf andere Mitschüler und befinden sich somit in jeweils anderen Lebenswelten. Am Nachmittag, wenn sie z. B. im Verein Sport treiben, sind sie Teil einer bestimmten Lebenswelt, ebenso in der Familie, in ihren Peer Groups mit Gleichaltrigen, vor dem Computer, besonders bei Facebook usw. Somit nehmen Jugendliche jeden Tag an höchst unterschiedlichen »Veranstaltungen« teil mit jeweils eigenen Regeln und Zielsetzungen. Sie verfügen instinktiv über klare Vorstellungen von der Welt, in der sie sich *gerade* aufhalten. Sie verhalten sich in ihr entsprechend der Logik dieser Lebenswelt.

Dieses Wechseln von einer zur anderen Lebenswelt beginnt bereits sehr früh im Leben eines Kindes. Ein kleines Mädchen (3 Jahre) geht z. B. morgens um 7:30 in den Kindergarten, zuerst in die Gruppe derer, die früh gebracht werden. Dies ist ihre erste Lebenswelt, dann wechselt sie in ihre Stammgruppe mit festen Betreuerinnen; von 13.00–15:00 wird sie dann in der Gruppe der Kinder betreut, die über Mittag bleiben; von Lebenswelt zu Lebenswelt findet das Mädchen andere Bezugspersonen und andere Kinder vor. Das Beispiel kann eine Vorstellung davon geben, was Kinder bereits in einer so frühen Lebensphase leisten und wie viel Flexibilität sie erlernen müssen, um zu bestehen.

Diese Rahmenbedingungen sind an sich nichts Neues, aber im Licht des alltäglichen Umgangs miteinander doch Faktoren, die im Unterricht berücksichtigt werden müssen. Im Transfer auf ältere Kinder und Jugendliche sollten wir Lehrende gelegentlich berücksichtigen, in wie vielen sozialen Zusammenhängen diese agieren und mehr oder weniger reibungslos zwischen ihnen hin und her wechseln. Ihre Perspektive auf den Unterricht mit seinen wechselnden Fächern (Inhalte, Anforderungen, Lehrer-Schüler-Verhältnis, Persönlichkeit des Lehrers) ist niemals dieselbe. Sie hängt auch von Faktoren ab, die gerade eben in anderen Lebenswelten eine Rolle spielten, in welcher Form auch immer.

---

20 Honer, 11–26.

Der Blick auf die kleinen Lebenswelten bedeutet gegenüber wissenschaftlichen Studien einen Perspektivenwechsel, weil die Erfahrungen der Jugendlichen im Mittelpunkt der Aufmerksamkeit stehen, nicht der »beobachtende Blick der Erwachsenen«. Studien geben das Beobachtungsraster vor und das ist eines von Erwachsenen (Beispiel: Eine Studie fragt nach dem angestrebten Beruf, nach der Bedeutung von Fairness, nach dem angestrebten Lebensstil und nach der Bedeutung von Sparsamkeit[21].). Lebenswelten dagegen nehmen ihren Ausgang von dem *inside point of view:*

»Es geht dabei nicht nur um das Zugehörigkeitsbewusstsein zu einer Gleichaltrigengruppe, sondern auch um deren gemeinsame Praxis sowie um die eingelagerten geteilten Weltbilder und Sinnbezüge.«[22]

2.1.2 Didaktische Konsequenzen

Angesichts der Fülle an Informationen erscheint es schwierig, einfache didaktische Konsequenzen zu ziehen. Wir erhalten jedoch einige grundsätzliche Ansatzpunkte für ein jugendgerechtes didaktisches Handeln:

- *Jugendliche leben im Hier und Jetzt.* Die Gegenwart ihrer Lebenswelt spielt für sie die zentrale Rolle. Unter den drei Zeitstufen ist für sie persönlich gewiss die Vergangenheit die unwichtigste; sie ist daher auch die Zeitstufe, die wegen ihrer Ferne die meisten Erläuterungen benötigt.
- *Jugendliche schließen sich oft Gleichaltrigen bzw. Gleichgesinnten an.* Sie bilden Cliquen und Groups, also selbstorganisierte Gruppen. Dort üben sie soziales, möglicherweise auch demokratisches Handeln ein und trainieren Formen der Kommunikation. Der Einfluss von Freundeskreisen auf den einzelnen Jugendlichen ist groß. Das Thema Freundschaft ist in fast allen Milieus überaus wichtig.
- *Jugendliche halten sich in vielen unterschiedlichen Lebenswelten auf.* Diese durchlaufen sie parallel. Die Jugendlichen tauchen von einer Lebenswelt in die andere ein. Sie können sich rasch auf andere Situationen einstellen, sie sind im System ihrer Lebenswelten flexibel.
- *Jugendliche legen Wert auf Individualität* (was nicht im Widerspruch zum Aspekt der Gruppenorientierung steht). Lebenspläne und Lebensstile sind individuell geprägt, ein von allen geteiltes Wertesystem gibt es nicht mehr[23]. Man

21 Reinders, 27.

22 Lüders, 13.

23 Pfeifer, 13.

definiert sich u.a über die Leistung, über den Konsum und/oder über Aspekte der Selbstverwirklichung.

▶ *Jugendliche sind prinzipiell neugierig.* Neues reizt sie. Sie gehen dem, was sie interessiert, auf den Grund. Sie erleben das Neue als spannend und können sich seiner Anziehungskraft nicht entziehen. Dieser Aspekt von Jugend ist der einzige, der als anthropologische Konstante für Jugendliche (Menschen) aller Epochen und Zeiten anzusehen ist.

▶ *Jugendliche sind heute in Sachen Multimedia gut ausgerüstet und äußerst versiert.*[24] Wie viel Zeit sie mit Medien verbringen, ist nicht zu unterschätzen. Je mehr sie vor dem Computer sitzen, umso mehr verändert sich ihre Wahrnehmung der Realität. Sie können ihre Kommunikationsfähigkeit verlieren, sowohl die Entwicklung der gesprochenen Sprache als auch die Fähigkeit, mündlich und schriftlich formulieren zu können. Die korrekt gesprochene und ordentlich geschriebene Sprache verliert an Bedeutung, Texte zu verstehen und deren Vielschichtigkeit zu erkennen wird schwieriger. Junge Nutzer von PC und Smartphone entwickeln Chat-Sprachen – auch mit Unterstützung des Spracherkennungsprogramms. Beispiel aus Facebook: »Nun dann, Happy Bierfass!« Gemeint ist: Happy Birthday.[25]

Wie schaffen wir es, die genannten Spezifika jugendlicher Lebenswelten so im Unterricht nutzbar zu machen, dass sie nicht artifiziell wirken, sondern den Unterrichtsablauf als eine durchlaufende Konstante prägen?

Verstehen wir sie als Appelle, das eigene Unterrichtskonzept so oft wie möglich nach seiner Aktualität zu hinterfragen, was die Adressaten des Unterrichts angeht. Aspekte der Inhalte, der Frage- und Aufgabenstellungen, der Methodik und ggf. der Visualisierung müssen immer wieder überdacht werden. Eine einmal erfolgreich interpretierte Textstelle darf nicht immer wieder unverändert eingesetzt werden, weil sich Schüler durch gesellschaftliche Einflüsse von Jahr zu Jahr verändern, auch wenn wir das nicht direkt und unmittelbar wahrnehmen.

---

24 Die Sinus-Studie u_18 untersucht auch die Art der Online-Nutzungsaktivitäten der einzelnen Milieus. Die genannten Begriffe sind nach der Häufigkeit ihres Einsatzes und ihrer Bedeutung für Jugendliche angeordnet (nur die ersten drei werden jeweils genannt): Milieu **1: Fernsehen** – E-Mails – Spiele/**2: Chatten** – soziale Netzwerke – mobile Internetnutzung/**3: Spiele** – soziale Netzwerke – Chatten/**4: soziale Netzwerke** – chatten – mobile Internetnutzung/**5: soziale Netzwerke** (mit Vorbehalten) – Chatten – Spiele/**6: E-Mails** – Nachrichtenportale – Internet-Surfen/**7: Chatten** – soziale Netzwerke – Musikdownload.

25 Süddeutsche Zeitung (Nr.175) vom 1./2. August 2015, Artikel »Frei Schnauze«, 2.

Praktische Konsequenzen

Didaktische Konsequenz	Praktische Konsequenzen für den Unterricht
► *Jugendliche … leben im Hier und Jetzt.*	Der Einstieg in einen und der Zugang zu einem antiken Text müssen von der Gegenwart und der Lebenswelt der Jugendlichen ausgehen oder darauf Bezug nehmen. Im Idealfall beginnt die Auseinandersetzung mit dem Text in der Gegenwart und endet auch wieder dort. → die Lebenswelt der Jugendlichen und die Gegenwart zum Ausgangspunkt der Interpretation machen / vor der Interpretation alle SuS beim Thema »ankommen« lassen / den Bezug zur Gegenwart immer wieder aufgreifen / die Gegenwart in die Zukunft »verlängern«
► *… schließen sich oft Gleichaltrigen bzw. Gleichgesinnten an.*	Teamarbeit muss einen hohen Stellenwert besitzen. Die Größe des Teams kann von der »Intimität« der Partnerarbeit bis hin zur quasi öffentlichen Podiumsdiskussion reichen, an der die ganze Lerngruppe teilnimmt. → Variation in den Sozialformen anstreben / der Teamarbeit angemessenen Raum gewähren / Prinzip »Nachdenken-Austauschen-Präsentieren« (Think-Pair-Share) anwenden
► *… leben in vielen kleinen Lebenswelten.*	Die SuS haben viele außerschulische Bezugsfelder. Es ist nicht möglich, diesen im Einzelnen nachzuspüren. Aber es muss den Lehrenden bewusst sein, dass gerade beim Interpretieren von Texten andere Lebenswelten berührt werden, die Einfluss auf das Textverständnis haben können. → sich der Pluralität der Einflüsse bewusst sein und unterschiedliche (begründete) Meinungen zulassen / die Frage: *Quid ad me? Quid ad nos?* erfahrbar machen. Der Einzelne *und* die Gemeinschaft bilden den Bezugsrahmen.
► *… legen Wert auf Individualität.*	Während der Interpretation muss es für Schüler immer wieder Gelegenheiten geben, ihr Weltbild bzw. ihren Lebensentwurf vorzustellen und diese mit denen zu vergleichen, von denen sie in den Texten lesen. → ergebnisoffene Fragestellungen entwickeln / Individualaufgaben zur Selbstreflexion (Stillarbeit) anbieten, bei denen keine Präsentation, keine Offenlegung (Bloßstellung) erfolgt / (wie oben) unterschiedliche Meinungen zulassen
► *… sind prinzipiell neugierig.*	Der Einstieg in den Text ist im Idealfall so gestaltet, dass Neugier, Interesse und Spannung entstehen. Die jugendliche Motivation kann durch ergebnisoffene Impulse verstärkt werden. → Motivation schaffen / Neugier wecken / Bekanntes mit Unbekanntem verknüpfen / entdeckendes Lernen ermöglichen

▸ … *sind in Sachen Multimedia äußerst versiert.*	Jugendliche verfügen über eine sehr gute medientechnische Ausrüstung. Sie verbringen viel Zeit im Netz. Dort erhaltene Zweiterfahrungen können selbst-erlebte Primärerfahrungen verdrängen. → mediale Erfahrungen der SuS nutzen/Recherche und Auswertung der Recherche als integrale Bestandteile der Interpretation begreifen/reale Erfahrungen mit Zweiterfahrungen kontrastieren, also reale Welt mit medialer Welt vergleichen
▸ … *lieben Spaß.*	Die intrinsische Motivation eines Lerninhalts durch Bezüge zur Lebenswelt der Jugendlichen wecken, immer wieder erneuern und bis an das Ende der Unterrichtseinheit aufrechterhalten. → moderne Unterrichtsmaterialien verwenden/abwechslungsreiche Methoden einsetzen/SuS im Lernprozess begleiten/ein durchaus straffes Unterrichtstempo aufrechterhalten/loben, aber auch Fehlerhaftes klar benennen (deutlich unterrichten)

2.1.3 Auf den Punkt gebracht: Beispiel

Gewiss haben Sie sich im Laufe dieses Kapitels bereits mehrmals gefragt, ob man alle diese Hinweise tatsächlich im Lateinunterricht braucht und auch so anwenden kann. Machen wir eine kurze Probe aufs Exempel, ohne anderen Kapiteln des Buches vorzugreifen.

Stellen Sie sich folgendes Szenario vor: In der Lateinstunde einer Klasse 9 oder 10 legen Sie den Schülern Catulls c. 85 vor und lesen das Gedicht laut und prononciert vor:

Odi et amo. Quare id faciam, fortasse requiris.
Nescio, sed fieri sentio et excrucior.

Sie fragen die Schüler, ob sie Lust hätten, dieses kurze Gedicht zu lesen und zu interpretieren. Manche lächeln müde, manche bejahen Ihre Frage. Diese begründen ihre Haltung: »Weil es angenehm kurz ist.« - »Weil es offensichtlich um Hass und Liebe geht, das gefällt mir.« - »Weil ein so kurzes Gedicht wie ein Rätsel ist, da steckt doch sicher mehr dahinter!«
Sie fragen weiter: »Warum wollen die anderen das Gedicht nicht kennen lernen?« »Weil ich auf den ersten Blick nichts verstehe!« - »Weil mir Liebesgedichte überhaupt nicht gefallen, immer dieses Gesülze!« - »Weil mich Latein langweilt. Das ist doch alter Kram, der nichts mit mir zu tun hat.«

In diesem Beispiel zeigen sich einige junge Leute interessiert, weil das Gedicht sie vermutlich wegen seiner Kürze nicht allzu sehr in Anspruch nehmen wird (extrinsische Motivation); oder es reizt sie das Thema (Liebe und Hass) oder sie verstehen den Text als intellektuelle Herausforderung (beide Motive: intrinsische Motivation). Die anderen SuS lehnen eine Beschäftigung mit dem Gedicht ab in der Annahme, sie seien überfordert; oder sie sind dem Thema gegenüber voreingenommen, möglicherweise ist ein Gedicht über Liebe und Hass ihnen peinlich; sie haben Probleme, öffentlich über Gefühle zu sprechen.

Dennoch wissen Sie als Lehrer oder Lehrerin: Liebe und Hass (so viel haben die SuS ja bereits verstanden) sind für SuS immer von hohem Interesse, sofern sie sich auf das Thema einlassen.

Wie können nun Aspekte der Jugend dieses Vorhaben im Lateinunterricht beeinflussen? Wir schlagen vor, zwei Gruppen zu bilden und damit die Einstellung beider Parteien ernst zu nehmen; beide arbeiten mit unterschiedlichen Aufgaben parallel.

Die ablehnende Gruppe beschäftigt sich zunächst nicht mit Catull, sondern mit einem Song aus ihrer Lebenswelt, z.B: *Someone like you* von Adele (2011). Das Lied handelt von einem Mädchen, das einer verlorenen Liebe nachtrauert. Das Lied klingt bzw. macht melancholisch, es ist sehr leise und verhalten. Das Mädchen wünscht seinem ehemaligen Freund, der inzwischen eine andere Partnerin gefunden hat: *Never mind, I'll find someone like you. I wish nothing but the best for you two.*

Die Ablehner arbeiten - wenn sie das wollen - gemeinsam, sonst in Still-/Einzelarbeit. Die Arbeitsaufträge könnten lauten:

- Analysiere deine Gefühle beim Anhören des Lieds (Text liegt vor).
- Wie würdest *du* mit der Situation, von deinem Freund/deiner Freundin verlassen zu werden, umgehen?
- Sammle andere mögliche Reaktionen auf die Situation des Verlassenwerdens.
- Ordne jeder Reaktion Konsequenzen zu, die sich aus ihr ergeben können (für dich selbst und für die geliebte Person).

Hinweis:

Falls Ergebnisse präsentiert werden sollen, auf Anonymisierung achten. Individuelles Fühlen kann und darf nicht öffentlich gemacht werden. Kein Schüler, keine Schülerin soll gezwungen werden, seine/ihre Erfahrungen und Gefühle vor anderen auszubreiten. Hier beweist sich der intime Charakter der Interpretation. Diese Intimität setzt Grenzen, die der Schüler selbst bestimmt.

In der Zwischenzeit hat die Gruppe der Interessierten das Gedicht übersetzt und das, was sie als Begründung für ihr Interesse genannt hatten, beantwortet: Die Kürze des Gedichts bildet das Gefühlschaos ab (schnell wechselnde, gegensätzliche Gefühlsbäder), die Gefühle Hass, Liebe, Ratlosigkeit und Qual treten quasi gemeinsam auf und machen den betroffenen Menschen zu einem seelischen Wrack *(Bezug Lebenswelt).*

Beide Gruppen vergleichen ihre Ergebnisse, d. h. sie stellen ihre Reaktionen und Emotionen neben die des Catull und entwickeln dabei entsprechende Vergleichsparameter. Ganz sicher erkennen alle, dass Gefühle an keine Epoche gebunden sind. Was Catull oder eine Person, für die er spricht, durchmacht, ist ihnen eventuell bereits passiert oder kann ihnen passieren. Oder sie können im Perspektivenwechsel erkennen, was eine Person, die verlassen wird, durchleiden muss.

Die Adele-Gruppe übersetzt nun das Gedicht ohne Unterstützung.

Weitere Interpretationsschritte werden sich anschließen, z. B. die Untersuchung der stilistischen Gestaltung des Distichons, eine Recherche zum Begriff »Hassliebe« oder ein Standbild, das versucht, die ambivalenten Gefühle auszudrücken: eine Person personifiziert die Liebe, die andere den Hass.

Zum Abschluss könnten einige Forschungsansätze zur allgemeinen Diskussion gestellt werden:

- Ist das Gedicht ein »sprachliches Spiel«[26]?
- Soll man das Gedicht biografisch deuten?
- Dokumentiert es eine allgemein-menschliche Hilflosigkeit angesichts einer hoffnungslosen Lage?

2.2 Lehreralltag

2.2.1 Einleitung

Kaum ein Film der letzten Jahre ist in der Gesellschaft mit derart kritischen Reaktionen aufgenommen worden wie »Fack ju Göhte«. Pädagogen, Filmkritiker und viele andere Filmbesucher störten sich nicht nur am Bild des Lehrerberufs, sondern überhaupt an den Bildern, die über SuS und Schulalltag in die mediale Öffentlichkeit transportiert wurden.

26 Nickel, R., Übersetzen lehren und lernen, in: AU 5/2015 »Textübersetzung«, 5.

Dass Lehrer als Gegenpart zu SuS nicht ausgespart werden, wenn der Plot eines Films das System Schule in satirischer Weise aufs Korn nimmt, ist selbstverständlich. Dafür gibt es unzählige weitere Beispiele in Filmen und Serien über die Schule. Kein Film aber, und schon gar nicht »Fack ju Göhte«, will offensichtlich die Realität an Schulen abbilden, der Film liefert eher ein Zerrbild schulischen Lebens. In Wirklichkeit ist der Lehrberuf für alle Lehrer und Lehrerinnen oft beglückend, stellt aber – und dies immer und immer wieder – eine starke, bisweilen kräftezehrende Herausforderung dar. Lehrerarbeit ist anspruchs- und verantwortungsvoll, oft aufreibend.

Im Folgenden wollen wir den Lehreralltag, so wie wir Lehrende ihn erleben, kurz beschreiben. Die Darstellung kann sicher nur subjektiv sein, manche Aspekte mögen fehlen.

2.2.2 Herausforderungen im Schulalltag

Nicht nur Jugendliche leben in Lebenswelten. Wo immer Menschen agieren, arbeiten und Zeit verbringen, kann man von Lebenswelten sprechen. Insofern betrifft die Vorstellung einer strukturierten kleinen Lebenswelt auch Lehrerinnen und Lehrer. Sie haben nach unserer Meinung besonders viele strukturierte Lebenswelten, wenn man bedenkt, wie Sie von Klasse zu Klasse eilen, von der Unterstufenklasse zum Oberstufenkurs, vom Schulgebäude zur Sporthalle, vom Lehrerzimmer zu den Gemeinschaftsräumen usw.. Wenn Sie am Ende eines langen Schultags nach Hause kommen, bedeutet das ein erneutes Eintauchen in andere kleine Lebenswelten.

Ist Ihnen bewusst, dass Sie in Ihrem Beruf *mindestens* fünf Arbeitsfelder (Lebenswelten) haben? Sie agieren

a) als *Wissensvermittler* und *Erzieher*
b) als *Lernbegleiter*
c) als *Gestalter* des schulischen Lebens
d) als *Gesprächs- und Ansprechpartner* für Eltern und
e) als *Vertreter der Schule* in der Gesellschaft.

»Mindestens« bedeutet: Sie sind auch noch *Mitglied eines Kollegiums,* eventuell auch noch *Betreuer* von technischen Anlagen oder wissenschaftlichen Sammlungen, *Mediator* bei Streitigkeiten, *psychologischer Betreuer …*

Einige Anforderungsprofile dieser Arbeitsfelder/Lebenswelten wollen wir kurz – und notwendigerweise unvollständig – skizzieren.

(a) Wissensvermittler und Erzieher: Die meiste Zeit Ihrer beruflichen Tätigkeit verbringen Sie in Klassenzimmern, in direkter Interaktion mit den SuS. Dabei sind Sie in zwei – im Grundsatz verschiedenen – Bereichen gefordert:

- wenn Sie fachspezifische Inhalte, Methoden und Lernstrategien vermitteln *und*
- wenn Sie die vielfältigen erzieherischen, beziehungsbezogenen und organisatorischen Aufgaben bewältigen, die unter dem Begriff *Classroom Management*[27] zusammengefasst werden können.

Diese Aufgaben verlangen neben fachlichem Können weitere vielseitige Fähigkeiten und Kompetenzen, die in der Summe den guten Lehrer und eine authentische Lehrerpersönlichkeit ausmachen:

- Präsenz und Ausstrahlung
- Gespür und Verständnis für verschiedene Schülerpersönlichkeiten
- flexibles Agieren und Reagieren auf sich ändernde Situationen
- Autorität (die sich durch Sensibilität, Persönlichkeit, innere Stärke und Wissen ergibt)
- Fähigkeit zu führen.

► Kurz gesagt: *Fachliches Können* auf der einen Seite und *verstehende Zuwendung* und *Führung* – in ausgewogener Balance – auf der anderen, sind Anforderungen, die Sie erfüllen müssen, wenn Sie vor der Klasse stehen.[28]

(b) Lernbegleiter: In jeder Klasse, in jedem Schuljahr konstatieren Sie aufs Neue, dass die Heterogenität der Lerngruppen zunimmt – nicht nur in kognitiver Hinsicht unterscheiden sich die SuS immer mehr, sondern auch, was ihre soziale oder emotionale Entwicklung angeht.

Diese Bestandsaufnahme kann auf mehrere Ursachen zurückgeführt werden: Heterogenität wird z. B. durch die unterschiedliche Ausprägung familiärer Strukturen, durch die zunehmende Vielfalt kultureller Unterschiede oder auch durch Erziehungsdefizite hervorgerufen. Wir wissen ja, dass manche Eltern die Erziehung der Schule überlassen. Auch der Wegfall der Grundschulempfehlung in vielen Bundesländern verändert das Begabungsspektrum innerhalb der Klasse. Wo die Schulen Inklusion anbieten, muss auch diese Herausforderung, um nicht zu sagen: Disparität, berücksichtigt werden.

---

27 Sabornie, 3.
28 Vgl. dazu Bauer, (2008) 51–59.

Darauf reagieren Sie, indem Sie in einem beständigen Prozess den Unterricht in wohldosierten Phasen individualisieren und einzelne Unterrichtsschritte den SuS mit ihren unterschiedlichen Lernvoraussetzungen jeweils anpassen. Individualisierte Aufgaben (also Aufgaben, die den Gleichschritt im Unterricht zugunsten des Einzelnen auflösen) zu erstellen macht Arbeit. Und es ist wirklich nicht so, dass Aufgaben, einmal gefunden und formuliert, für weitere Schuljahre zur Verfügung stehen. Immer und immer wieder müssen sie überarbeitet, angepasst oder ausgetauscht werden.

Aber kann Individualisierung allein die Antwort auf den Befund großer Heterogenität der SuS sein? Eine weitere Lösung kann darin bestehen, die SuS zu befähigen, eine größere Verantwortung für das eigene Lernen zu übernehmen. Auch dieser Weg zur Selbstverantwortung muss von den Lehrenden initiiert, gelenkt, begleitet und evaluiert werden, denn »Lernen lernen« will gelehrt und gelernt sein!

► Kurz gesagt: *Differenzierung* bedeutet, dass Sie die SuS beobachten, ihre Leistungen evaluieren und ihnen möglichst passgenaue Lernangebote machen; *Anleitung zur Selbstständigkeit* heißt, ihnen Lerninhalte, individuelle Strategien zum Wissenserwerb und Verfahren zur Selbstkontrolle an die Hand zu geben.

(c) Gestalter des Lebensraums Schule: In den letzten Jahren hat der Schulalltag deutlich an Dynamik zugenommen. Man beklagt unserer Meinung nach zu Recht, dass immer weniger Zeit für das kontinuierliche und konzentrierte Lehren und Lernen bleibt. Festgeschriebene Unterrichtsziele müssen in G 8 in deutlich weniger Zeit als früher erreicht werden. Hinzu kommt, dass die Unterrichtsphasen durch zahlreiche außerunterrichtliche Aktivitäten unterbrochen werden: z. B. durch Chor- und Orchesterprobentage oder Landschulaufenthalte – zusätzliche Lernangebote (z. B. BOGY) – Sozialpraktika (z. B. Compassion) – kürzere oder längere Austauschprogramme – Aktions- bzw. Projekttage – Studienfahrten – Aktionen der Erlebnispädagogik u. a.

Wenn solche Aktivitäten abgeschlossen sind und sich dabei keine Komplikationen einstellen – kein Besuch beim Arzt, kein Heimweh bei den SuS, keine Streitigkeiten etc. –, bleibt immer noch die innerliche Anspannung der Lehrer und ihre hohe Konzentration beim Rund-um-die-Uhr-Einsatz.

Anmerkung:

Außerunterrichtliche Aktivitäten bereichern das Leben und die Gemeinschaft innerhalb einer Schule ungemein und fördern die Persönlichkeitsentwicklung der SuS, unbestritten. Aber Sie müssen haushalten mit Ihren Kräften und dabei auch eigenverantwortlich entscheiden, wie groß Ihr Engagement bei solchen

Projekten sein kann, um mit wahrnehmbarer Präsenz und ausreichender Kraft die Herausforderungen des Schulalltags, d. h. doch im Wesentlichen: der Erziehung und des Unterrichts, wahrzunehmen.

► Kurz gesagt: Im außerunterrichtlichen Bereich agieren Sie als *Planer, Vorbereiter, Manager* und *Begleiter.*

Aber der Lebensraum Schule hat auch noch eine andere, wichtige Seite. Jede Lehrerin und jeder Lehrer ist ja auch noch Kollegin oder Kollege, also Teil eines Kollegiums. Der Freiburger Psychologe und Neurobiologe Joachim Bauer schreibt zu diesem Punkt: »Die sogenannte soziale Unterstützung, also Leute neben sich und hinter sich, die zu einem halten und einem den Rücken stärken, hat sich in psychologischen und medizinischen Studien als stärkster Schutz vor stressbedingter Gesundheitsbelastung erwiesen.«[29]

Sicher gibt es Lehrerkollegien, in denen man sich gegenseitig Halt und Unterstützung gibt. Oft genug gehen aber Risse durch diese nicht hierarchisch strukturierte Gruppe von Menschen. Zahlreich sind die Anlässe für Spaltung und Unstimmigkeit. Dass auch diese Kraft kosten, ist unbestritten.

► Kurz gesagt: Es darf nicht dazu kommen, dass der Einsatz, den Sie für SuS, Schule und auch für die Kollegen leisten, Sie so belastet, dass er die Freude und den Spaß am Unterrichten verdrängt.

(d) Gesprächs- und Ansprechpartner für die Eltern: Die Familienstrukturen, die Sie heutzutage vorfinden, sind analog zu den gesellschaftlichen Strukturen unterschiedlich ausgeprägt. In den meisten Familien arbeiten beide Elternteile und sie nehmen daher die zahlreichen Ganztagsangebote der Gymnasien wahr. Besonders in den ersten drei Jahren der weiterführenden Schulen nutzen die Kinder die Hausaufgaben- und Lernzeitunterstützung am Nachmittag und nehmen an musischen und sportlichen Aktivitäten teil. Da die Kinder sehr viel Zeit in der Schule verbringen, müssen Sie in engem Kontakt zu den Eltern stehen. Die Zusammenarbeit mit vielen Eltern ist leicht und somit gut; aber es gibt auch die »unsichtbaren« Eltern, die anstrengenden Eltern (z. B. die sog. Helikoptereltern), solche, die nicht loslassen können und solche, die der Institution Schule aufgrund entsprechender eigener Erfahrungen distanziert gegenüberstehen. Mit

29 Bauer (2008), 62.

allen muss man ins Gespräch kommen und kommunizieren, damit das Kind nicht auf der Strecke bleibt.[30]

▶ Kurz gesagt: Das Kommunikationsnetz zwischen allen Beteiligten des Schulalltags erweitert sich beständig und die oft beschworene Erziehungspartnerschaft endet nicht bei der Vorbereitung von Klassenpflegschaftsabenden oder bei der Zusammenarbeit im Elternbeirat.

(e) Vertreter der Schule in der Gesellschaft: Lehrer agieren nicht nur im schulischen Raum. Zahlreiche Wettbewerbe in einzelnen Fächern oder in außerschulischen Kooperationen mit Wissenschafts- und Wirtschaftsorganisationen verlagern das Arbeitsfeld von Lehrern und SuS auch aus der Schule heraus in die Gesellschaft, d. h. in die Universitäten, die Betriebe, in staatliche Behörden usw. Durch die Nutzung außerschulischer Lernorte begreift einerseits die Gesellschaft die pädagogische Institution als Ausbildungsstätte der Jugendlichen, andererseits erfahren die SuS, dass das Lernen an sich und das Gelernte Anwendung im außerschulischen Kontext findet.

▶ Kurz gesagt: In Personalunion sind Sie Partner für die Gesellschaft und Vorbereiter, Organisator, Koordinator und Evaluator der entsprechenden Begegnungen.

2.2.3 Summa summarum

Summa summarum fordern die Felder (a)–(e) Fähigkeiten bzw. Kompetenzen, über die Sie kaum *a priori* verfügen können; Sie müssen sie sich im Laufe Ihrer Berufsjahre aneignen. Lassen Sie sich bitte nicht von den zahlreichen Anforderungen erschlagen, nehmen Sie die in den einzelnen Feldern benötigten Eigenschaften eher im stoischen Sinne: Wie der stoisch denkende Mensch lebenslang sich auf den Weg macht, um das *summum bonum* und die *perfecta ratio* zu erreichen (ohne diese Ziele jemals zu erreichen), lernen auch Sie lebenslang, dem Ideal des guten Erziehers näherzukommen. Dabei kann der Lehrer Müller aus »Fack ju Göhte« mit seiner kleinkriminellen Ader kein Vorbild für Sie sein, ebenso wenig die mit steifer Autorität auftretende Lehrerschaft aus der »Feuerzangenbowle«, auf die der »Schöler«, Dr. Johannes Pfeiffer alias Heinz Rühmann, lächelnd herabblickt.

30 Bauer (2008), 94–95.

2.2.4 Zeit für das Interpretieren?

Gewiss haben Sie sich angesichts der zahlreichen Herausforderungen und Aufgaben die Frage gestellt: »Wo bleibt da noch Zeit für eine Interpretation, die ohne intensive Vorbereitung nicht gelingen kann?«

Die SuS betrachten das Interpretieren lateinischer Texte als die schönste Seite des Lateinunterrichts. Das Interpretieren nämlich evoziert nicht nur ein vertieftes Textverständnis im traditionell philologischen Sinne, sondern schafft bei SuS *und* Lehrern große Befriedigung; schwache und starke SuS (gemessen an ihrer Übersetzungskompetenz) haben gleichermaßen Anteil am Interpretationsvorgang, oft sind die schwachen Übersetzer sogar bessere »Interpretierer« als die guten.

Was Ihnen das Vorbereiten von Interpretationen erleichtern kann, so dass Sie diese Seite des Lateinunterrichts so oft, wie es möglich und sinnvoll ist, anbieten und zusammen mit den SuS genießen können:
- eine klare und exakte *Jahresplanung* (vgl. Kap. 4.1.1) und ein konsequentes Überdenken, ob und warum ein Text für eine Interpretation geeignet ist oder nicht
- ein beständiger, gewinnbringender *Austausch* unter den Kollegen und Kolleginnen (innerhalb der Schule oder mit Schulen der Region); er könnte ein Schlüssel sein, erprobte Interpretationen kennen zu lernen und für sich nutzbar zu machen und Interpretationsmuster, die für viele Themen möglich sind, zu erarbeiten
- zu einem *Materialpool* (Ideen, Bilder, Texte, Tests, Klausuren u. a., vgl. die Kap. 7 und 8) Zugang zu haben, den Sie gemeinsam aufbauen und pflegen
- die oben erwähnte hilfreiche *Zusammenarbeit* mit Kolleginnen und Kollegen benachbarter, affiner Fächer wie Geschichte, Gemeinschaftskunde, Religion, Deutsch und Ethik/Philosophie
- *Ethikbücher,* deren Themen gut mit Themen der Lehrbücher des Fachs Latein zu vernetzen sind (vgl. Kap. 6).

2.3 Literatur

Zu 2.1

Albert, M./Hurrelmann, K./Quenzel, G.: 16. Shell Jugendstudie. Jugend 2010. Frankfurt/Main 2010.

Calmbach, M./Thomas, P. M./Borchard, I./Flaig, B.: Wie ticken Jugendliche? Lebenswelten von Jugendlichen im Alter von 14 bis 17 Jahren in Deutschland (= Sinus-Studie u18).

GEOlino-Kinderwerte-Monitor »Vertrauen«, 2010, unicef,
Heidelberger Leben Trendmonitor 2011, Heidelberg 2011.
Frick, J., Beziehungsgeschehen und Motivation, *zu finden unter:* http://www.juergfrick.ch/publikationen/Beziehungsgeschehen_und_Motivation_2008.pdf (Zugriff: 07/2016).
Grgic, M./Zürchner, I. (Hg.): Medien, Kultur und Sport. Was Kinder und Jugendliche machen und ihnen wichtig ist. (MediKus-STUDIE) Weinheim und Basel 2013.
Honer, A., Kleine Leiblichkeiten, Erkundungen in Lebenswelten, Wiesbaden 2011.
Jessen, W., Jugendmode vor dem Hintergrund jugendlicher Lebenswelten, Aus Politik und Zeitgeschichte 1–3/2015, Bonn.
Klaeden, T., Wie ticken Jugendliche? Einblicke in die Sinus-Studie u_18, *zu finden unter:* http://www.erzbistumberlin.de/fileadmin/user_mount/PDF-Dateien/Bildung/Fortbildungen2014/StudientagWorkshopKlaeden.pdf (Zugriff: 07/2016).
Köck, P., Handbuch des Ethikunterrichts, Donauwörth 2013.
Lüders, Chr., Gleichaltrigen-Gruppen als soziale Lebenswelten, Impulse 3/2012.
Paulus, P., Lebenswelten von Kindern und Jugendlichen, Vortrag vom 08.09.2010, Leuphana Universität Lüneburg.
Pfeifer, V., Didaktik des Ethikunterrichts, Stuttgart 2003.
Reinders, H., Jugend. Werte. Zukunft, *zu finden unter:* http://www.bwstiftung.de/uploads/tx_ffbwspub/jugend_werte_zukunft.pdf (Zugriff: 07/2016).
Weis, W., Beziehungsgeschehen im Unterricht, 1999, *zu finden unter: www.eduhi.at/gegenstand/latein/data/BeziehungsgeschehenimLateinunterricht.doc* (Zugriff: 07/2016).

Zu 2.2

Bauer, J., Lob der Schule, München 2008.
Bauer, J., Burnout bei schulischen Lehrkräften, *zu finden unter:* http://www.psychotherapie-prof-bauer.de/lehrergesundheit.pdf (Zugriff: 07/2016).
https://www.zlb.uni-freiburg.de/derlehrerberuf/lehrergesundheit (Zugriff: 07/2016).
Dissertation (unbekannter Verfasser): Selbstständiges Lernen und Lernstrategien, *zu finden unter:* www.diss.fu-berlin.de/diss/servlets/…/03_Teil1_Kap1_SelbstaendigesLernen.pdf (Zugriff: 07/2016).
Hattie, J. A.C., Visible Learning For Teachers: Maximizing Impact on Learning, London/New York 2012.
Sabornie, E., *Handbook of Classroom Management*, New York 2015.

3 Jugendgerecht interpretieren – wie kann das gehen?

Wegweiser durch dieses Kapitel:

3.1 Plädoyer für eine besondere Gewichtung der Interpretation
3.2 »Das ist Interpretationssache!«
3.3 Was bedeutet »jugendgerecht« interpretieren? – Beispiele
3.4 Interpretieren ab der ersten Lateinstunde
3.5 Literatur

3.1 Plädoyer für eine besondere Gewichtung der Interpretation

Bestandsaufnahme

Eine Lanze für die Interpretation als Baustein der Textarbeit im Lateinunterricht zu brechen hieße, Eulen nach Athen zu tragen, wenn man bedenkt, dass sie im Lateinunterricht der Oberstufe einen gesicherten Platz hat. Im Abitur ist sie neben der Übersetzung Bestandteil der schriftlichen Prüfung. Daraus ergibt sich, dass sie in den zum Abitur führenden Latein-Kursen mündlich und schriftlich geübt werden muss. Neuere Lehrwerke lassen erkennen, dass auch in der Spracherwerbsphase, ebenso in manchen didaktisch aufbereiteten Texten der Übergangslektüre, das Interpretieren in Ansätzen eingeübt wird.[1]

1 Beispiel aus einem Lehrbuch (Prima, L. 21, S. 105, Aeneas, Vater der Römer): Aeneas ringt in einer schwierigen Lebenssituation um die richtige Entscheidung. Hier wird u. a. diese Interpretationsaufgabe angeboten: »Erkläre anhand des Textes, was es für einen Menschen bedeutet, den Willen der Götter zu erfüllen.«/Beispiel aus der Übergangslektüre (clara Heft 4, S. 8–9/S. 10–11 [Holberg, *iter subterraneum*], Kap. 4): »Welche Tugenden würdest du von den Bürgern deines ›Idealstaates‹ erwarten?«

Vergegenwärtigen wir uns aber auch, wie die Karriere eines Lateinschülers aussehen kann (angenommener Beginn des Lateinunterrichts: 6. Klasse): Möglicherweise schließt er nach ca. drei Jahren die Spracherwerbsphase ab und hat dann unter sehr günstigen Voraussetzungen noch zwei Jahre, sich mit Texten der Übergangs- und Originallektüre zu beschäftigen. Unter widrigen Umständen aber dauert die Spracherwerbsphase wesentlich länger mit der Folge, dass die Originallektüre, in welcher Form auch immer, nur noch eine Randerscheinung des Lateinunterrichts darstellt. Wenn dann auch noch das Latinum droht, bleibt die Lektüre oft genug auf die Übersetzung eines Autors (Cicero, Caesar o. a.) beschränkt. Woran werden sich diese SuS erinnern, wenn sie an ihren Lateinunterricht zurückdenken? An die Dominanz des Grammatikunterrichts? An die Schwierigkeit des Übersetzens? Oder sollten sie sich nicht vielmehr an die Schönheit der Sprache erinnern und die Zeitlosigkeit und damit die Gültigkeit antiker Texte schätzen lernen?

»Nie lernten mehr Schüler Latein, nie konnten mehr Schüler weniger Latein.« Dieser Ausspruch geistert beispielsweise in Baden-Württemberg durch die Lehrerzimmer. Welche Fakten oder Entwicklungen zu dieser Feststellung geführt haben, lassen wir unkommentiert. Doch gibt die Aussagetendenz zu denken. Kann der Lateinunterricht so an den Interessen und der Motivationslage der Lateinschüler vorbeigehen? Ist er so wirklichkeitsfremd? Verlassen wir Lateinlehrer uns zu sehr auf das Althergebrachte, das Philologische, das ja in unserem Hochschulstudium eine dominante Rolle gespielt hat? Müssen wir im Lateinunterricht nicht auch Schülerinteressen jedweder Art berücksichtigen und vor allem sie zum Verständnis von Texten nutzen?

Unser Plädoyer gilt diesem Befund. Selbstverständlich wollen und können wir nicht außer Acht lassen, dass alte Sprachen viel stärker als die modernen Fremdsprachen über Sprach- und Textreflexion zum Inhalt ihrer Texte vordringen. Einen Text zu erschließen und ihn zu übersetzen sind hochkomplexe Prozesse, die Schritt für Schritt erlernt werden müssen. Dazu brauchen Lehrer und Schüler viel Geduld und ebenso viel Ausdauer. Um eine Übersetzung in gutem Deutsch zu liefern, muss sich der Übersetzer unter Berücksichtigung der verschiedenen Sprachsysteme doch recht weit vom Text lösen, denn er muss nicht nur auf jede Gleichsetzung von Wörtern und Ausdrücken verzichten, sondern auch noch die unterschiedlichen Welten und deren Wertesysteme im Blick haben. Eine wahre Sisyphusarbeit, bei der wir leider viele SuS verlieren, weil wir ihre Geduld oft überschätzen und ihre Motivation strapazieren.

Willibald Heilmann hat völlig Recht, wenn er sagt:

»Wir sollten uns auch immer vor Augen halten, dass die philologische Ausbildung uns darauf trainiert hat, den formalen Aspekten ein besonderes Gewicht zu geben und das *quid ad nos*? kaum zu beachten. Nur eine bewusste Gegensteuerung kann uns davor bewahren, das im Unterricht fortzusetzen.«[2]

Quid ad me? Quid ad nos? Mit diesen Fragen haben wir den Schlüssel in der Hand, um den Schülern eine Äußerung zu entlocken wie »Aha, das finde ich spannend, ja, das interessiert mich.«

Der Schlüssel zu Spannung und Leselust ist für die SuS die Interpretation, sowohl (weniger) die strukturgebende Analyse, die den Text über sein Aufbauprinzip, über seine sprachliche Gestaltung oder andere textimmanente Aspekte erschließt, als auch vor allem die Interpretation, die sich mit anthropologischen und gegenwartsbezogenen Fragen beschäftigt, eben mit dem *quid ad me, ad nos?* Hierbei das, was SuS am Text spannend und interessant finden, mit dem zu verbinden, was wir selbst als wichtig einstufen, unabhängig davon, was die sog. vielbeschworene Autorenintention sein könnte – so an einen Text heranzugehen ergibt zwar keine vollständige, sondern eher eine selektive Interpretation, vielleicht auch eine experimentelle, welche den SuS wegen der Nähe zu ihren Interessen deutlich mehr Gewinn bringen kann.

Die Sprachkenntnisse der SuS sind im Durchschnitt nicht sehr gut ausgebildet, von der Antike als einer historisch und geistig wichtigen Epoche haben sie nur diffuse Vorstellungen – was kann sie also an antiken Texten interessieren? In der Hauptsache das, was ihnen sowohl fremd als auch vertraut, sowohl erschreckend als auch anziehend, sowohl abstoßend als auch faszinierend erscheint. Wenn dann noch die Wege der Erarbeitung passen, außerdem offene Fragestellungen zugelassen sind, für die es kein *richtig* oder *falsch* gibt, steht ihrer Freude an lateinischen Texten nichts im Weg.

2 Heilmann, 12.

3.2 »Das ist Interpretationssache!«

An etwas, was für die meisten selbstverständlich ist, soll hier noch einmal erinnert werden: Zwei Menschen sprechen miteinander: was der eine sagt, deutet der andere, bevor er antwortet. Das Gespräch zwischen zwei Gesprächspartnern ist eine beständige, wechselweise Interpretation des jeweils Gesagten. Ein bekanntes Beispiel der Kommunikationswissenschaft: Mann: »Du, was ist das Grüne in der Suppe?« – Frau: »Mein Gott, wenn es dir hier nicht schmeckt, kannst du ja woanders essen gehen!« belegt, was für verschlungene Deutungswege die antwortende Person auf eine einfache Frage gehen kann.[3]

Oder eine Person liest auf dem Smartphone eine Mail oder eine SMS. Was in ihr steht, ordnet sie in ihr Vorwissen zur Person des Senders und zum Inhalt der Nachricht ein. Auch ihre Stimmung dürfte für das Verstehen der Botschaft eine wichtige Rolle spielen. Aus diesen Faktoren entsteht eine persönliche Deutung, aus der Deutung die Reaktion bzw. die Antwort des Adressaten. Was eine andere Person aus ihr herauslesen würde, kann eine andere Sache sein. Der Empfänger der Nachricht kennt nur seine eigene Deutung, die von seinem Charakter, seiner momentanen Befindlichkeit oder seiner Zielsetzung und anderen Faktoren abhängt. Heute versteht er die Zielsetzung der Nachricht so, mit einem zeitlichen Abstand anders und nach längerer Zeit wieder anders. Die Auslegung ändert sich beständig.

Genauso verhält es sich mit einem literarischen Text: Dieser sendet Signale aus, die der Leser (bewusst oder auch unbewusst) empfängt und die ihm eine bestimmte Deutung nahelegen. Der Leser verknüpft sein Kontextwissen bzw. sein Vorwissen zum Thema mit den Aussagen des Autors und stützt seine Überlegungen möglicherweise auch auf Recherchen zur Pragmatik des Textes. Was aber seine Deutung ebenso beeinflusst, ist er selbst. Mit welcher Haltung zum Thema geht er an das Lesen? Was erwartet er vom Text? Liest er zum Vergnügen oder weil er den Text lesen muss? Die Motive des Lesens beeinflussen die Deutung des Textes. Diese Faktoren sind z. B. eine Erklärung dafür, dass alle vier Teilnehmer des Literarischen Quartetts sehr oft zu extrem unterschiedlichen Interpretationen und Bewertungen ein und desselben Buches kommen.

Aus zahlreichen Definitionen zum Begriff »Interpretation« sollen nun drei von ihnen aufzeigen, wie Interpretation im altsprachlichen Unterricht verstanden werden kann.

---

3 Vgl. Schulz von Thun, 62.

(a) »Interpretation fragt nach dem ›Hintersinn‹ eines Textes, fragt also, was ›hinter den Worten‹ und ›zwischen den Zeilen‹ steht.«[4]	Interpretieren wird als ein Prozess beschrieben, der sich innerhalb der vom Text vorgegebenen Grenzen bewegt und versucht, ihn aus sich heraus in allen Details und Aussageabsichten (»Hintersinn«) zu verstehen und zu deuten.
(b) »Interpretieren heißt Verknüpfen ... Interpretieren anspruchsvoller Texte [ist ein] Verfahren, fremdes Denken zu verstehen und eigene mit fremden Anschauungen und Erfahrungen zu konfrontieren und zu verknüpfen.«[5]	Der Begriff weitet sich: Der Text soll nicht nur als Dokument fremden Denkens verstanden werden, sondern durch Gegenüberstellung mit den je eigenen Erfahrungen bzw. den Haltungen des Lesers weiteres Potential gewinnen. Jeder Interpret findet seine eigene Deutung, ohne die vom Text festgelegten Bedeutungsgrenzen zu verlassen.
(c) »Das Interpretieren ist der persönlichste Teil der Textarbeit .... Es geschieht gleichsam zwischen Text und Ich in einem Mischfeld von Faktischem und Persönlichem, sind es doch unsere Worte und unsere Ausdrucksformen, in die solches Sagen gefasst ist.«[6]	Wenn das Verknüpfen fremden Denkens mit dem eigenen als ein wesentlicher Bestandteil der Interpretation betrachtet wird, dann reduziert die Definition (c) diesen Aspekt noch mehr auf die Zweierbeziehung Text - Leser (das Ich). Diese beiden treten in einen Kommunikationsprozess ein. Das Persönliche und die Aussagen des Textes vermischen sich, so dass jede Interpretation zu einem *intimen* Prozess wird.

Wenn sich also verschiedene Personen auf die Aussage »Das ist Interpretationssache, jeder interpretiert das anders!« berufen, hat vermutlich jeder Recht. Es gibt keine allgemeingültige Interpretation, nicht einmal die von Gesetzestexten. Die unendlich vielen juristischen Kommentare sind ein klarer Beweis: *Quot homines, tot sententiae.*

Übertragen wir die Erkenntnisse aus den Definitionen auf den Lateinunterricht. Wenn SuS einen Text zur Interpretation erhalten, können sie gewöhnlich nicht frei »drauflos« interpretieren, sondern ihre Aufgabe ist es, verschiedene Arbeitsaufträge zum Text abzuarbeiten; in der Regel bestehen diese aus Anweisungen zur Textanalyse, nur wenige, wenn überhaupt, gehen über den Text hinaus oder beziehen gar die Gegenwart mit ein.

---

4 www.schule-der-rhetorik.de/interpretation.htm (Zugriff: 07/2015).
5 Nickel, AU 2/2014, 3.
6 Maurach, 1.

Diese Art, mit lateinischen Texten umzugehen, erlaubt den Schülern nicht allzu oft, eigene Gedanken mit einzubringen oder sich ein anderes Bild von der Textaussage zu machen als die, die der Lehrende ansteuert. Unsere Lateinschüler analysieren, aber interpretieren nicht. Aber genau das sollten sie so oft wie möglich tun. Natürlich sind freie Aufgaben schwieriger zu bewerten, aber dieser Umstand soll uns nicht davon abhalten, so zu interpretieren, dass wir Schülermeinungen anregen, annehmen und so stehen lassen, wie sie gesagt sind.

3.3 Was bedeutet »jugendgerecht« interpretieren?

Wenn wir Lehrende eine Interpretation vorbereiten, ist es unsere wichtigste Aufgabe, Aspekte jugendlicher Lebenswelten als Bezugspunkte für die Interpretation aufzuspüren. Wir wollen ihr Interesse wecken, und dabei hat unser Vorhaben umso größere Chancen, je mehr wir uns dem annähern, was jungen Menschen wichtig ist.

Suchen und Finden möglicher Ansatzpunkte ist aber kein einfacher Prozess. Mit Erfahrung und Kreativität, mit Einfühlungsvermögen und Empathie können wir das Ziel erreichen; aber es bleibt dennoch ein schwieriger Weg, der auch oft in die Irre führen kann und immer dazu zwingt, wieder von vorne anzufangen. Jede Lerngruppe besitzt eine andere Binnenstruktur; der Ansatzpunkt, der sich bei der einen als sehr fruchtbar erwiesen hat, ist möglicherweise bei einer anderen Gruppe unproduktiv, schlimmer: geradezu falsch. Oft bestimmt die soziale Struktur der Gruppe mögliche Anknüpfungspunkte, gelegentlich mag es dominante SuS geben, die Akzente setzen oder es gibt andere Einflüsse von außen, die man nicht sofort erkennen bzw. richtig zuordnen kann. Spannend für uns Lehrer ist es auch, wenn wir die SuS anregen, von sich aus Aspekte des Textes zu benennen, die sie genauer untersuchen wollen.

Gegenwarts- und adressatenbezogenes Interpretieren ist daher ein Spiel mit vielen unbekannten Größen. Wenn wir Ihnen beim Findungsprozess Unterstützung geben und ein gewisses Knowhow vermitteln können, hat dieses Handbuch sein Ziel erreicht.

Mit folgenden Grafiken geben wir Hinweise auf Bereiche, die für Jugendliche so wichtig sein können, dass es Sinn macht, diese sowohl für den Einstieg als auch für die Interpretation zu nutzen. Die Themen, die wir den einzelnen Bereichen zugeordnet haben, können bzw. müssen sich notwendigerweise überschneiden. Mit anderen Worten: Überprüfen Sie den Text, den Sie mit Ihren SuS erarbeiten wollen, zuerst in Hinblick auf ein Thema, das Jugendliche bewegt bzw. in ihrem

Leben eine wichtige Rolle spielen könnte (vgl. Kap. 2.1). Dieses Thema ist dann der Anknüpfungspunkt, den Sie dem Einstieg zugrunde legen können; auf ihn können Sie immer wieder Bezug nehmen, bis zum Ende der Textarbeit. Übersetzung, Analyse und Interpretation werden davon profitieren.

Zur Ermittlung möglicher Bezugspunkte zwischen dem lateinischen Text und den Interessen der Jugendlichen (immer mit Bezug auf SuS des Gymnasiums) schlagen wir Ihnen vier Bereiche vor:

1. Erwachsenwerden
2. Lebenswelten
3. Leben in der Gegenwart
4. Zukunftsorientierung

► Zu 1: Erwachsenwerden: Bezugspunkte können sein:

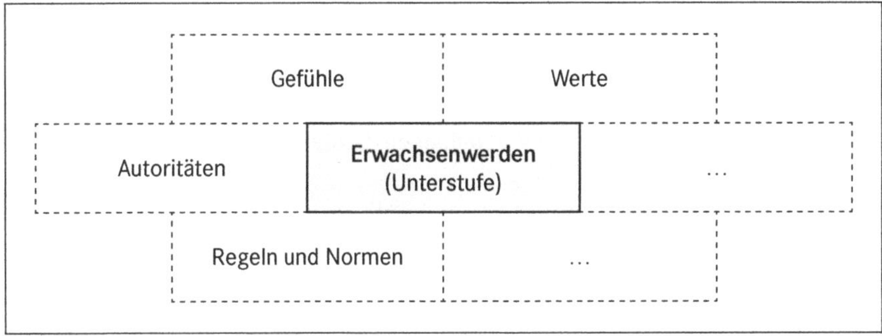

Abb. 2: Erwachsenwerden

Autoritäten: Eltern, Großeltern, Lehrer, Trainer ...
Gefühle: Spaß, Erlebnisse, Freund und Freundin, Spiel, Tiere ...
Regeln und Normen: Wie oft und wie lange darf ich vor dem PC sitzen? (»Elternregel«) – Kein Alkohol an Kinder! (Gesetzliche Regelung)
Werte: Ehrlichkeit, Vertrauen u. a.

In der Phase des Heranwachsens spielen Grenzlinien eine große Rolle, die von Erwachsenen, besonders von den Eltern, oder durch Regeln und andere Vorgaben gezogen werden. In der Auseinandersetzung mit Autoritäten gewinnen Kinder ein eigenes Profil, können sich auf diese einlassen oder ihnen widersprechen. Kinder wünschen sich ein buntes Leben, Spiel und Spaß gehören dazu, aber auch Gefühle von Freundschaft und manchmal auch die Zuneigung zu einem Tier, für das sie Verantwortung übernehmen.

Beispiel: **Text: Prima nova, S. 52: *In amphitheatro***
Thematischer Anknüpfungspunkt: Gefühle (Spaß und Erlebnisse)

Einstieg:
Der Vater sagt: »Julian, an deinem Geburtstag wollen wir gemeinsam etwas unternehmen. Worauf hättest du Lust?« – Julian: »Da könnten wir alle in den Europa-Park gehen!« Anmerkung: Der Europa-Park ist Deutschlands größter Freizeitpark.

Mögliche Arbeitsaufträge zur Interpretation:
- Zähle auf, was sich Julian vom Besuch eines Freizeitparks verspricht. Unterscheide dabei zwischen Attraktionen, die er ausprobieren kann, und Gefühlen, welche diese in ihm auslösen.
- Übertrage die Aufgabe auf Publius und Philippus im Kolosseum: Was für Attraktionen gibt es dort, welche Gefühle lösen diese in den Kindern aus?
- Überlegt gemeinsam, worin sich Attraktionen und Gefühle damals und heute unterscheiden.
- Diskutiert, warum sich die Vorstellungen darüber, was Spaß macht, so geändert haben.
- Definiere den Ausdruck »stille Freude«. Gib dir Rechenschaft darüber, ob du die laute oder die stille Freude bevorzugst. (Stillarbeit)

→ DLB

► Zu 2: »Lebenswelten«: Bezugspunkte können sein:

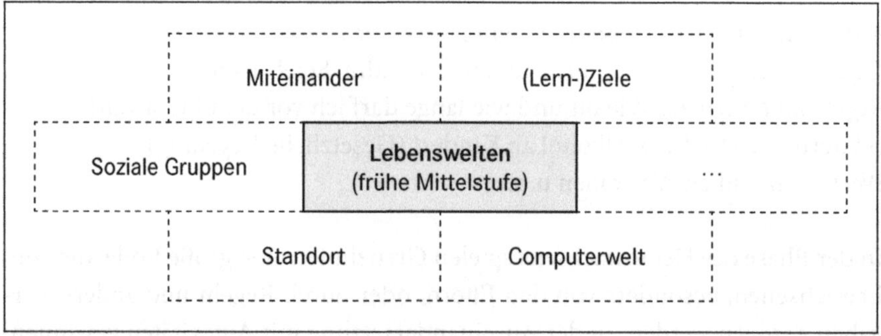

Abb. 3: Lebenswelten

Soziale Gruppen: Familie, Schule, Klassen, Clique, Verein, Facebook & Co., Medien
Miteinander: Spaß, Konsum, Sport
(Lern-)Ziele: gegenseitige Anerkennung, Verantwortung, Toleranz
Standort: zwischen Anpassung und Rebellion

Jugendliche versuchen Tag für Tag, ihren persönlichen und gesellschaftlichen Standort zu finden und zu festigen. Von jeder Lebenswelt, in der sie sich aufhalten, werden sie auf andere Weise geprägt. Auch die Computerwelt stellt eine eigene Welt dar. Existentielle Fragen können in den Lebenswelten eine Rolle spielen: Wie gehen wir miteinander um, inwieweit passe ich mich an oder nicht, wie erreiche ich Anerkennung? Wofür bin ich bereit, Verantwortung zu übernehmen?

***Beispiel:* Text: Intra, L. 27, *De Augusto patre*[7]**
Thematischer Anknüpfungspunkt: Familie als Lebenswelt: Vater-Tochter-Beziehung

Der Standpunkt des Vaters - Der Standpunkt der Tochter

Als moderner Vater kümmere ich mich um meine Tochter Anna. Neulich habe ich mitbekommen, dass sie sich mit einem Jungen im Park treffen wollte. Ich habe mir den Hund geschnappt und bin ihr unauffällig gefolgt. Während sie dasitzen und reden, entdeckt sie uns und wird rot. Anmerkung: Annas Vater heißt Thomas.	Neulich hatte ich ein Date mit einem supertollen Jungen aus der Parallelklasse. Wir haben uns im Park getroffen. Während wir dasitzen und reden, er mit dem Rücken zum Weg, sehe ich einen Hund, der aussieht wie meiner. Dann einen Mann, der aussieht wie mein Vater. Es war mein Vater! Oh Mann, wie peinlich, wenn das der Junge gesehen hätte.[8]

Mögliche Arbeitsaufträge zur Interpretation:
- Beschreibe jeweils die Freiräume von Julia, Tochter des Augustus, und Anna, Tochter von Thomas: Was dürfen sie tun, was nicht?
- Aufgabe für Mädchen: Stellt die beiden Vater-Tochter-Beziehungen jeweils pantomimisch dar.
- Aufgabe für Jungen: Welche Eindrücke von den Vätern gewinnt ihr bei der Beobachtung der Pantomimen?

7 Die Lektion (Intra L. 27, S. 19) trägt eigentlich den Titel: *De Augusto principe*, handelt aber nur von Augustus als Vater.
8 Beide Texte zitiert aus: philopraktisch 2 A, 24.

- Sprecht danach über die Väter: Welche Vorstellungen prägen jeweils ihre Erziehung? Gebt jedem Vater zwei deutsche Adjektive zu ihrer Charakterisierung.
- Formuliert gemeinsam Regeln, mit deren Hilfe Beziehungen heute innerhalb der Familie (zwischen Eltern und Töchtern, zwischen Eltern und Söhnen) funktionieren können. Alternative: Zeichnet gemeinsam ein Bild, das eurer Meinung nach die ideale Vater-Tochter/Sohn-Beziehung darstellt.
- [Nehmt Stellung zu der These: Julia war für ihren Vater ein Instrument der Politik]. → DLB

▶ Zu 3: Leben in der Gegenwart[9]: Bezugspunkte können sein:

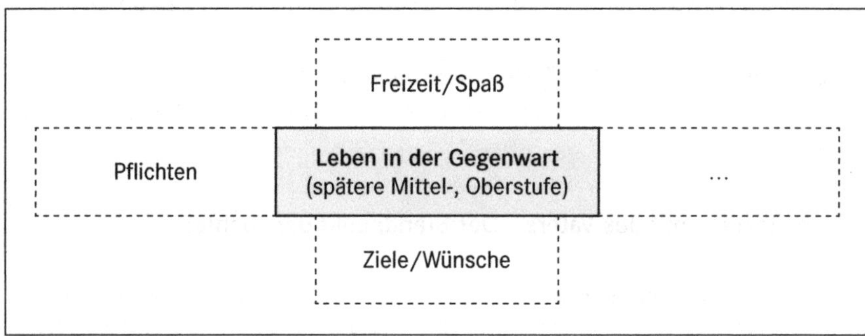

Abb. 4: Leben in der Gegenwart

Pflichten: Schule/Ausbildung, Leistung, Engagement
Freizeit/Spaß: Party, Mode, Trends, Konsum, Medien, Hobbys
Ziele/Wünsche: Selbstverwirklichung, Liebe, Karriere, Besitz; aber auch: Leben ohne Konventionen

Die Gegenwart junger Menschen wird durch Aspekte bestimmt, welche die Lebensgestaltung im Jetzt betreffen, eventuell auch die Zeit nach Schule und Ausbildung. Es geht um berufliche Ziele, Lebenswünsche, Hobbys. Wollen manche ihr Leben so gestalten, dass Spaß und Freizeit wichtiger sind als Leistung? Wollen andere auf der Karriereleiter nach oben klettern? Liegt wieder anderen vielleicht soziales Engagement am Herzen?

9 »Gegenwartsbedeutung« ist eine der Kategorien in Klafkis Perspektivenschema zur Unterrichtsplanung.

Beispiel:
Text 1: Carmina Burana [Nr. 196]: *In taberna quando sumus*
Thematischer Anknüpfungspunkt: Freizeit, Spaß

Strophe 1:	Strophe 2:
In taberna quando sumus, non curamus, quid sit humus, sed ad ludum properamus, cui semper insudamus. quid agatur in taberna, ubi nummus est pincera, hoc est opus, ut queratur, sed quid loquar, audiatur.	Quidam ludunt, quidam bibunt, quidam indiscrete vivunt. sed in ludo qui morantur es his quidam denudatur; quidam ibi vestiuntur quidam saccis induuntur. ibi nullus timet mortem, sed pro Baccho mittunt sortem.
Strophe 5: Bibit hera, bibit herus, bibit miles, bibit clerus, bibit ille, bibit illa, bibit servus cum ancilla, bibit velox, bibit piger, bibit albus, bibit niger, bibit constans, bibit vagus, bibit rudis, bibit magus,	Strophe 6: Bibit pauper et egrotus, bibit exul et ignotus, bibit puer, bibit canus, bibit presul et decanus, bibit soror, bibit frater, bibit anus, bibit mater, bibit ista, bibit ille, bibunt centum, bibunt mille.

Text 2
Am 10.07.2000 verbreitete die Nachrichtenagentur Reuters folgenden Text:
»Around one million techno music ›ravers‹ danced their way through the arches of Berlin's Brandenburg Gate under balmy summer skies in the German capital's 12th annual Love Parade. Billed as the biggest street party in the world, a solid mass of dancers three kilometres long pranced to the throbbing beat of synthesized music. Temperatures soaring toward 30 degrees Celsius combined with alcohol consumption and non-stop dancing were to take a toll on revellers. Scores of people were treated for heat exhaustion and alcohol over-indulgence. Dozens were detained for possession of illicit drugs.«[10]

Mögliche Arbeitsaufträge zur Interpretation:
- In beiden Texten bzw. bei beiden Veranstaltungen spielt der Alkohol eine große Rolle. Was macht der Alkohol mit den Trinkern in Text 1 und was mit denen in Text 2? Fülle die Tabelle, indem du in jeder Zeile je eine Folge des Alkoholgenusses einträgst:

10 Der englische Text wurde entnommen aus: tolle lege, Lateinische Übergangslektüre, Berlin 2001, 27 (Text gekürzt).

Text 1: Was bewirkt Alkohol?	Text 2: Was bewirkt Alkohol?

Beschreibe die Unterschiede zwischen den Trinkern in Text 1 und Text 2.

- Die Werbung sagt uns: »Alkohol gehört in unserer Gesellschaft dazu.« Stimmt ihr dieser Aussage zu? Diskutiert kontrovers, zunächst in Partnerarbeit, dann im Plenum.
- Erstellt eine Collage mit Bildern von Leuten, die »einen über den Durst« getrunken haben. → DLB

► Zu 4: Zukunftsorientierung[11]: Mögliche Bezugspunkte:

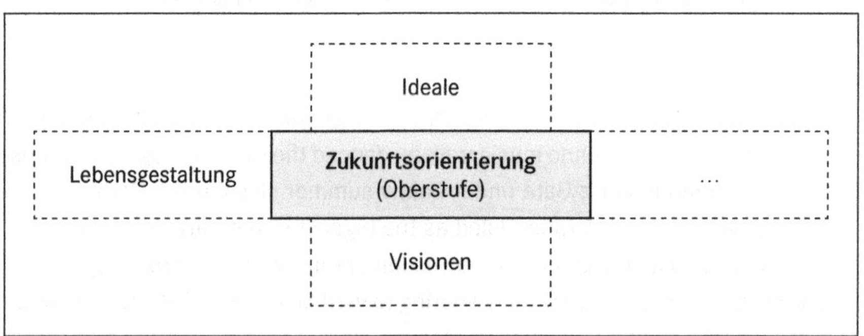

Abb. 5: Zukunftsorientierung

Lebensgestaltung: Lebensplanung, Gesundheit, Selbstbestimmung, Liebe, Reisen, die Welt kennen lernen, guter Beruf, viel Freizeit, Glück
Ideale: Gerechtigkeit, Freiheit, Fairness, Mitmenschlichkeit, Verantwortung
Visionen: Frieden, Ökologie, Integration, multikulturelle Gesellschaft

11 Wie die Gegenwartsbedeutung zählt auch die Zukunftsorientierung zu Klafkis didaktischen Grundfragen.

3.4 Interpretieren ab der ersten Lateinstunde

Eine Möglichkeit, Lateinschülern von der ersten Stunde an Lust auf lateinische Texte zu machen und diese auch zu erhalten, besteht darin, sehr früh mit der Interpretation zu beginnen und das Interpretieren konsequent und kontinuierlich zu betreiben[12]. Denn auch Lehrbuchtexte greifen interpretationsfähige, mehrschichtige oder allgemeingültige Themen auf. Freiheit[13], Menschenrechte[14], sittliche Urteile wie »gut« und »böse«, Pflichtbewusstsein[15] oder Glück[16] sind Themen, die sich gut für die Interpretation eignen. Man kann mit Kindern über pflichtgemäßes Handeln nachdenken, ohne Kant zu zitieren; denn auch jungen Menschen ist klar, dass es Dinge im Leben gibt, die man aus einem inneren Impuls heraus tun muss. Sei es, dass sie schon einmal von sich aus einer hilfsbedürftigen Person beigestanden haben oder dass sie erkennen, dass das Leben in der Gemeinschaft nicht ohne Regeln funktioniert und dadurch wahrnehmen, dass jedes Mitglied der Gesellschaft nur eine eingeschränkte Form von Freiheit besitzen kann.

Aber nicht nur Lehrbuchtexte mit ethischen Fragestellungen sind für die kindliche Interpretation geeignet. Wie historisch-pragmatische Texte ganz früh auf die Unterschiede zwischen früher und heute hinweisen und den Jugendlichen Anlass zur Reflexion geben, wird im Lehrbuch Prima (S. 14–15: Bilderfolge zum Einstieg in das Lateinlernen) gezeigt, wo ein Mädchen mit dem Finger auf den *Circus Maximus* deutet und in deutscher Sprache fragt: »Sieht so ein Zirkus aus?« Die Schüler vergleichen, was die Begriffe *circus* und »Zirkus« verbindet und was sie unterscheidet. Sie fragen nach dem Verwendungszweck des jeweiligen Bauwerks (Wer agiert im *circus*, wer im Zirkus? Wer schaut zu?). Möglicherweise ergibt sich aus dem Vergleich der praktischen Verwendung auch schon die ethische Frage nach dem Menschenbild von früher und heute.

Die Denkmuster mythischer Personen können Schüler schon in einer ganz frühen Phase des Lateinunterrichts kennen lernen. Hier ein Beispiel zum Beleg dafür, dass auch Lehrbuchtexte bereits einen Perspektivenwechsel ermöglichen, um Gefühle anderer verstehen zu lernen: Was Kinder spannend finden, verarbeiten sie oft in Rollenspielen (und in einer unerklärlichen Vorliebe für Konjunktive!).

---

12 Dies verlangt *nicht*, jeden Lehrbuchtext zu interpretieren, sondern nur solche, die für ein bestimmtes Interpretationsziel besonders ergiebig sind.

13 Cursus, L. 43, S. 199 (Macht des Schicksals).

14 Campus, L. 9, S. 37/L. 14, S. 53/L 14, S. 55 (Sklaven).

15 Actio, L. 17, S. 154 (Aeneas).

16 Intra, L. 16, S. 131–132/L. 13, S. 104–105 (Niobe).

Eine meiner Enkelinnen forderte mich oft mit dem Satz zum Spiel auf: »Oma, du wärst (bist) jetzt meine Dienerin und ich wäre (bin) die Königin …«

Beziehen wir diese »Aufgabenform« auf die L. 13 des Lehrbuches Intra *(De Daedalo et Icaro):*

»Du, Max, wärst (bist) der Vater Daedalus und du, Peter, wärst (bist) der Sohn Icarus. Ihr beide habt große Angst vor dem bevorstehenden Flug durch die Lüfte. Sag dem anderen, was du befürchtest!« Derartige Rollenwechsel fordern die Schüler dazu auf, sich in den Kopf der Protagonisten hineinzudenken und damit einen Perspektivenwechsel vorzunehmen. Hier wird u. a. die Fähigkeit zur Imagination geschult.

Abb. 6: Rollentausch

Die Forderung, möglichst früh mit der Interpretation von Texten zu beginnen, impliziert folgende Unterrichtsziele:

Die SuS

- lernen von Anfang an, dass lateinische Texte mehr zu bieten haben als grammatische Phänomene und Vokabeln. Ihre Motivation, Latein zu lernen, steht auf zwei Beinen, dem Erlernen der Sprache (eines logischen Systems) *und* dem Verstehen und Deuten von Texten
- verstehen den Zusammenhang zwischen grammatischer Struktur eines Textes und seiner Aussage
- erkennen, dass in Texten Aussagen stecken, die sie selbst etwas angehen oder die ihnen durch den Vergleich mit der Antike wichtige Erkenntnisse über ihre eigenen Lebenswelten vermitteln
- sprechen über ihre Deutung des Textes und erwerben bei der Interpretation ein Instrumentarium des Fragens und Sprechens und des begründeten Widerspruchs
- erwerben dadurch Selbstkompetenz, Lese- bzw. Literaturkompetenz[17].

17 Vgl. Kipf, 81: Stefan Kipf plädiert für einen weiteren Kompetenzbereich Literatur, der die drei bereits in den Lehrplänen festgelegten Kompetenzbereiche: Sprache – Text – Kultur ergänzen soll. Er definiert »Literaturkompetenz« wie folgt: Literaturkompetenz entwickelt sich im Fach Latein an der Behandlung antiker, mittelalterlicher und neuzeitlicher literarischer Texte. Die Schüler […] entnehmen den Texten Einsichten über die Vorstellungswelt der Antike, indem sie die Perspektive des Autors bzw. die der fiktionalen Figuren untersuchen oder nachvollziehen. Sie entwickeln beim Lesen/Hören Vorstellungen und verknüpfen diesen subjektiven Zu-

3.5 Literatur

AU 5/2014, Textinterpretation, darin: Nickel, R., Interpretieren heißt Verknüpfen, 2–7.
AU 4+5/1993 Wege zum Textverstehen, darin: Heilmann, W., Interpretationen im Rahmen eines lateinischen Literaturunterrichts, 5–22.
Kipf, S., ... und wo bleibt die Literatur? Gedanken zum Kompetenzerwerb im altsprachlichen Unterricht, FC 2/2015, 70–82.
Klafki, W., Allgemeinbildung heute, in: Pädagogische Welt 3/93, 47. Jg., 28–33.
Maurach, G., Interpretation lateinischer Texte, Ein Lehrbuch zum Selbstunterricht, Darmstadt 2007.
Rösch, A. (Hg.), Leben leben - Ethik Band 2 und 3, Stuttgart 2014 und 2015.
Schulz von Thun, F., Miteinander Reden, Band 1, Reinbek bei Hamburg 1981.

---

gang mit der aufmerksamen und genauen Wahrnehmung der Texte. Sie nutzen das Potential der Texte für eigenes kreatives Weiterdenken, indem sie selbst Texte schreiben, umschreiben, illustrieren oder szenisch darstellen.

4 Bausteine der Textarbeit

Abb. 7: Bausteine

4.1 Grundsätzliche Überlegungen zur Unterrichtsplanung

Die Interpretation gehört zu allen Stufen des Lateinunterrichts. Gehen wir aber davon aus, dass in Unter- und Mittelstufe nicht jedes Kapitel interpretiert werden kann. Mit Blick auf den äußerst knappen Zeitrahmen und aus methodischen Gründen erscheinen für ein Schuljahr vier Interpretationsphasen ausreichend[1]. Legen Sie zu Beginn des Schuljahres fest, wie viele Lektionen bzw. wie

1 Wenn Sie allerdings bereits in der Lehrbuchphase bei jeder Lektion konsequent das Prinzip der zwei Säulen der Textarbeit (Übersetzung und Interpretation) umsetzen, gilt die folgende Rechnung nur bedingt.

viele Kapitel einer Übergangslektüre Sie insgesamt lesen werden. Blättern Sie durch Ihr Lehrbuch oder durch die Lektüre und markieren Sie einige Lektionen/Kapitel, deren Thema einen Interpretationsansatz liefern könnte.

Für diese vier Lektionen/Kapitel benötigen Sie jeweils eine Doppelstunde *mehr*, als eine normale Unterrichtseinheit im Durchschnitt verlangt. Möchten Sie allerdings auch kreativ und handlungsorientiert interpretieren, müssen Sie weitere Zeit einplanen. Dazu bietet sich gelegentlich auch eine Projektphase an.

Für jede Unterrichtseinheit, die auch eine Interpretation mit einschließt, planen Sie einen Einstieg zum Thema des Textes, eine Texterschließung und eben eine Interpretationsphase. Wo bzw. ob überhaupt eine Übersetzung erfolgen soll, ist damit noch nicht festgelegt (vgl. dazu auch Kap. 4.3.1, S. 64).

(a) Planungsbeispiel für die Lehrbuchphase (VIVA, Band 2[2]):

Band 2 des Lehrbuchs umfasst insgesamt 15 Lektionen (L.18 – L.32); von diesen Lektionen wollen Sie mindestens dreizehn in einem Schuljahr bewältigen. Ein ambitioniertes Vorhaben! Das können Sie nur schaffen, wenn Sie

- bei einigen Texten oder Textpassagen auf die statarische Lektüre zugunsten einer kursorischen verzichten
- weitgehend auf die im Lehrbuch angebotenen Zusatztexte verzichten und innerhalb des Lehrbuchs Kürzungen vornehmen, d. h. grammatisch weniger anspruchsvolle Lektionen teilweise deduktiv behandeln.

Nebenbei: Sie unterrichten wöchentlich vier Stunden in der Klasse.

Zeit für Interpretationen gewinnen Sie also, wenn Sie

- von diesen 15 Lektionen zwei kursorisch[3] lesen
- oder im Rahmen der Binnendifferenzierung von einer leistungshomogenen und leistungsstarken Schülergruppe bearbeiten lassen
- oder von einer Schülergruppe in LdL[4] erarbeiten und die Ergebnisse durch Übungen sichern lassen (z. B. L.24: Substantive der e- und u-Deklination oder L. 29: *hic – ille, ferre*).

---

2 Vandenhoeck & Ruprecht, Göttingen 2013.

3 Hinweise für kursorisches Lesen und andere Lektüreformen in: Oertel, H.-L., Kursorische Lektüre, Auxilia 57, Bamberg 2006.

4 LdL: Lernen durch Lehren.

Übersicht über die Themen der einzelnen Lektionen des Lehrbuchs mit Vorschlägen, wo sich eine Interpretation anschließen könnte

<table>
<tr><th>Lektion</th><th>Inhalt der Lektion</th></tr>
<tr><td>18</td><td>Lernen, wo es am schönsten ist – Cicero auf Rhodos/Der junge Lucius will seine Rhetorik-Ausbildung auf Rhodos fortsetzen.</td></tr>
<tr><td>19</td><td>Caesar bei den Piraten/Lucius muss im Rhetorikunterricht eine Übungsrede halten: er beschreibt Caesar als stolz, furchtlos und taktisch agierend.</td></tr>
<tr><td colspan="2">► Möglicher Interpretationsansatz: Was bedeuten in einer Situation auf Leben und Tod Stolz und Furchtlosigkeit? Bewertung von Eigenschaften durch das Wertequadrat[3]</td></tr>
<tr><td>20</td><td>Aeneas in der Unterwelt/Aeneas sucht seinen toten Vater in der Unterwelt auf; von ihm soll er das fatum seines Volkes erfahren.</td></tr>
<tr><td>21</td><td>Triumph über das Mitleid?/Was Zuschauer bei einem Triumphzug fühlen: die zwei Seiten des bellum iustum.</td></tr>
<tr><td>22</td><td>Ein besonderer Wunsch/Ein Handwerksmeister soll ein Mosaik legen, das die Begegnung der Europa mit dem Stier zeigt.</td></tr>
<tr><td>23</td><td>Io Saturnalia!/Verkehrte Welt: die »Macht« der Sklaven.</td></tr>
<tr><td colspan="2">► Möglicher Interpretationsansatz: Jeder Mensch will frei sein! Freiheit als Menschenrecht/ Aspekte der Freiheit</td></tr>
<tr><td>24</td><td>Geschichten aus alten Zeiten/Von Agricolas Kampf gegen die Britannier: Das Monster von Loch Ness.</td></tr>
<tr><td>25</td><td>Ein Tag, schwarz wie die Nacht/Der Ausbruch des Vesuv bringt Finsternis und versetzt die Bewohner in Angst und Schrecken.</td></tr>
<tr><td>26</td><td>Erlebnisse eines Augenzeugen/Plinius berichtet Tacitus vom Vesuvausbruch.</td></tr>
<tr><td>27</td><td>Das Urteil des Paris/Ein Gemälde erzählt vom Urteil des Paris.</td></tr>
<tr><td colspan="2">► Möglicher Interpretationsansatz: Das Dilemma des Paris – Was ist ein Dilemma?</td></tr>
</table>

5 Schulz von Thun, 38–55.

<table>
<tr><th>Lektion</th><th>Inhalt der Lektion</th></tr>
<tr><td>28</td><td>Das Trojanische Pferd/Was für Emotionen die Griechen im Bauch des Pferdes durchlebten.</td></tr>
<tr><td colspan="2">► Möglicher Interpretationsansatz: Perspektivenwechsel und Fremdverstehen/Imagination: Odysseus hat sich in die Trojaner hineinversetzt und einen listigen Plan erdacht. Die Griechen wagen ein risikoreiches Ablenkungsmanöver. Wird der Plan des Odysseus gelingen? Hat er die Trojaner richtig »verstanden«?</td></tr>
<tr><td>29</td><td>Odysseus und die Sirenen/Odysseus widersteht den Verlockungen der Sirenen.</td></tr>
<tr><td>30</td><td>Bis hierher und nicht weiter/Wie die Germanen den Römern widerstanden.</td></tr>
<tr><td>31</td><td>Grenzerfahrungen/Was die Germanen groß und stark macht und an welche Götter sie glauben.</td></tr>
<tr><td>32</td><td>Ein verdächtiger Kult/Was denken Römer über die Christen?</td></tr>
</table>

(b) Planungsbeispiel für die Oberstufe:

Für die Phase der Originallektüre in der Oberstufe sieht die Rechnung anders aus. Interpretieren tritt dort mit mindestens gleichem Anspruch neben die Übersetzung. Jetzt gilt der Grundsatz: Kein Lesen, keine Textarbeit ohne Interpretieren!

In einem Zeitraum von drei Monaten wollen Sie in Klasse 11 einige Plinius-Briefe lesen. Ihr Zeitbudget beträgt vier Stunden pro Woche (meistens in zwei Doppelstunden). Von den 48 Stunden, die in diesen drei Monaten möglich wären, müssen Sie Zeit für eine Klausur und deren Besprechung (–4) abziehen, außerdem eventuell eine Woche Ferien (–4) und 1 Woche für andere Aktivitäten (–4). Damit haben Sie ein realistisches Budget von 36 Wochenstunden bzw. 18 Doppelstunden. In dieser Zeit können relativ bequem vier Briefe gelesen werden unter der Voraussetzung, dass deren Länge überschaubar ist (Hinweis: Für die beiden Vesuv-Briefe benötigen Sie mehr Zeit, sie stehen also hier nicht zur Debatte). Gut eignen sich z. B. unter dem Oberbegriff »Römische Werte« die Briefe 1,9 *(otium-negotium)*/1,22 und 8,24 *(humanitas)*.

Sie gewinnen bei dieser Planung noch genügend Zeit für Leben und Werk des Autors, für Sachinformationen zum Thema »Briefe in der Antike«, gewiss auch für die sprachlich-stilistischen Mittel, mit denen Plinius seine Briefe zu rhetorischen Kunstwerken macht.

4.2 Die Bausteine der Textarbeit im Überblick

Wegweiser durch dieses Kapitel:

4.2.1 Die Bausteine der Textarbeit im Überblick
4.2.2 Die Übersetzung und ihre Stellung innerhalb der Textarbeit
4.2.3 Beispiel einer vollständigen Texterarbeitung

Für eine vollständige Erarbeitung eines lateinischen Textes gehen wir in der Regel einen mehrstufigen Weg, der aus Einstieg zum Thema/Text **(a)**, Texterschließung **(b)**, der Übersetzung **(c)**, Analyse **(d1)** und Interpretation **(d2)** bestehen kann. Diese Wege ergänzen einander[6]. Die Bausteine bzw. Arbeitsschritte sind eng miteinander verbunden und in unterschiedlicher Reihenfolge und Intensität der Erarbeitung auch Bedingung füreinander.

(a) Da jedes Verstehen auf ein Vorverständnis angewiesen ist, ist der **Einstieg** zum Text von besonderer Bedeutung. Fast jeder lateinische Text ist den Schülern fremd – in sprachlicher, historisch-pragmatischer und in inhaltlicher Hinsicht und besonders in seiner Aussageintention; daher müssen wir einen »Haken« entwickeln, an dem wir den Text »aufhängen« und das Feld für das Thema des Textes bereiten können, ohne sofort in die Texterschließung zu gehen.

(b) Die **Texterschließung** als zweiter Schritt der Texterarbeitung kann sich entweder nach dem *top down*-Prinzip[7] oder dem *bottom up*-Prinzip vollziehen. Das *top down*-Prinzip nutzt einerseits das allgemeine Vorwissen oder Weltwissen der Schüler, andererseits weitere standardisierte Sachverhalte, die allgemeines Wissen transportieren (Beispiel: Merkmale einer Textsorte). Der Weg *bottom up* beginnt bei der Klärung des Wortschatzes, der Morpheme und der Wortgruppen, geht dann zur Übersetzung einzelner Sätze und gelangt am Ende zur Klärung des Sinnes des Textganzen.[8]

(c) **Übersetzung** siehe 4.2.1

6 Vgl. Nickel, AU 5/2014, 2.
7 Nach Kuhlmann, (2009), 120–121.
8 Das Heft AU 6/2013 befasst sich ausschließlich mit der Texterschließung. Dort findet man auch die entsprechenden weiterführenden Literaturhinweise.

(d) Die **Interpretation** hat innerhalb der Texterarbeitung zwei Funktionen:

- die *(Text-)Analyse* **(d1)** untersucht Struktur und Gestaltung, Inhalt und Aussage des Textes; sie zeigt die Aufbauprinzipien und macht die Bedeutung einzelner Teile des Textes innerhalb des Ganzen klar. Sie erläutert den Sinn der Aussage. Dieser Interpretationsweg bleibt innerhalb der Vorgaben des Textes. In der Didaktik des Lateinunterrichts wird die Analyse in der Regel als textimmanente Interpretation bezeichnet.
- In der zweiten Funktion **(d2)** stellt sie Bezüge her zwischen dem Inhalt des Textes und der Gedankenwelt anderer Epochen bis hin zur Gegenwart. Die SuS können u.a. die aktuelle Bedeutung der Texte im Verlauf der Kulturgeschichte und ihre Nähe zu den Problemen der heutigen Zeit erkennen. Man spricht von der *textüberschreitenden Interpretation* oder auch von der *pädagogischen* oder *selektiven Interpretation.*

Analyse und textüberschreitende Interpretation müssen nicht zwangsläufig eine Einheit bilden und immer direkt aufeinander folgen, sie können an verschiedenen Stellen der Textarbeit eingesetzt werden, je nach dem, was der Text erfordert. Oft ist es auch sinnvoll, die Texterschließung mit der Textanalyse zu koppeln, weil beide Schritte der Texterarbeitung dieselben Ziele anstreben können (z.B.: Strukturanalyse, Untersuchungen zu Semantik oder Lexik).

In Anlehnung an die Didaktik des Deutschunterrichts und um den langen und durchaus umständlichen Begriffen aus dem Weg zu gehen, sprechen wir ab jetzt nur noch von »Analyse« (statt von der »textimmanenten Interpretation«) und von »Interpretation« (statt von der »textüberschreitenden Interpretation«).

4.2.1 Die Übersetzung und ihre Stellung innerhalb der Texterarbeitung

Der Ort der Übersetzung ist nicht festgelegt. Er richtet sich nach dem Ziel der Textarbeit als Ganzes:

- Wer als Lernziel die gute, kongeniale Übersetzung anpeilt, braucht für sie die Erkenntnisse von Analyse und Interpretation. Durch sie werden das Verständnis der Textaussage und die Wortwahl der Übersetzung geleitet. Die Übersetzung ist damit die auf den Punkt gebrachte Vollendung der Interpretation.
- Wer die Interpretation als logisches und konsequentes Ziel der Texterarbeitung ansieht, benötigt in der Regel die Übersetzung, da sie die sprachliche und

grammatische Gestaltung eines Textes genau bedenkt und auch sicherstellt, dass keine Verständnisfehler vorliegen.

Überblick über die Varianten[9] der Texterarbeitung

Bausteine						Anmerkungen
1	E	TE	Ü	A	I	»klassische« Variante
2	E	TE + A		Ü	I	Trennung von A und I, bringt klare Unterscheidung zwischen Arbeiten am Text und (»freiem«) Interpretieren besonders praktikable Lösung, weil Ergebnisse aus der TE sofort mit denen der A verbunden werden und direkt zur Übersetzung führen
3	E	TE + A		I	Ü	philologisch sinnvolle Variante, zeitintensiv, Interpretation muss kurz gehalten werden
4	E	TE	-	Ü	I	zeitsparende Kurzform 1: Ziel: I
5	E	TE	A	Ü	-	zeitsparende Kurzform 2: Ziel: Ü

4.2.2 Beispiel für eine vollständige Texterarbeitung nach Variante 1 (Lehrbuchphase)

Der folgende Lektionstext[10] handelt von Paris, dem von den Göttern eine schwierige Aufgabe aufgebürdet wird. Die Geschichte ist teilweise narrativ, teilweise dialogisch gestaltet. Die SuS befinden sich im 2. Lernjahr.

DAS URTEIL DES PARIS[11]

Vorgeschichte

Die Geschichte beginnt mit der Hochzeitsfeier von Thetis und Peleus, zu der neben vielen Menschen auch alle Götter und Göttinnen eingeladen sind – bis auf eine: Discordia, die Göttin des Streits; diese will man nicht beim Fest dabei haben.

---

9 Abkürzungen: E = Einstieg/TE = Texterschließung/Ü = Übersetzung/A = Analyse/I = Interpretation.

10 Lehrbuch VIVA 2, Vandenhoeck & Ruprecht, L.27, 72, Göttingen 2013.

11 Die Z. 1–4 des Lehrbuchtextes wurden weggelassen, weil sie an das Vorkapitel anschließen, das für die Geschichte nicht relevant ist. Die Vorgeschichte ist aus demselben Grund nicht mit der des Lehrbuchs identisch.

Das macht Discordia so sauer, dass sie Rache schwört. Sie denkt sich eine besondere Gemeinheit aus: Mitten im Fest öffnet sie die Tür; alle Gäste verstummen sofort und schauen zu ihr hin. Discordia bückt sich und rollt einen Apfel aus reinem Gold in den Festsaal. Auf ihm steht: »Für die Schönste!« Und im Nu ist die Göttin wieder verschwunden.

Es dauert nicht lange, da entbrennt ein heftiger Streit zwischen den drei Göttinnen Juno, Minerva und Venus. Der Göttervater Jupiter findet das laute Gekeife »mega-ätzend«. Er donnert: »Schluss mit eurem Geschrei! Ein Schiedsrichter soll die Sache entscheiden!« Zum Schiedsrichter bestimmt er Paris, einen Sohn des Königs Priamos von Troja. Der Götterbote Merkur wird losgeschickt, um Paris zu holen. Paris erscheint …

Paris: »Hercle! Decernere difficile est! Vos omnes tam pulchrae estis, ut facies et habitus vestros comparans tamen nesciam, cui vestrum malum dem. Fortasse vos ipsae me adiuvabitis? Magna Iuno, cur te pulchritudine ceteris praestare dicam?« Quae malum appetens imperium magnum promisit. Et Minerva, quae sapientibus et militibus favet, Paridi dubitanti etiam plus promisit: sapientiam et gloriam egregiam. Sed Paris: »Gratias«, ait, »ago, sed parum est neque bellum gerere cupio! Opto, ut Venus verbis suis mihi persuadeat! Alioquin malum edam!« Venus autem: »Dea sum amoris: Tibi me dearum pulcherrimam iudicanti praemium maximum promitto: mulierem orbis terrarum pulcherrimam!« Paris: »Optime! Quam illicentia mala!«

Der Einstieg

► *Kennenlernen der Protagonisten, Aktivierung der Schüler durch Auswertung der Vorgeschichte*[12]

A 1 Lies die Vorgeschichte und markiere alle vorkommenden Personen (Götter und Menschen).

A 2 Beurteile die Personen nach ihrer Bedeutung: Welche sind wichtig und welche weniger wichtig?

A 3 Erarbeitet gemeinsam eine pantomimische Darstellung der Vorgeschichte. Wichtige Personen (auch Paris) sollen im Vordergrund, weniger wichtige im Hintergrund agieren.

A 4 Beschreibt die Situation, in der sich Paris befindet. Bedenkt dabei: Er ist ein Mensch!

---

12 Die SuS erhalten die Vorgeschichte in Kopie und haben keine Möglichkeit, auf den lateinischen Text zu schauen.

B Die Texterschließung

► *Gliederung + Begründung durch semantische Kohärenzen, Paraphrase*

B 1 Gliedere den lateinischen Text. Erläutere, warum du ihn so (und nicht anders) gegliedert hast. Woran hast du dich orientiert?

B 2 Fasse jeden Abschnitt mit ein oder zwei deutschen Sätzen zusammen.

D Analyse

► Semantische Analyse

D 1.1 Erschließe aus folgenden Zitaten, was für ein Typ Paris ist. Benutze zu seiner Charakterisierung mindestens zwei inhaltlich verschiedene, deutsche Adjektive.

decernere difficile est – me adiuvabitis – Paridi dubitanti – parum est neque bellum gerere cupio – opto, ut … mihi persuadeat – illicentia mala

Paris ist .... / ....

D 1.2 Sammle Eigenschaften, die du bei einem Schiedsrichter (im Fußball, bei Wettbewerben u. a.) für wichtig hältst.

D 1.3 Diskutiere mit deinem Tischnachbarn: Kann Paris mit diesen Eigenschaften ein guter Schiedsrichter sein? Was hat sich Jupiter dabei wohl gedacht? Stellt den anderen eure Meinung vor.

D 2.1 Ordne in die Tabelle alle lateinischen Wendungen ein, die das Angebot der drei Göttinnen enthalten (Z. 5–10).

D 2.2 Untersuche, ob du schon aus den lateinischen Wendungen erkennen kannst, welche Göttin für Paris das beste Angebot macht. (Untersuche dazu: Wortmenge – Bedeutung der Attribute – Inhalt des Angebots)

D 2.3 Stelle Vermutungen an: Welche Göttin wird den goldenen Apfel bekommen?

Juno	
Minerva	
Venus	

E Interpretation

► *Aspekte: Götter und Menschen – quid ad me? Was bedeuten mir Schönheit, Macht oder Reichtum?*

E 1.1

Juno** ist nicht nur die mächtige Ehefrau des Göttervaters, sondern sie wirkt auch als Beschützerin der Frau und der Ehe. **Minerva** ist nicht nur Göttin der Weisheit* *und des Krieges, sondern auch die Hüterin der Handwerker, der Dichter und der Lehrer.* ***Venus *ist hauptsächlich die Göttin der Liebe, aber auch die Herrin der wilden Tiere, gleichzeitig gilt sie als die Beschützerin der Seefahrt.*

Denk dir andere Bestechungsangebote aus, die die Göttinnen in ihrer anderen Funktion dem Paris machen könnten, um den Apfel zu erhalten.
Juno: »Paris, ich verspreche dir ....«
Minerva: »Paris, ich verspreche dir ....«
Venus: »Paris, ich verspreche dir ....«
Wen würde Paris jetzt wählen?

E 1.2 Stelle Handlungsmotive von Göttern zusammen: Wie ticken Götter?
E 2.1 Nimm an, du wärst an Paris' Stelle. Wen bzw. welchen Lohn hättest du gewählt? Erstelle nur für dich selbst eine Reihenfolge der genannten Lebensziele. *Anmerkung:* Möglicherweise haben manche Mädchen andere Wünsche, z.B. den stärksten, mächtigsten oder reichsten Mann?
E 2.2 Was sind im Allgemeinen deine Lebensziele, von denen du dir Glück versprichst? Füge zu den in der Geschichte genannten Lebenszielen noch vier weitere persönliche Wünsche hinzu und ordne alle zusammen in einer Pyramide an. Das wichtigste Ziel steht ganz oben in der Spitze der Pyramide. Auch diese Frage sollst du ganz für dich selbst beantworten.

Meine persönliche Glückspyramide

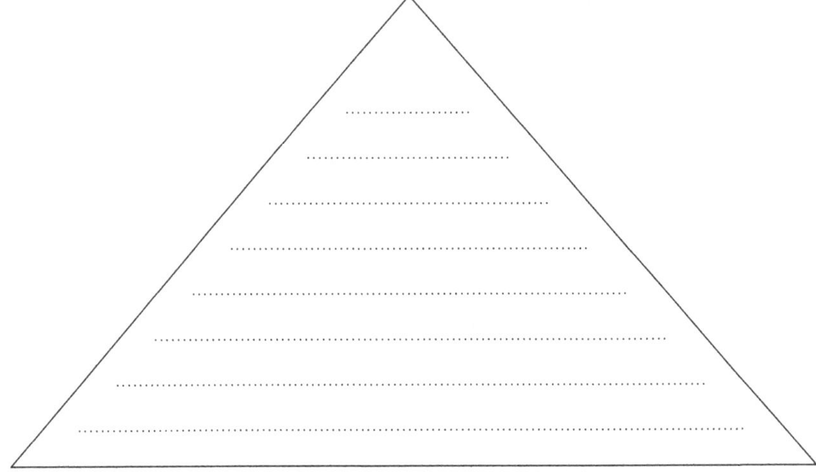

→DLB

Im Beispiel wird durch den *Einstieg* geklärt, welche Protagonisten in der Geschichte vorkommen (A1). Sie werden benannt und so angeordnet, dass sich ein Handlungsvordergrund und ein Handlungshintergrund ergeben (A2 und A3). Auch die Situation des Paris wird bereits überdacht (A4).

Die *Texterschließung* konzentriert sich auf die Gliederung des Textes und verlangt eine inhaltliche und formale Begründung der Gliederung (B1-B2). Nun folgt die *Analyse:* bei ihr liegt ein Schwerpunkt auf den sprachlichen und stilistischen Mitteln, mit denen die Angebote der Göttinnen differenziert werden können (D2). Der andere liegt auf dem Charakter des Paris; seine Eignung als Schiedsrichter wird untersucht (D1).

Mit den Ergebnissen des Einstiegs, der Texterschließung und der Analyse ist der Text so gut vorbereitet, dass auch das neue grammatische Phänomen des p.c. kein Stolperstein mehr sein kann. Hier würde jetzt die Übersetzung des Textes einen guten Abschluss der Textarbeit bringen. Die Interpretation stellt mit den Themen: *Macht und Handlungsmotive der Götter* oder *Paris' Wünsche an das Leben* im Vergleich zu eigenen Wünschen an das Leben einen motivierenden Bezug zur Lebenswelt der Jugendlichen her.

Alternative

Der *Einstieg* könnte aber auch direkt zur *Analyse* führen, die *Texterschließung* dann entfallen. Die Aufgabe A4 des Einstiegs führt jetzt direkt zur Aufgabe D1: Ist Paris ein guter Schiedsrichter? Die SuS erkennen die Schwäche des jungen Mannes. Durch den *textüberschreitenden Vergleich* von Eigenschaften, die ihrer Erfahrung nach ein Schiedsrichter besitzen muss, um seinem Auftrag gerecht zu werden, nehmen sie wahr, wie ungeeignet bzw. überfordert Paris gewesen sein muss. Dass Jupiter gerade ihn zum Schiedsrichter auserkoren hatte, dürfte kein Beleg seiner Weisheit sein, es sei denn, das *fatum* hätte entschieden, langfristig die Macht Trojas zu brechen. Durch die Tabelle, die die Angebote der Göttinnen enthält, werden die SuS in die Lage versetzt, diese miteinander zu vergleichen. Beobachtungen zur Länge der entsprechenden lateinischen Wendungen und zur Wortwahl führen zum klaren Ergebnis, welche Göttin die »Misswahl« gewinnen wird. Die *Übersetzung* schließt nun die Texterarbeitung ab.

4.3 Die Bausteine der Textarbeit im Einzelnen

Wegweiser durch dieses Kapitel:

4.3.1 Einstieg
4.3.2 Die Texterschließung - kurz und knapp
4.3.3 Die Übersetzung - einige Anmerkungen
4.3.4 Die Analyse
4.3.5 Kriterienkatalog für SuS
4.3.6 Die Interpretation
4.4 Literatur

Im Folgenden gehen wir auf die einzelnen Bausteine der Textarbeit ein. Einstieg und Interpretation behandeln wir ausführlich, einerseits um dem Anliegen des Buches gerecht zu werden, andererseits um aufzuzeigen, wie eng Einstieg und Interpretation miteinander verwoben sein können. »*Wer den Einstieg plant, sollte auch an das Ende denken!*«[13].

Texterschließung und Übersetzung werden wir knapp erläutern, obwohl letztere als das Proprium des Lateinunterrichts angesehen wird. Für eine detaillierte Beschäftigung mit beiden Bausteinen verweisen wir auf zahlreiche Abhandlungen, besonders auf Keip/Doepner[14]. Weitergehende Literaturhinweise finden Sie am Ende des Kapitels 4.

Alle der Interpretation vorgelagerten Bausteine sind ihr nahe: Ein Einstieg[15] bereitet auf den Text im Idealfall so vor, dass er den Rezipienten vom Anfang bis zum Ende begleitet. Die Texterschließung erleichtert nicht nur die Übersetzung des Textes, sondern gibt Impulse zur Analyse und Interpretation. Und schließlich ist jede Übersetzung eine Interpretation: Jeder Übersetzer bringt seine je eigenen Erfahrungen und Anschauungen in die Übersetzung ein; jeder greift auf andere Idiome im Deutschen zurück, jeder findet andere Äquivalenzen für lateinische Begriffe usw. Einer übersetzt *ut interpres*, ein anderer *ut orator*.

13 Meyer, in: Greving/Paradies, 7 (Vorwort).

14 Keip/Doepner, Th., 81–94.

15 Grell (106) plädiert dafür, weitgehend auf Einstiege zu verzichten und den Schülern lediglich klare Angaben zur Vorgehensweise zu geben, z. B. zu den Zielen, dem geplanten Unterrichtsverlauf, der Bedeutung der Unterrichtsziele. Nach unserer Meinung vergibt man eine große Chance, wenn man den Einstieg nur als reines Informationsmedium nutzt. Allerdings darf man auf der anderen Seite auch nicht unterschlagen, dass die von Grell vorgeschlagene Nutzung zu der von Hattie geforderten *teacher clarity* beiträgt (Hattie, J., »Visible Learning«, London/New York/Routledge 2012).

Prinzipiell geben wir die Anregung, dass Sie, wann immer es möglich ist, den lateinischen Text laut vorlesen. Das kann *vor dem Einstieg* geschehen, wenn dieser eng mit der Texterschließung verbunden ist. Sehr oft aber passt es besser, das Vorlesen *vor die Texterschließung* zu legen. Den Text mehrfach laut lesen, das Lesen sinnerschließend mit Gesten unterstreichen – das führt auf eine sehr direkte Art über den Weg des Hörverstehens zu einem Vorverständnis des Textes. Die Gesten und Bewegungen des Lehrers schaffen zusätzlich zu den auditiven auch noch visuelle Eindrücke. Die SuS nähern sich somit dem Text mit Ohren und Augen. Erste Gefühle, erste Bilder, erste inhaltliche Eindrücke entstehen.[16] Es lohnt sich gelegentlich, auch diese Vor-Eindrücke zu thematisieren.

4.3.1 Der Einstieg

Wir sprachen von jenem Haken, an dem man die gesamte Textarbeit aufhängen kann. Jeder Text stellt andere Inhalte und damit andere Unterrichtsziele in den Raum, so dass wir als Gestalter der Textarbeit immer wieder andere Einstiege finden müssen. Es gibt nicht *die eine* zielführende Einstiegsidee für eine bestimmte Textsorte, auch nicht für ein bestimmtes Thema. Die Frage nach dem richtigen Einstieg beschäftigt die Didaktiker schon lange. Im Jahr 1962 schreibt Heinrich Roth[17]:

»Wie bringe ich den Gegenstand in den Fragehorizont des Kindes? Wie mache ich ihn fragenswert? […] Durch Rückverwandlung toter Sachverhalte in lebendige Handlungen, aus denen sie entsprungen sind.«

Die Bezeichnung »Einstieg« ersetzte den Begriff der »Hinführung«, eine Bezeichnung, die einem streng geordneten Lernkonzept angehört. Die Hinführung sagt, was sie tut: Sie nimmt den Schüler an die Hand und führt ihn wie einen Blinden zum Sehen, d. h. zum Textverständnis. Der Einstieg beschreibt ein Sichhinein-bewegen; er ist eine Forderung an den Lehrer *und* an den Schüler. Der Lehrer als Initiator des Einsteigens ist den SuS einen Schritt voraus, dennoch ist der Einstieg eine gemeinsame Aktion.

Bedeutung des Einstiegs

Der Einstieg ist eine eigenständige Phase mit wichtiger didaktischer Funktion. Bei ihm, also noch vor Beginn der Texterarbeitung, entscheidet sich, ob die

16 Vgl. dazu Dietze, K., Vom lauten Lesen zum Verstehen und Übersetzen, in AU 5/2015, 44–47.
17 Roth, H., zitiert nach Greving/Paradis, 15.

Schüler wirklich einsteigen und Neugier bzw. Interesse entwickeln, so dass sie bis zum Ende durchhalten. Es ist schwer, ja fast unmöglich, ausschließlich mit der Texterschließung Motivation und Neugier auf die Übersetzung und/oder die Interpretation zu wecken. Die Chance des Einstiegs müssen wir also nutzen.[18]

Diese Neugier, dieses aristotelische θαυμάζειν, kann nach Berlyne[19] unterteilt werden in allgemeine Neugier und (kognitive/epistemische) Wissbegierde. Allgemeine *Neugier* wird z. B. durch die Neuartigkeit einer Sache, eines Ereignisses, einer Entwicklung geweckt oder auch durch ein neues, noch unbekanntes Thema. Kognitive *Wissbegierde* entsteht, wenn eine Sache, eine Aufgabe, eine Situation in ihrer Komplexität noch nicht durchschaut ist; was schwierig erscheint, kann, wenn es Schritt für Schritt entschlüsselt werden kann, die Wissbegierde mehr und mehr anstacheln. Genauso gibt es Fälle, wo die Ungewissheit über etwas oder ein Konflikt, der nach Aufklärung verlangt, die Neugier so hervorlockt, dass alles andere daneben verblasst.

Beispiel:

Blättern Sie zum Beispiel des vorigen Kapitels (S. 59) zurück, speziell zu den Arbeitsaufträgen des Einstiegs. Vergleichen Sie diese erste Einstiegsidee mit einer zweiten, alternativen für denselben Text. Überlegen Sie danach, welche Sie als tragfähig für den *gesamten* Bearbeitungsprozess erachten und bei welcher die *Neugier* auf das Kommende bei den SuS stark sein dürfte. Hätten Sie als Lehrerin oder Lehrer Lust auf Einstieg 1 oder 2? Auch das wäre eine Überlegung wert.

Alternativer Einstieg zum Text »Das Urteil des Paris«:

Einstiegsidee: Ich stehe vor einer schwierigen Wahl
Methode: Rollenspiel mit Bezug auf die Lebenswelt der Jugendlichen[20]

Stellt euch vor, ihr wäret Mitglieder einer Jury bei einer Preisverleihung. Drei Preise sollen vergeben werden: einer für den ***attraktivsten*** *Mann des Jahres, einer für den* ***mächtigsten*** *Mann des Jahres und einer für den* ***klügsten*** *Mann des Jahres. Folgende Kandidaten stehen zur Wahl:* *

18 Kuhlmann (2010), 25: »Daher darf [die Hinführung zum Text] auf keinen Fall entfallen … Wer ohne jede Einleitung zu einem neuen Text direkt übersetzen lässt, produziert damit Verständnisprobleme.«

19 Berlyne, 39.

20 Bei diesem Einstieg wird ohne Buch gearbeitet.

Barack Obama	Sebastian Vettel	Joachim Gauck	Justin Bieber
Marc Zuckerberg	Bastian Schweinsteiger	Wladimir Putin	Til Schweiger

* Die Auswahl der Kandidaten kann auch andere Personen enthalten.

Der Blick in das Smartphone ist hier integrativer Bestandteil der Aufgabe.

Arbeitsgleiche Aufgaben:

1. Informiert euch über die in der Tabelle genannten Personen. Bildet danach drei Gruppen. Gruppe 1 vergibt den Preis für den attraktivsten Mann, Gruppe 2 für den mächtigsten, Gruppe 3 für den klügsten. Bilder zu den Kandidaten findet ihr im Internet. Beschreibt in eurer Gruppe Charakter und Tätigkeit des von euch gewählten Preisträgers.
2. An der Tafel stehen die Begriffe *Attraktivität, Macht, Klugheit (Weisheit).* Notiert die Namen eurer Preisträger unter diese Begriffe. Erklärt den anderen Schülern, warum eure Gruppe gerade diesen Mann ausgewählt hat. Nennt die Kriterien eurer Wahl.

Methodische Hinweise zum alternativen Einstieg:

Die Schüler nehmen einen Perspektivenwechsel vor und erkennen, dass eine Wahl nicht immer nach exakt nachprüfbaren Kriterien, sondern möglicherweise teilweise aus dem Bauch heraus entschieden wird.

Anmerkung:

Selbstverständlich gibt es drastische Unterschiede zwischen der beschriebenen Situation und der Paris-Geschichte. Paris ist Schiedsrichter bei Göttinnen, die ihm für den Fall ihrer Nichtwahl lebenslang Probleme bereiten können. Für ihn steht also alles auf dem Spiel. In einem Dilemma steckend wird er es in Zukunft mit Göttinnen zu tun haben, die sich zurückgesetzt fühlen und auf Rache sinnen. Bei seiner Wahl lässt sich Paris von persönlichen, nutzenorientierten Motiven leiten. Bei der Wahl, die der zweite Einstieg suggeriert, geht es für die SuS um nichts. Dennoch müssen sie auch hier eine Wahl treffen, bei der jemand siegt und andere verlieren. Genau wie Paris werden sie ihre Wahl nach ihren persönlichen Vorlieben treffen.[21]

21 Wenn man Jugendliche nach ihren Lebenszielen befragt, nennen vor allem die spaß- und szeneorientierten Nonkonformisten mit Fokus auf das Leben im Hier und Jetzt die Kriterien »Schönheit, Macht, Reichtum« an vorderster Stelle: »Ich möchte einen gehobenen Lebensstandard besitzen und mich voll und ganz auf meine Karriere konzentrieren.« Sinus, 45.

Lebensweltlicher Anknüpfungspunkt sind die auf vielen Fernsehkanälen ausgestrahlten Wettbewerbsformate wie *Germany's Next Topmodel* oder *Deutschland sucht den Superstar.* Die Schüler kennen daher die Aufgaben einer Jury bzw. von Juroren. Auch die Personen, die in den Aufgaben 1 und 2 zur Wahl stehen, dürften ihnen bekannt sein.

Gemeinsamkeiten der Einstiege: Beide aktivieren die Schüler zum Handeln, beide erzielen ein Vorverständnis des Textes, beim ersten ein genaues textbezogenes, wie es zum Urteil des Paris kommt; beim zweiten eher eines, welches die Grundkonstellation der Geschichte betrifft, d. h. das Treffen einer schwierigen Entscheidung.

Unterschiede: Einstieg 1 bleibt innerhalb der Grenzen des bekannten Mythos, er betrifft die Schüler nicht selbst. Einstieg 2 gibt die Grundfrage des Textes an die Schüler weiter und stellt sie in eine (allerdings nur annähernd) vergleichbare Situation. Der Bezug zum Text ist noch nicht sichtbar.

Welcher Einstieg trägt die Schüler durch die gesamte Unterrichtseinheit? Diese Frage müssen Sie als Lehrerin und Lehrer selbst beantworten, weil die Antwort sehr stark von der Lerngruppe und deren Interessen, Vorstellungen und Erfahrungen abhängt. Aber sie hängt nicht nur von diesen ab, sondern auch von Ihrer eigenen Persönlichkeit. Nicht jeder Lehrende kann sich mit jedem Typ von Einstieg identifizieren. Ohne diese Identifikation gehen Charme und Wirkung des Einstiegs verloren.

Wie findet man Einstiege?

Dazu benötigt man Kreativität, ein klares methodisches Handwerkszeug *und* die Erfahrung und Unterstützung von Kollegen. Schön wäre, wenn es in Ihrem Kollegium eine »Einstiegskiste« gäbe, in die Kollegen *jedes* Faches ihre gelungenen Einstiege zur Weiterverwendung und Modifizierung hineinlegen. Im Übrigen verweisen wir noch einmal auf die Gedankenfelder in Kap. 3.3 (S. 42 ff.). Vor der Idee zur Realisierung beschleunigen folgende Fragen den Findungsprozess, mit den Antworten auf diese Fragen reduzieren Sie Ihre Ideen auf wenige zielführende.

Fragen für die Einstiegsfindung
- Welche Funktion hat der Einstieg?
- Welcher Aspekt des Textes ist so zentral/schwierig/unbekannt/interessant, dass er im Einstieg vorbereitet werden muss?
- Welche Voraussetzungen (Wissen, Fertigkeiten, Kompetenzen, Gefühle, Einstellungen) bringen die Schüler für diesen Aspekt/dieses Thema mit?
- Wie schaffe ich es, Neugier zu wecken?
- Welches Material benötige ich?
- Wie und in welcher Sozialform *binde* ich möglichst viele Schüler ein?

Konkretisierung der Einstiegsfragen an Seneca, ep.12,1:
»quocumque me verti, argumenta senectutis meae video!«

Funktion des Einstiegs	Annäherung an das Thema »Alter«
Aspekte des Textes	Wertschätzung des Alters
Einstellung der Schüler zum Thema	z. B. Alter weit weg, wenig Bezug zu alten Menschen
Wecken der Neugier	Experiment: »Das Alter hat auch etwas mit mir zu tun! Auch ich werde einmal alt sein!«
Material	Für jeden Schüler ein Blatt mit einer großen (Lebens-)Uhr: Wenn Null-Uhr nicht nur der Anfang, sondern auch das Ende meines Lebens ist: Auf welcher »Uhrzeit« stehe ich in diesem Moment?
Sozialform	Stillarbeit, dann eventuell Gruppengespräch über *allgemeine* Konsequenzen aus dem Experiment.

Bei diesem Einstieg geben Sie den SuS die Möglichkeit zu einem Experiment (Selbstversuch) und wecken die Erkenntnis, dass das Alter mit jedem Menschen etwas zu tun hat. Vorsicht: das Experiment[22] kann große Betroffenheit hervorrufen!

22 Vopel, 28–29.

Wo stehen die Zeiger meines Lebens?

Abb. 8: Uhr

Betrachten Sie nun folgenden Pool an Einstiegsmöglichkeiten; die Aufstellung erhebt keinen Anspruch auf Vollständigkeit.

Dass Sie eigene Einstiege kreieren können, ist selbstverständlich. Sie kennen Ihre Lerngruppe mit ihren spezifischen Eigenheiten am besten. Wir möchten Sie ausdrücklich dazu anregen, die individuellen Merkmale Ihrer Schüler so oft wie möglich für den Einstieg zu nutzen. Dieser hat dadurch die Chance, die Jugendlichen noch mehr anzusprechen und für das Thema zu sensibilisieren und zu motivieren. Jede *pre-reading-activity,* die die SuS zum Thema führt, ist willkommen.

Allgemeine Ziele:

Ein Einstieg kann/soll

1. **Neugier**[23], Interesse, Aufmerksamkeit wecken, Erwartungshaltung aufbauen
2. **affektive Zugänge** schaffen
3. Fragen an den Text aufwerfen **(Leitfragen)**
4. **Orientierung** geben
5. auf das **Thema** vorbereiten
6. **Denkanstöße** geben
7. **provozieren**
8. eine **aktive Auseinandersetzung** anregen
9. eine **kreativ-produktive Auseinandersetzung** vorbereiten
10. über vorgesehene Lern-, Stunden- und Kompetenzziele und vorgesehene Methoden informieren[24]

Ziele im Detail (• Ziel,* auch Methode):

1: Neugier	2: affektive Zugänge	3: Leitfragen
- Bezüge zu Lebenswelt/Gegenwart/Tagesgeschehen herstellen - * mit Hilfe eines Fallbeispiels (exemplarischen Einzelfalls) Parallelen ziehen - * etwas vorzeigen, vormachen	- Vorerfahrungen aktivieren - Text vom Ende her antizipieren - Zukunftsvision entwerfen - Empathie erzeugen - Assoziationen wecken	- Fragen an den Text entwickeln - * Fallbeispiel einbringen - mit ergebnisoffener Geschichte Phantasie anregen
4: Orientierung	**5: Themen**	**6: Denkanstöße**
- Einleitung/Vorgeschichte auswerten - Sachinformationen geben oder recherchieren lassen - den Text be-greif-lich machen (*Textpuzzle)	- Themen/Aspekte des Textes suchen und benennen - Aspekte hierarchisieren - spontane Eindrücke sammeln	- Fremdverstehen durch Perspektivenwechsel anregen - Impuls zur Imagination geben - Lückentext bearbeiten - Stellungnahme einfordern

23 Die unterstrichenen Begriffe finden Sie als Überschriften in den folgenden Tabellen wieder.

24 Vgl. dazu Anmerkung 15 in diesem Kapitel.

7: Provozieren	8: Aktivität	9: kreativ-produktive Auseinandersetzung
- Karikatur/Comic als Kontrast aufbauen - Widerspruch konstruieren - durch Bluff verunsichern - provokante Frage stellen	- Pro- und Contra-Argumente sammeln - Meinungen abfragen - Visualisierung erarbeiten lassen - Kurzreferate anfertigen lassen (lkg[25])	- Meinungen, Ideen sichtbar machen - mit Personenaufstellung etwas verdeutlichen - Leserbrief an den Autor schreiben

Ein Einstiegsziel ist oft auch eine Einstiegsmethode. Aus diesem Grund schieben wir nun einen Pool an Methoden nach. Diese sind selten nur auf *einen* Einstieg festzulegen, sie können oft bei mehreren Einstiegsideen eingesetzt werden. Das *Brainstorming* ist z. B. eine Methode des Ideengenerierens *und* des Sammelns von Aspekten eines Textes. Alles, was zur Vorbereitung der Leseeinheit wichtig erscheint, kann gesammelt werden: Meinungen, Assoziationen, Argumente, Informationen, Ideen, Analogien u. a.. Dasselbe gilt für die Methoden *Blitzlicht, Phantasiereise* u. a.

Methodisches Handwerkszeug im Überblick

Lehrervortrag - Schüler-Kurzreferat/Recherche
Brainstorming/Assoziation - Blitzlicht - stummer Impuls
Murmelgespräch - Phantasiereise - Gedankenspiel - Experiment
Fallbeispiel - Sachfeld - MOM*-Kartenabfrage - Textpuzzle - Standbild
Steckbrief - Rollenspiel - Pantomime - Personenaufstellung
Lied, Song - Karikatur, Bild, Comic, Grafik - Audio-/Videoclip - Zitat(e)
Zeitungsartikel - Graffiti - Interview - Blog-Beitrag
Debatte/Streitgespräch - Rätsel - Vergleich (mit Text, Bild, Tondokument, Film) u. a.

* MOM: Moderationskarten

25 lkg: lebendig, kurz, gegliedert.

Oft müssen gesammelte Begriffe geordnet werden. Dazu eignen sich u. a. Cluster bzw. Mindmap.[26] Diese sind weniger Methoden als Techniken der Visualisierung.

Visualisierungstechniken (zum sichtbar gemachten Mitdenken):
Mindmap – Cluster – Gedankenblasen – Gedankennetze – Word-Clouds – Tabellen – Grafiken – Bildsymbole – Diagramme – Skizzen – Piktogramme – Kurven – Organigramm u. a.

Beispiel:
Zum Einstieg in Catull, c. 8 *(Miser Catulle, desinas ineptire)* sehen Sie eine arbeitsteilige Gruppenarbeit vor. Sie beabsichtigen, das Einstiegsziel *Orientierung geben* mit dem methodischen Werkzeug *Assoziieren* zu verbinden. Sie bitten die Schüler der Gruppe 1, in eine Gedankenblase Assoziationen einzutragen, die mit dem Begriff »Liebe« zusammenhängen: »Sammelt, was euch zum Thema Liebe einfällt und tragt eure Assoziationen[27] in die Gedankenblase ein.«

Die Schüler assoziieren möglicherweise mit dem Begriff *Liebe:*

Sex · Ärger · bye, bye, my love · Knutschen · Kribbeln · Knutschfleck · heimlich · Bitch · ABF* · Liebesschloss · himmelblau · rosarot

* ABF allerbeste/r Freund/in

26 Ein *Cluster* sammelt zu einem bestimmten Thema Begriffe, die, je weiter sie sich räumlich vom Ursprungsbegriff entfernen, umso weniger mit diesem zu tun haben. Eine *Mindmap* ist eine Gedankenlandkarte, die einen Überblick über Teilaspekte eines Themas verschafft. Sie eignet sich besonders gut für die Anordnung von Ideen, die durch Brainstorming gefunden wurden. Eine Mindmap bleibt immer auf das Thema bezogen.

27 Definition »Assoziationen«: »Lernen durch Assoziieren […] ist die Stärke der rechten Gehirnhälfte. Sie braucht Bilder, Töne, Farben, Bezüge zu Bekanntem. Dann verstehe ich […] die Symbole, die Wörter, die die linke Gehirnhälfte in ihrer Bedeutung aufnimmt und kann sie deshalb einordnen und abspeichern.« Assoziationen sind Verbindungen von Sinnesempfindungen, Vorstellungen, Gefühlen und Verhaltensweisen. Diese treten auf einen bestimmten Reiz hin spontan ein. Grundsätzlich wird durch die Assoziation eines Elements ein anderes ebenfalls aktiviert. Daher gelten die Assoziationsketten als Grundlage des Gedächtnisses (www.koeln.kolleg.de/F_lt/assoz.htm (Zugriff: 07/2016)).

Gruppe 2 wird aufgefordert, die Gedankenblase mit einem Sachfeld in deutscher Sprache zu füllen. »Sammelt Begriffe, die mit Liebe zu tun haben.« Dann könnte die Blase möglicherweise so aussehen:

Die SuS entwickeln durch Assoziieren entweder einen Teppich an Begriffen, mit denen sie die *emotionale* Seite eines Themas ausbreiten oder sie erwerben durch ein Sachfeld einen Pool von Aspekten des Themas. Durch die Begriffe beider Gedankenblasen werden sie auf die Textarbeit vorbereitet. Assoziationen sind oft lustiger, zuweilen auch ehrlicher und näher an der Lebenswelt der Jugendlichen. Sachfelder, die im Übrigen auch von Assoziationen durchsetzt sind, führen schneller zu einem lateinischen Sachfeld, das auch auf das Vokabular des Textes vorbereitet.

Ein besonderes Licht wollen wir noch auf Einstiege werfen, die die SuS »dort abholen, wo sie stehen«. Dieser oft zitierte Spruch ist für jeden Lehrer ein Graus. Die Wahrheit, die in ihm steckt, ist zugleich auch eine große Unwahrheit. Denn die Aussage kann so interpretiert werden, dass wir Lehrer verpflichtet sind, immer wieder den kognitiven und emotionalen Standort des Schülers zu eruieren, um dann von dort aus unseren Unterricht zu beginnen. In Baden-Württemberg gab es z.B. in den 1980er Jahren an einigen Gymnasien eine Differenzierung in A-, B- und C-Kurse. Man wollte überprüfen, ob sich die dem Niveau C zugeordneten schwächeren SuS durch entsprechende Förderung in ihrer Leistung verbessern können. Was passierte? Manche SuS der C-Kurse verbesserten ihr Niveau durch das Abholen nicht, im Gegenteil, sie forderten das Abholen geradezu ein und signalisierten damit, dass es angenehmer sei, immer wieder von neuem abgeholt zu werden als voranzuschreiten. Ihre Lernbereitschaft wurde dadurch eher gemindert als gefördert.

Natürlich wollen wir an die Lebenswelt der Schüler andocken, d.h. an ihr Verständnis von der Welt. Hier hat das Abholen einen anderen Kontext als den oben beschriebenen. Lebensweltbezogene Einstiege können die Emotionen der SuS, ihre Art zu sprechen, ihre Erfahrungen, ihre Vorbilder, ihre Lebenswünsche oder einfach aktuelle Ereignisse (Fakten, Moden, Events u. a.) ansprechen.

Beenden wir dieses Kapitel noch einmal mit einem Beispiel, das zwei Einstiegsvorschläge anbietet.

Kollegin X entscheidet sich für Vorschlag A, Kollege Y für Vorschlag B. Welchen Einstieg würden Sie wählen? Geben Sie sich Rechenschaft über die Gründe für Ihre Entscheidung.

Vacca, Capella, Ovis, Leo
Numquam est fidelis cum potente societas.
Testatur haec fabella propositum meum.
Vacca et capella et patiens ovis iniuriae
socii fuere cum leone in saltibus.
Hi cum cepissent cervum vasti corporis,
sic est locutus partibus factis leo:
»Ego primam tollo, nominor quoniam leo;
secundam, mea cum sors sit, tribuetis mihi;
tum, quia plus valeo, me sequetur tertia;
malo adficietur si quis quartam tetigerit«.
Sic totam praedam sola improbitas abstulit.
Phaedrus, I, 5

A: Kuh, Ziege, Schaf, Löwe: Welche Eigenschaften verbindet ihr jeweils mit den Tieren? Entwickelt für jedes Tier eine Kette von Assoziationen.
B: Beschreibt die Karikatur, charakterisiert den Menschen, gebt dem Bild einen Titel. → DLB

Das Bild finden Sie größer unter www.forschung-erleben.uni-mannheim.de (Stichwort Raffgier).

Abb 9: Raffgier[28]

Zum Schluss:
Der Einstieg ist **nicht** identisch mit der Texterschließung oder der Interpretation, aber er führt zu diesen. Er sollte so **kurz,** so **effektiv** und so **nah** am Jugendlichen wie möglich sein.

28 s. http://www.forschung-erleben.uni-mannheim.de/(Zugriff 08/2016).

4.3.2 Die Texterschließung – kurz und knapp

Der Einstieg hat die SuS auf das Thema eingestimmt, das Vorlesen hat den Text in das Zentrum der Aufmerksamkeit gerückt. Was leistet die Texterschließung (andere Bezeichnung: Dekodierung)?

Innerhalb der in der Schule vertretenen Sprachen nehmen Latein und Griechisch eine besondere Stellung ein. Moderne Fremdsprachen zielen auf intuitives Verstehen und aktive Sprachkompetenz, alte Sprachen vornehmlich auf eine passiv-rezeptive. Kann man das mehrkanalige, intuitive Lernen der modernen Fremdsprachen auf das Fach Latein übertragen? Im Ansatz kann das geschehen, indem man sowohl dem spontanen als auch dem gelenkten Verstehen des Textes eine gewichtige Rolle einräumt.

Damit streben wir ein *Textverstehen* an, das vor der Rekodierung, vor dem *Textwissen,* steht. Das leistet der Baustein »Texterschließung«. Er gibt den SuS eine grundsätzliche Orientierung im Text und hilft, die durch den Einstieg und das Hörverstehen gewonnenen Verstehensinseln zu vergrößern und miteinander zu verbinden. Die SuS nähern sich, ohne übersetzt zu haben, auf verschiedenen Wegen den unbekannten Aussagen eines unbekannten Textes.

Wege der Texterschließung

Die Texterschließung stützt sich auf *vier* Pfeiler: sie kann über die Textmorphologie in Verbindung mit der Textsyntax erfolgen, über die Textsemantik, die Texttypik oder über die Textpragmatik. Bisweilen kann dieses Schema durch die Textstilistik ergänzt werden. Wir sind dann aber schon sehr nahe an der Textanalyse innerhalb der Interpretation.

<table>
<tr><td rowspan="2">T
E
X
T
G
R
A
M
M
A
T
I
K</td><td>Textmorphologie und Textsyntax
analysieren zunächst die Morpheme von Verben und Nomina und bestimmen damit die einzelnen Satzglieder.</td><td>Die Textsemantik
klärt die Kohärenzen innerhalb eines Textes. Sie benennt und analysiert vorherrschende Sachfelder, Wortfelder, Wiederholungen u. a.</td></tr>
<tr><td>Die Texttypik
diagnostiziert textsortenspezifische Merkmale des Textes und antizipiert mit ihrer Hilfe den Textsinn im Ganzen.</td><td>Das Hintergrundwissen der
Textpragmatik
erleichtert das Verstehen und Deuten des Textes. Bei vielen Texten muss der Lehrende diesen Teil der Texterschließung »liefern«.</td></tr>
</table>

Wer hierzu genauer informiert werden will, dem empfehlen wir die Lektüre des AU-Heftes 6/2013 zum Thema »Texterschließung«, vor allem den Basisartikel.

Wenn Sie die weitere, am Ende des Kapitels 4 angegebene Literatur erarbeitet haben, wird Ihnen der Kopf brummen von zahlreichen Fachtermini und linguistischen Begrifflichkeiten wie Textsemantik, Substitution, Rekurrenz, Lexemfeld, Morphemfeld, Allomorphie u. v. a. Welche Hilfestellung geben diese bis ins Detail differenzierten Termini? Sie helfen, unsere Gedanken zum Text zu sortieren und dessen Signale zu erkennen. Sie helfen, das Unterrichtsziel herunterzubrechen auf kleine Schritte, die in der Zusammensetzung dann wieder auf das Ganze zurückkommen. Aber sie helfen nur sehr bedingt, eine schülernahe und effektive (sprich: zügige) Texterschließung zu formulieren. Wollten wir auch die anderen Bausteine mit derselben Akribie behandeln, dann wünschten wir uns die uralten Zeiten wieder zurück, in denen das Fach Latein in der Sexta (5. Klasse) noch mit sechs (vielleicht auch mehr) Unterrichtsstunden rechnen konnte.

Um den Akt der Texterschließung rasch und zielsicher in den Griff zu bekommen, lenken wir den Blick auf Vorschläge der jüngsten Fachdidaktik. Dort wird ein sehr praktikables Verfahren[29] vorgeschlagen. Es vereinigt die vier Arbeitsbereiche der Texterschließung und ist nahe am Schüler.

1. Das *top-down*-Verfahren (von oben nach unten):

»Beim *top-down* strukturieren das Vorwissen und eine generelle Vorerwartung das grobe Verständnis des Textganzen. Wer z. B. eine Zeitungsüberschrift liest und die Zeitung kennt, weiß in etwa, was ihn bei der Lektüre erwartet.«

Wählt der Lehrer also das *top-down*-Verfahren, wird der Text als Ganzes betrachtet. Der Schüler scannt zunächst die Überschrift und dann den Text, indem er seine Augen über ihn hin- und herschweifen lässt auf der Suche nach Haltepunkten (z. B. Personen) und auffallenden Merkmalen (z. B. Konnektoren, Zeitangaben, stilistische Besonderheiten). Dieser Ansatz arbeitet ganzheitlich, also transphrastisch. Nicht der einzelne Satz wird in seiner Struktur erschlossen, sondern das Textganze. Keip/Doepner[30] benutzen hierzu das Bild eines Pullovers, also eines »verstrickten« Gewebes. Die Texterschließung begutachtet den Text wie einen neuen Pullover, dessen Form und Muster, dessen Strickart, Verzierungen und Machart dem potentiellen Käufer auffallen. Wir betrachten alles, was der Text als Einheit auf den ersten Blick hergibt und dann, was die nächs-

29 Dieses Verfahren wurde von Peter Kuhlmann entwickelt. Alle dargestellten Punkte beziehen sich also auf Kuhlmann (2009), 120–121.

30 Keip/Doepner, 98.

ten, ins Detail gehenden Blicke aufdecken. Der Schüler stellt sein vorläufiges Textverständnis aus der Überschrift, den einzelnen Haltepunkten seines Scannens und seinem allgemeinen Vorwissen (Kuhlmann: »Weltwissen«) zusammen. Das »Kino im Kopf« imaginiert den Inhalt des Textes. Eine Dekodierung, die so arbeitet, schafft beim Schüler ein relativ sicheres Textverständnis. Die Übersetzung wird erleichtert, da die SuS den Gesamtduktus des Gedankengangs und auch bereits zahlreiche Details kennen.

2. Das *bottom-up*-Verfahren (von unten nach oben):

Die Wollfäden des Pullovers werden aus dem Gewebe gelöst. Die Strickerin nennt diesen Vorgang in der Fachsprache: auftrennen, nur die einzelnen Wollfäden bleiben übrig.

»Bei der genauen Lektüre (*bottom-up* ›von unten nach oben‹) nimmt der Rezipient alle sprachlichen Einzelinformationen von der Lexik über die morphologischen und syntaktischen bis hin zu den satzübergreifenden und den Text strukturierenden Elementen auf und konstruiert so aus den Einzelheiten den genauen Textsinn im Ganzen.«

Jeder Satz (jeder einzelne Faden) wird in seiner Struktur untersucht. Vom Wortschatz ausgehend über Morpheme, Wortgruppen, Satzinhalte wird der Textsinn erschlossen. Vokabeln suchen zur lexikalisch-semantischen Information, auf der morphologischen Ebene Endungen identifizieren, auf der syntaktischen Ebene grammatikalische Bezüge herstellen und schließlich den Sinn ermitteln – das ist der Ablauf des *bottom-up*-Verfahrens. Textsyntaktische Beobachtungen bestimmen dieses Verfahren.

Beide Verfahren weisen Vor- und Nachteile auf:
Die Vorteile des *top-down*-Prozesses liegen eindeutig darin, dass er näher am Schüler ist. Er ist ganzheitlich, erzeugt mehr Aktivität, fördert selbstständiges Handeln und erreicht somit mehr SuS. Er setzt Phantasie und Imagination frei und bereitet sowohl auf eine sachgerechte Übersetzung als auch auf die Interpretation vor. Viele SuS können Erfolgserlebnisse verbuchen, da das Textverstehen intuitiv *und* textbezogen ist.

Nachteile zeigen sich, wenn Schüler eher raten als genau beobachten. Es kann zu Irrwegen kommen.

Die Vorteile des *bottom-up*-Weges liegen in der Klarheit und Logik eines philologischen Vorgehens. Die SuS arbeiten genau am Text, jeder Schritt bringt sie näher zu einer gelingenden Übersetzung.

Zu den Nachteilen zählt, dass die Motivation der SuS schwerer aufrechtzuerhalten ist, zumal wenn sich trotz Erschließung und Übersetzung der Sinn des Textes *nicht* erschließt. Erfolgserlebnisse sind von schwächeren SuS schwerer zu erreichen.

In der Unterrichtspraxis hat sich gezeigt, dass beide Wege ihre Berechtigung haben. Welchen Weg Sie wählen, hängt davon ab, wie Sie die kognitive Lernbereitschaft Ihrer SuS einschätzen. Er hängt auch von der Komplexität des zu lesenden Textes ab. Mehr Motivation schafft die *top down*-Texterschließung und damit vielleicht auch mehr Nachhaltigkeit durch den entdeckenden Zugang zum Text.

4.3.3 Die Übersetzung – einige Anmerkungen

Übersetzen – muss das sein?

Die SuS haben nach Einstieg und Texterschließung eine recht genaue Erwartung an den Text. Sie wenden sich je nach der Bestimmung des Hauptlernziels der Übersetzung zu. Diese hat die Funktion, das Textverständnis zu sichern. Die Übersetzung ist quasi die Kontrollbehörde, ob wir unsere Vorerwartung an den Text verifizieren können oder falsifizieren müssen.

Um eine gute Übersetzung muss immer gerungen werden. Und dies scheint heute für Schüler ein wesentlich schwierigerer Prozess zu sein als für SuS früherer Generationen, zumal unseren SuS auch die eigene Muttersprache mehr und mehr Schwierigkeiten bereitet. Sie verwenden im Alltag, vor allem wenn sie in Mails oder SMS kommunizieren, oft eine eigene Kunst- bzw. Kurzsprache. In der digitalen Welt sind Regeln und Grammatik oft Nebensache. Man tippt, wie man spricht bzw. wie das Spracherkennungsprogramm es vorschlägt: Lust auf einen »Happen Bürgerkrieg«? Meint einen »Happen Burger King«.

Und nebenbei: Auch das Verhältnis zur Rechtschreibung ist ein anderes geworden, und nicht nur, weil in der Schule mehr Wert auf andere Kompetenzen gelegt wird. Ein bayrischer Lehrer sagte: »Diktate sind völlig out. Die Schüler verlieren das Gefühl, dass Rechtschreibung noch eine große Rolle spielt. Man gilt nicht mehr als dumm, wenn man schlecht schreibt.«[31] 69 % der SMS-Tipper meinen, Rechtschreibfehler seien in den Mitteilungen zulässig – ebenso beim Chatten oder mit Whatsapp. Diese Einstellung zur Sprache wollen wir nicht auf die Bedeutung der Übersetzung übertragen. Wir stellen allerdings fest, dass die Wertschätzung der geschriebenen und gesprochenen Sprache als wichtigstes Medium der zwischenmenschlichen Kommunikation nachgelassen hat.

31 Süddeutsche Sonntagszeitung vom 1./2. August 2015, S. 2.

Warum übersetzen wir also?

Während es beim Erlernen moderner Fremdsprachen vor allem um ein Sprachverstehen geht, das zum Sprechen und Kommunizieren in der fremden Sprache führt, benutzen wir im altsprachlichen Unterricht die deutsche Sprache als Vehikel des Verstehens. Dazu werden die Texte in die deutsche Sprache übertragen. Der Prozess dieses Übersetzens verlangt von den SuS viele Fertigkeiten. Um den Sinn eines Textes zu treffen und ihn inhaltlich angemessen und zielsprachenorientiert zu übersetzen, müssen sie

- einen soliden Wortschatz besitzen,
- syntaktische Strukturen durchschauen,
- Mehrdeutigkeiten in der Formenlehre durch Berücksichtigung des Kontextes klären,
- Äquivalenzen beachten,
- über gute Realienkenntnisse verfügen,
- Wortstellungen auflösen bzw. umwandeln,
- überhaupt mit Sprache umgehen können
- und schließlich so übersetzen, dass ein fiktiver Leser ohne Lateinkenntnisse die Übersetzung als einen sinnvollen Text erkennen und ihn verstehen kann.[32]

Und als ob das nicht genug wäre, ist in den alten Sprachen die Satzstellung so frei, wie sie in den modernen Sprachen streng und klar ist, hier nach dem Motto: für jede Form ein Wort, dort nach der Vorgabe: genau hinschauen, Mehrdeutigkeit beachten.

Dieses verstehende Übersetzen schult in besonderem Maß, über Sprache nachzudenken und mit Texten bewusst umzugehen. Die SuS lernen, sprachliche Phänomene mit Hilfe einer metasprachlichen Terminologie zu beschreiben; dadurch gewinnen sie einen differenzierteren Umgang mit der deutschen Sprache, weil sie um passende Formulierungen ringen müssen und diese nur dann verwenden, wenn sie sie auch begründen können.

Die Übersetzung muss eine wichtige Kompetenz des Lateinunterrichts bleiben und kann nicht – wie in den modernen Fremdsprachen – anderen Kompetenzen weichen.

32 Vgl. Nickel, AU 5/2015, 2–5.

4.3.4 Die Analyse

Die Analyse des Textes folgt oft direkt auf die Texterschließung (vgl. S. 75–78). Sie vertieft die ersten Textbeobachtungen, entschlüsselt den bis dahin noch nicht geklärten Text, indem sie Textsorte, Textstruktur und Textaussage erarbeitet. Sie bereitet auf die Übersetzung (und/oder auf die Interpretation [Variante 5]) vor. Von den Zielen *prodesse aut delectare* ist sie in der Hauptsache für das *prodesse* zuständig, ohne auf das *delectare* völlig zu verzichten. Zum Entwerfen einer Analyse benötigen wir ein bestimmtes Knowhow, wie man konsequent und in zügiger Abfolge textimmanente Aufgaben finden, Impulse setzen und Fragen an den Text entwickeln kann.

Bei einer Interpretation treffen oft Meinungen auf Meinungen; Antworten drücken oft nur subjektive Meinungen aus und sollen als solche auch stehen bleiben können. Im Bereich der Analyse dagegen gibt es nur wenige Ermessensspielräume; es kann bei ihr in der Regel keine ergebnisoffenen Fragen geben. Gewiss, Schülerantworten können von unserem Erwartungshorizont abweichen, aber alle Antworten müssen aus dem Text belegt werden, so dass der Text immer die oberste Instanz für »richtig« und »falsch«, für »vertretbar« und »nicht mehr vertretbar« bleiben muss.

Anmerkung:

Die Analyse des Textes ist gestört, wenn SuS isolierte Einzelfragen zu Grammatik, Stilistik, Pragmatik ohne konkreten Bezug zum Textinhalt zu bearbeiten haben. Ein Beispiel aus einer älteren Phaedrus-Schulausgabe mag das verdeutlichen. Zur Fabel 2,8 ist folgende Aufgabe gestellt: *caeco timore:* »Bestimme Kasusverwendung und Stilfigur.« Die geforderte sprachliche Beobachtung fragt in dieser Formulierung nur deklaratives Wissen ab, ohne Bezug zur Funktion. Die sprachliche Beobachtung wird erst dann zu einer semantischen Analyse, wenn sie Glied einer Kette von Beobachtungen ist; diese beginnt mit der Beobachtung eines sprachlichen Elements, geht über zur Auswertung seiner Funktion im Kontext und schließt mit dessen Einordnung in die Gesamtanalyse des Textes.

Ebenso ist es nicht vertretbar, sofort Analysefragen zu einem unbekannten Text zu stellen, der von den Schülern erst noch zu übersetzen ist. Hier müssen diese nämlich am selben Text zwei Leistungen erbringen: Übersetzen und Analysieren. Beide Wege müssen getrennt werden, denn analysieren (und interpretieren) kann ein Schüler nur von einer gesicherten Textbasis aus. Im Übrigen ist eine mangelnde Übersetzungskompetenz nicht gleichzeitig auch eine mangelnde Analysekompetenz. Bestrafen wir die Schüler nicht doppelt!

Die Analyse eines exakt definierten Textabschnittes bezieht sich auf

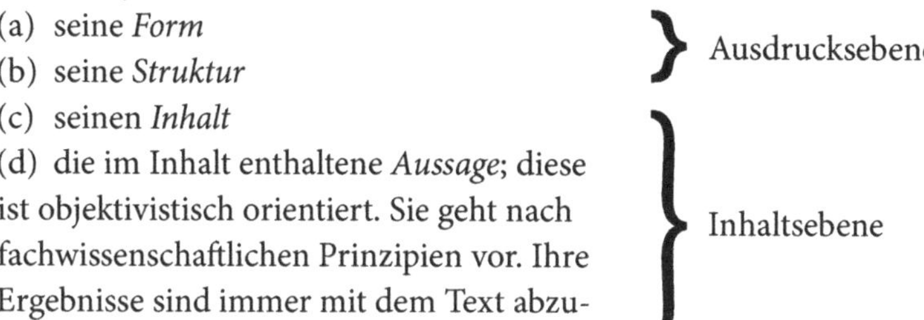

(a) seine *Form*
(b) seine *Struktur* } Ausdrucksebene
(c) seinen *Inhalt*
(d) die im Inhalt enthaltene *Aussage*; diese ist objektivistisch orientiert. Sie geht nach fachwissenschaftlichen Prinzipien vor. Ihre Ergebnisse sind immer mit dem Text abzugleichen. } Inhaltsebene

Die genannten Aspekte haben wir in folgendem Analysequadrat angeordnet:

Das Analysequadrat

Alles bedingt alles – alles braucht alles – alles wirkt zusammen.

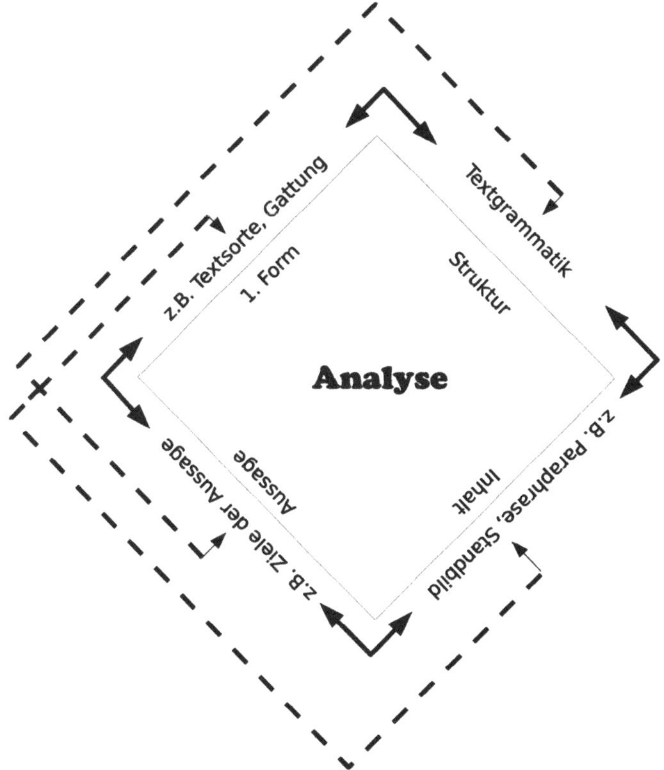

Abb. 10: Analysequadrat, © Verena Göttsching, Stefano Marino

Gewiss wird Ihnen aufgefallen sein, dass das Analysequadrat nur eine einzige Ordnungszahl enthält: 1. Form. Dies bedeutet, dass *meistens* nur der erste Schritt der Analyse festgelegt werden kann, derjenige, der nach der Textsorte fragt.

► *Zur Form:* Kognitive, informative, appellative, deskriptive, narrative, ästhetische, epische, szenische, lyrische Texte – jede Textsorte hinterlässt eindeutige Spuren. Daher stehen am Anfang in der Regel Überlegungen zur Textsorte. Man lässt die SuS aus dem Text heraus wichtige Merkmale erarbeiten, die zur Bestimmung der Textsorte führen. Textsorte, Überschrift oder Einleitungstext führen zu ersten inhaltlichen Vermutungen.

Mit welcher Seite des Quadrats Sie fortfahren, ist nicht regelhaft festzulegen: mal ist es sinnvoll, über den Weg der Gliederung (Struktur) in der Analyse weiterzugehen, mal kann es besser sein, über eine Paraphrase des Inhalts auf zentrale Stellen des Textes zu stoßen und diese dann einer genaueren Prüfung zu unterziehen (Inhalt). Eine stilistische Analyse kann zur Deutung der Aussage vorstoßen, kurz gesagt: alles bedingt alles, alles braucht alles, alles wirkt zusammen.

► *Zur Struktur:* Hier geht es um Merkmale, die eine Ansammlung von Wörtern zu einem Text zusammenfügen: textlinguistische Beobachtungen zur Syntax und deren Funktion für den Inhalt, semantische Beobachtungen auf Wort- und Satzebene, Wort- und Sachfelder als Belege der Kohärenz bzw. als Indikatoren für die Darstellung, stilistische Erscheinungen: Figuren, Tropen, Aspekte der Ausdrucksebene, ggf. Metrik und ihre Signale und *last but not least* die Gliederung (formal und inhaltlich begründet).

► *Zum Inhalt:* Bei diesem Aspekt reproduzieren die SuS analog zu den Erkenntnissen der Strukturanalyse den Inhalt mit eigenen Worten, z. B. in Paraphrase, in Stichworten, in Überschriften, in visueller Form (z. B. durch die Gestaltung eines Posters), in (panto-)mimischer Form (z. B. Standbild). Besondere Bedeutung hat aber dabei die Paraphrase, weil sie den SuS abverlangt, den Inhalt mit eigenen Worten wiederzugeben d. h. »in den eigenen Sprachduktus und Denkhorizont herüberzuholen […], – ohne an Satzbau und Wortlaut zu kleben«[33].

► *Zur Aussage:* Hier geht es z. B. darum zu erkennen, wie die Gedankenführung voranschreitet, in welchen Beziehungen die Personen zueinander stehen, welche Aspekte des Textes sich zu einer Gesamtaussage zusammenfügen. Wichtig

33 Vgl. Barié, 63.

ist auch, aus wessen Perspektive der Leser das Gelesene aufnimmt. Das kann der allwissende Er-Erzähler sein oder ein Ich-Erzähler.[34]

Mit folgenden *Beispielen* wollen wir zeigen, wie es möglich ist, einen Text mit jeweils zwei der Punkte des Analysequadrats mit den SuS zu analysieren und dadurch textimmanent zu interpretieren. Fortgeschrittene SuS können auch selbstständig eine Analyse erarbeiten, wenn der Lehrende ihnen die beiden entsprechenden Analysepunkte vorgibt.

▶ **Gliederung** (Struktur) und **Perspektive** (Aussage)
Durch eine Gliederung, die sich auf sprachliche Signale des Textes stützt, gewinnen die SuS einen guten Überblick über den Gedankengang, zumal wenn sie für jeden Abschnitt eine kurze, den Text zusammenfassende Überschrift verfassen. Die Erzählperspektive ist im folgenden Text die der Helena; sie geht von dem aus, was sie mit ihrem Liebhaber Paris konkret erlebt hat und was sie kurz vor dem Moment der Entscheidung fühlt.

Beispiel[35]: Helena (schreibt) an Paris
(Die Signalwörter des Textes sind kursiv gedruckt)
Te me amare scripsisti. Me etiam Sparta Troiam abducere cupis. *O te miserum!* Fidem uxoris Menelai sollicitare audes! Nonne iram regis Lacedaemoniorum times? Is quidem te hospitem accepit.//*Me* mulierem pulcherrimam orbis terrarum esse dixisti. Num feminas pulchras leves esse putas? *O me miseram*! Praeterea tuum amorem verum esse non puto. Amor hospitum firmus non est.//[...] Vitam iucundam neque curavi neque curo, quamquam Spartae vita dura est. Si tecum Troiam irem, id facerem, quod tu mihi places. *O me miseram! O te miserum*! Cur non prius nos convenire potuimus?

Das erste Wort des Textes fällt auf: *te.* Das Personalpronomen wird kurz darauf emphatisch wiederholt in: *o te miserum.* Dasselbe passiert wenig später noch einmal. *Me* und *o me miseram*! Zum Schluss werden beide vereint in: *O me miseram! O te miserum!*
Daraus ergibt sich folgende Gliederung (mit Paraphrase):
1-3a: du: Was schreibst du da? Dein Wunsch verletzt das Gastrecht!
3b-6a: ich: Wofür hältst du mich? Deine Liebe ist unsicher.
6b-9: wir: Wir stecken beide in einem Dilemma!

34 Die Erzählperspektive zu bestimmen ist gelegentlich eine komplexe Aufgabe: Vergil z. B. – so der neueste Stand der Forschung – installiert in der *Aeneis* den Dichter, dieser installiert einen Erzähler, dieser wiederum die handelnde Figur … Ansonsten dazu Kuhlmann (2010) 44–46.

35 Aus: Lumina nova, Vandenhoeck & Ruprecht, L.9, Text 2, 59, Göttingen 2010.

Der Text gewinnt seine Logik aus der Tatsache, dass hier ein gängiges Erzählmuster durch Perspektivenwechsel verfremdet wird. Nicht ein anonymer auktorialer Erzähler erzählt den Mythos, sondern die betroffene Frau bekennt sich im Brief zu ihren Sorgen angesichts der schwierigen Entscheidung, die Paris ihr abverlangt. Bleiben oder gehen, das ist Helenas Dilemma, denn beide Wege können unter Umständen den Beteiligten viel Leid bringen, ohne dass sie sich überhaupt sicher sein kann, ob ihr Einsatz sich lohnt: ob Paris' Liebe zu ihr und ihre Liebe zu Paris dauerhaft sein werden. Die Verfasserin des Briefes schwankt. Da SuS diese Situation leicht nachvollziehen können, gewinnen sie einen direkten (lebensweltlichen) Bezug zum Thema. Mit Hilfe der Gliederung erkennen sie bereits die Dimension des Dilemmas.

Mögliche Arbeitsaufträge:

1. Gliedere den Text in drei Abschnitte und formuliere für jeden Textteil einen kurzen zusammenfassenden Satz.[36] Begründe die Gliederung durch formale Aspekte.
2. Beschreibe (auch mit lateinischen Wendungen),
   - welche Probleme Helena zu schaffen machen
   - wie sie ihre Situation empfindet.

▶ **Textsorte, Sachfeld** und/oder **stilistische Analyse** (Struktur)

Die Frage nach der Textsorte hilft den SuS in besonderem Maß, im Text »Fuß zu fassen«. Durch die Erstellung eines Sachfeldes erkennen sie, welcher Gedanke - variiert in vielen lateinischen Wendungen - dominant ist.

Beispiel[37]: Cicero über Antonius
(Die Signalbegriffe des Textes sind kursiv gedruckt)
»*Tu, tu, M. Antoni,* princeps C. Caesari omnia perturbare cupienti causam *belli contra patriam* ferendi dedisti. Quid enim aliud ille dicebat quam causam sui *dementissimi consilii et facti* afferebat nisi quod intercessio neglecta, ius tribunicium sublatum, circumscriptus a senatu esset Antonius? [...]. *O miserum te,* si haec intellegis, *miseriorem,* si non intellegis hoc litteris mandari, hoc memoriae prodi, huius rei ne posteritatem quidem omnium saeculorum umquam immemorem fore, consules ex Italia expulsos, cumque eis Cn. Pompeium, quod imperii populi Romani decus ac lumen fuit, omnis consulares, qui per valetudinem exequi illam cladem fugamque potuissent, praetores, praetorios, tribunos plebis,

---

36 Der Text im Lehrbuch ist so angeordnet, dass er mit der Gliederung identisch ist. Die entsprechende Arbeitsanweisung müsste dann lauten: Überprüfe, ob der Text entsprechend der grafischen Anordnung auch inhaltlich so gegliedert werden kann. Begründe deine Meinung und formuliere dann für jeden Abschnitt einen kurzen zusammenfassenden Satz.

37 Cicero, Phil., 2, 53–54.

magnam partem senatus, omnem subolem iuventutis *unoque verbo rem publicam expulsam atque exterminatam suis sedibus!«*

Der Text beginnt mit dem Personalpronomen *tu;* jemand wird angesprochen →Textsorte: direkte Rede

Das Pronomen wird verdoppelt (Geminatio), der Angesprochene genannt: *tu, tu, M. Antoni* →erster Hinweis auf eine hochemotionale Rede (man sieht Cicero förmlich mit seinem Zeigefinger auf Antonius deuten)

Mit Hilfe des Vorwissens der SuS zur Person des Antonius wird die Textsorte klar definiert: es handelt sich um eine politische Rede gegen Antonius.

Was ist von dieser Rede zu erwarten? Antonius wird in moralisierender Schwarzweißmalerei voller Aggression niedergemacht. Die Emotionalität wird durch ein Sachfeld »Krieg gegen den Staat« verstärkt; es besteht aus den Begriffen: *belli contra patriam - dementissimi consilii et facti - rem publicam expulsam atque exterminatam suis sedibus*

Mögliche Arbeitsaufträge:

1. Sammeln Sie aus dem lateinischen Text Hinweise auf die Textsorte.
2. Was erwarten Sie inhaltlich von einem Text, wenn Sie *tu, tu, M. Antoni* lesen?
3. Stellen Sie das dominierende Vokabular zu einem Sachfeld zusammen und fassen Sie es unter einem Oberbegriff zusammen.
4. Zeigen Sie, dass drei Stilmittel die Aussagen besonders hervorheben.

► **Stilanalyse** (Struktur) in Verbindung mit der **Personenaufstellung** (Inhalt)
Es gibt fast in jedem Text eine Stelle, die den SuS wegen ihrer Gestaltung auffällt. Manchmal kann man sogar annehmen: je mehr Stilmittel, desto wichtiger die Aussage.

Beispiel[38]: Die Fabel von den zwei Maultieren und den Räubern
(Die Signale des Textes sind kursiv gedruckt)

1 *Muli* gravati sarcinis ibant *duo:* *unus* ferebat fiscos cum pecunia, 3 *alter* tumentis multo saccos hordeo. *ille* onere *dives* celsa cervice eminens, 5 clarumque collo iactans tintinabulum; *comes* quieto sequitur et placido gradu. 7 subito *latrones* ex insidiis advolant, interque caedem ferro multum sauciant,	9 diripiunt nummos, neglegunt vile hordeum. spoliatus igitur casus cum fleret suos. 11 »Equidem« inquit alter »me contemptum gaudeo; nam nil amisi, nec sum laesus vulnere«. 13 Hoc argumento tuta est hominum tenuitas, magnae periculo sunt opes obnoxiae.

38 Phaedrus II, 7.

Zahlreiche Hyperbata, eine breit angelegte Opposition, Alliterationen und Metonymien, Ellipse, dazu Hendiadyoin, Asyndeton – diese rhetorischen Mittel vermitteln den SuS den Eindruck eines kunstvoll gestalteten poetischen Textes. Nach dem Auffinden der Stilmittel überprüfen sie die Funktionen der Stilmittel: Die Opposition zwischen den beiden Maultieren deutet auf ihre charakterliche Dissonanz: das eine Tier ist so, das andere ganz anders. Das eine, mit reicher Last versehene Tier geht als Zeichen seines Wertes aufrecht mit hocherhobenem Haupt und macht auf sich durch Glockengeläut aufmerksam, das andere, mit billiger Gerste beladen, geht friedlich und ruhig seines Weges. Das auffallende Tier gerät ins Visier von Räubern, das andere nicht.

Die üppig eingesetzten Hyperbata lassen einzelne Aspekte der Aussagen hervortreten: *ille* ***[celsa cervice]*** *eminens/clarum* ***[collo]*** *iactans tintinnabulum.* Sie heben mit Worten das heraus, was die Menschen wahrnehmen (sollen, können). Zusätzlich weisen Alliterationen und Metaphern, dazu Hendiadyoin, Asyndeton und Ellipse auf weitere Aspekte der Aussagen hin.

Die SuS erkennen hauptsächlich durch Analyse der Funktionen von Antithese (Opposition) und Hyperbaton, dass sich in dieser Fabel zwei Lebewesen wegen ihrer unterschiedlichen Charaktere der Gesellschaft auf unterschiedliche Weise präsentieren und sich auf unterschiedliche Folgen einzustellen haben.

Mögliche Arbeitsaufträge:

1. Analysieren Sie in den Z. 1-10 auffallende Stilmittel. Zur Verfügung stehen Hyperbaton, Alliteration, Hendiadyoin, Antithese, Asyndeton und Metonymie.
2. Erläutern Sie, welche Funktion diese Stilmittel für die Darstellung der Geschichte haben (die Erklärung »sie betonen xxx« genügt nicht!).

► **Alle vier Kategorien der Analyse** werden in folgendem Beispiel auf Vergil, *Aeneis,* 4, 305–319 angewendet: Dido spricht zu Aeneas.

»dissimulare etiam sperasti, perfide, tantum
posse nefas tacitusque mea decedere terra?
nec te noster amor nec te data dextera quondam
nec moritura tenet crudeli funere Dido?
quin etiam hiberno moliri sidere classem
et mediis properas Aquilonibus ire per altum,
crudelis? quid, si non arva aliena domosque
ignotas peteres, et Troia antiqua maneret,
Troia per undosum peteretur classibus aequor?

mene fugis? per ego has lacrimas dextramque tuam te [...] 314
per conubia nostra, per inceptos hymenaeos,
si bene quid de te merui, fuit aut tibi quicquam
dulce meum, miserere domus labentis et istam,
oro, si quis adhuc precibus locus, exue mentem.« 318

1. Form: Rede Hexameter Epos	**Sprachliche Struktur:** fünf rhetorische Fragen, eine Bitte (in zwei Imperativen) Gliederung: 305-315a: Vorwürfe, 315b-319: Bitte Stilanalyse: Assonanzen, Anapher, Klimax, Apostrophe, Hyperbaton u. a. Sachfeld »Emotion«
Inhalt/Paraphrase: Voller Wut macht Dido Aeneas bittere Vorwürfe. Schließlich bittet sie ihn inständig zu bleiben.	**Aussage:** Dido befindet sich in einem Gefühlschaos: rasende Wut, Aggression, Unsicherheit, innere Erstarrung, Depression, Enttäuschung, Todessehnsucht, Verzweiflung, Hoffnung ... Mögliche Leitfragen: Wer erzählt? Wie wird erzählt, objektiv, neutral oder als subjektive Anteilnahme?[39] Was macht Didos Wesen aus? Kann ihr Verhalten in dieser Ausnahmesituation erklärt werden?

Mögliche Arbeitsaufträge:

1. Bestimmen Sie durch Analyse der Verbformen und durch andere Beobachtungen die Textsorte des vorgelegten Textabschnitts.
2. Nutzen Sie die Beobachtungen aus 1., um den Text in zwei Teile zu gliedern. Formulieren Sie für jeden Abschnitt einen kurzen Satz als Überschrift.
3. Unterstreichen Sie im Text alle Wendungen, die mit Emotionen zu tun haben. Ordnen Sie die Ausdrücke und beschreiben Sie Didos Gefühlslage.
4. Durch welche stilistischen Mittel hebt Dido ihre Emotionen hervor? Nennen Sie mindestens fünf Stilmittel, die besonders eindrucksvoll Didos Gemütsverfassung unterstreichen.
5. Wie argumentiert Dido? Stellen Sie ihre Argumente zusammen. Prüfen Sie, ob diese stichhaltig sind, in moralischer, aber auch in rechtlicher Hinsicht.
6. Diskutieren Sie, welche Ängste hinter Didos Worten stehen könnten.

(Diese Aufgabenstellung gehört eigentlich bereits zur Interpretation. Wenn also keine eingehende Interpretation geplant ist, könnte diese Aufgabe einen guten Abschluss bilden.)

39 Kuhlmann (2010), 46–48.

Vorschlag für einen Einstieg zu dieser Textstelle: durch die Beschreibung eines Bildes[40], auf dem eine einsame Frau zu sehen ist, könnte man unter der Fragestellung: *Was für Gefühle gehen aus Ihrer Einschätzung mit der Einsamkeit einher?* einen weiteren Arbeitsauftrag formulieren: Stellen Sie weitere Emotionen zusammen, die mit der Einsamkeit einhergehen.

Wie das Analysequadrat eingesetzt werden kann, haben wir durch vier Beispiele belegt. Es ist möglich, so zu guten Analyseergebnissen zu gelangen. Ob sich nun noch die (textüberschreitende) Interpretation anschließen soll oder nicht, kann nur eine didaktische Analyse, die jeder Unterrichtseinheit zugrunde liegen muss, ergeben. Eines aber sollten wir nicht übersehen: Die einzelnen Schritte der Analyse sind sehr klein und lassen den SuS so gut wie keine Freiräume zum selbstständigen Denken. Hier werden die Jugendlichen quasi an die Hand genommen und durch den Text geführt. Die emotionale Wirkung des Textes, seinen eventuellen Bezug auf sich selbst und ihre Lebenswelten haben sie vielleicht noch nicht empfinden können.

4.3.5 Kriterienkatalog[41] für die Analyse eines lateinischen Textes (für die Hand des Schülers)

Die folgenden Kategorien sollen dir helfen, Form und Struktur eines Textes zu erkennen und damit den Inhalt besser zu verstehen. Übersetzung und Interpretation werden dadurch erleichtert.

Kategorien	Erklärungen
Thema des Textes	Das Thema des Textes kannst du in der Regel aus dem dominierenden Vokabular und eventuell aus der Überschrift bzw. der Einleitung ermitteln.
Textsorte	Jede Textsorte (Erzählung, Dialog, Rede, Brief u. a.) zeichnet sich durch einen bestimmten Aufbau aus. Je nach Textsorte herrschen bestimmte Verbformen vor. Im Brief z. B. kommen sehr häufig die 1. und 2. Person Singular vor.

40 z. B. Dosso Dossi, Dido (zu finden unter www.the-athenaeum.org/art/full.php?ID=104068).
41 Mit freundlicher Genehmigung der Verfasserin Ingvelde Scholz.

Kategorien	Erklärungen
Tempora	Die Verwendung der Tempora kann dir einen Hinweis auf die Struktur des Textes geben. Ein narratives Perfekt oder Präsens beschreibt etwas, was im Vordergrund geschieht, Imperfekt und Plusquamperfekt das, was im Hintergrund passiert. Rückverweise stehen im Plusquamperfekt, Vorverweise im Futur.
Modi	Die Modi der Hauptsatzprädikate geben darüber Auskunft, ob es sich um Aussagen, Wünsche, Befehle, Vorstellungen, Überlegungen usw. handelt. Vor allem in Reden oder Dialogen spielen die Modi eine wichtige Rolle.
Satzarten	Es gibt Aussage-, Frage-, Aufforderungs- und Wunschsätze. Die Wiederholung derselben Satzart kann den Zusammenhang eines Textabschnittes belegen. Fragepartikel, Satzzeichen und Modi können auf die Satzart hinweisen.
Handlungsträger (Personen, Sachen, Ereignisse)	Manche Texte zeichnen sich durch eine auffällige Personenstruktur aus, die man anhand der Subjekte und der Personalpronomina ermitteln kann. Ein Subjektwechsel kann einen neuen Abschnitt markieren.
Orts-/Zeitangaben	Oft ist der Text durch Angaben zum Ort oder der Zeit strukturiert.
Konnektoren	Konnektoren (»Verbinder«) verbinden Wörter, Sätze oder Textteile miteinander und geben über die logische Beziehung zwischen den verknüpften Textteilen Auskunft. Konnektoren können sein: Konjunktionen (z. B. *aut, sed*), Subjunktionen (z. B. *quamquam*) oder Adverbien (z. B. *tum, ibi*). Konnektoren gliedern in der Regel einen Text.
Sachfelder	Wörter verschiedener Wortarten, die sich auf einen bestimmten Sachbereich beziehen, bilden ein Sachfeld (Beispiel: Sachfeld »Bau, Bauen«: *aedificium, murus, porta, fenestra, aedes, aedificare, construere* ...). Ein Sachfeld kann die Kohärenz eines Textabschnittes belegen.
Wiederholungen	Wiederholungen werden auch Rekurrenzen genannt. Auch sie belegen die Kohärenz eines Textabschnittes. Rekurrenzen können wörtliche Wiederholungen sein, Synonyme oder Paraphrasen. Ebenso greifen Proformen, in der Regel Pronomina, genannte Personen oder Feststellungen wieder auf.
Oppositionen	Es gibt unterschiedliche Oppositionsebenen: semantisch-inhaltlich: *dominus - servus, antea - nunc.* Auf syntaktischer Ebene: Aktiv - Passiv. Oppositionen sind für die Textaussage oft von großer Bedeutung.

4.3.6 Die (textüberschreitende) Interpretation

Heinz Munding fragt im Jahre 1985:

»Für den altsprachlichen Lehrer [...] stellt sich heute dringlicher als je die Frage: Wie kann ich zwischen Texten, die vor so langer Zeit entstanden sind, und heutigen Jugendlichen eine lebendige Beziehung herstellen?«[42]

Friedrich Maier beschreibt im Jahr 1993 antike Literatur als ein Stück Menschheitsgeschichte:

»Das erste Signum ist ihr Initialcharakter [...]. Das zweite Signum ist ihre verdichtete Darstellung der Inhalte, ihre Kürze. In der Lyrik, im Drama, in der Geschichtsschreibung, in der politischen Rede, im philosophischen Brief und Dialog sind Grundsituationen menschlichen Fühlens, Lebens und Leidens so zutreffend, ergreifend [...] niedergeschrieben, dass sie unmittelbar (ohne wesentlichen Transfer) erfasst und im eigenen Leben nachvollzogen werden.«[43]

Beide Philologen – das können wir wohl behaupten – haben die Interpretation im Blick, die jenseits sprachlicher Probleme und doch recht kleinschrittiger Analyse das große Ganze, die »verdichtete Darstellung«, in das Zentrum des Lateinunterrichts rückt und das Fach letztendlich so legitimiert.

Warum bzw. wann überschreitet die Interpretation die Grenzen des Textes?

▶ *Die Gründe liegen im Text selbst:* Wenn der Text z. B.
- offensichtliche Leerstellen[44] (Nicht-Gesagtes) erkennen lässt, die den Interpreten zum Nachdenken veranlassen; er wird sie nach seinen Vorstellungen und Erfahrungen füllen und daraus Deutungsansätze gewinnen
- vielschichtig ist, verschiedene Aussage-Ebenen enthält usw.

▶ *Die Gründe liegen im Thema des Textes:* Wenn das Thema z. B.
- einen Transfer ermöglicht und Grundfragen menschlicher Existenz berührt
- exemplarisches Handeln aufzeigt
- Denkmodelle behandelt
- in der Rezeption eine große Rolle spielt.

42 Munding, 3.
43 Maier, 92.
44 Diese Leerstellen enthalten Nicht-Gesagtes, »Unbestimmtheitsstellen« (Heilmann, W., 8), die vom Leser gefüllt und immer mitgedacht werden müssen. Im Gegensatz dazu gibt es Leerstellen, die durch reine Information gefüllt werden können.

► *Die Gründe sind pädagogischer Natur:* Das ist z. B. der Fall, wenn das Thema des Textes

- für junge Menschen Sinnfragen eröffnet oder auch Widerspruch hervorruft
- Menschenbilder zur Identifikation anbietet
- Hilfe zur Selbstwahrnehmung gibt
- Lebensentwürfe vorstellt.

Der hermeneutische Zirkel

Der hermeneutische Zirkel versucht den Prozess des Verstehens von Texten abzubilden. Der Leser entwickelt z. B. (wie bei der Texterschließung) durch das Lesen der Textüberschrift aufgrund eigenen Wissens Vorstellungen zum Thema, er stellt zum Text als Ganzes einzelne Beobachtungen an und umgekehrt: er versteht einzelne Beobachtungen aus dem Gesamttext heraus. Menschliches Denken bewegt sich von einem allgemeinen Vorverständnis zum eigentlichen Text, vom Text zum jetzt erweiterten Vorverständnis, von diesem zum wieder erweiterten Textverständnis, von dort zum nächsten erweiterten Vorverständnis und so weiter. Diesen sich immer wiederholenden Kreislauf nennt man den hermeneutischen Zirkel[45]. Die Grafik unten macht deutlich, wie Fragen an den Text entstehen können, sie verdeutlicht den Prozess des Verstehens. Der Zirkel belegt die beständige Kommunikation zwischen Leser und Text. Der Prozess des Fragens und Antwortens endet, wenn keine sinnvollen Fragen mehr möglich sind. Über die Sinnhaftigkeit der Fragen entscheidet allein das Interesse des Lesers. Wenn sich für ihn der Sinn des Ganzen erschlossen hat, ist die Interpretation beendet.

Hermeneutischer Zirkel

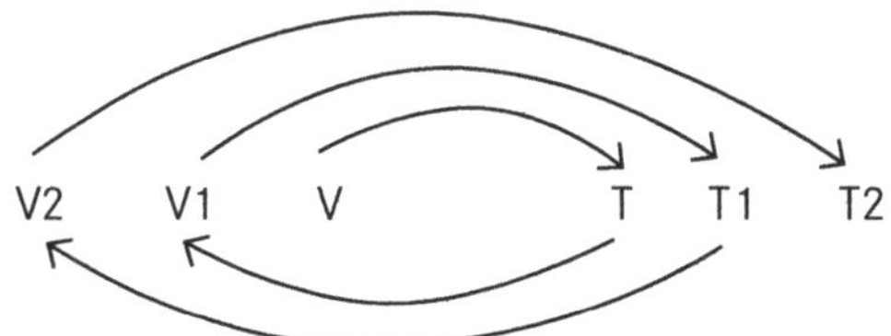

V = Vorverständnis - T = Textverständnis
V1 = erweitertes Vorverständnis
T1 = erweitertes Textverständnis

Abb. 11: Hermeneutischer Zirkel

45 Grafik: http://arbeitsblaetter.stangl-taller.at/ERZIEHUNGSWISSENSCHAFTGEIST/HermeneutikZirkel.shtml.

So viel zur Theorie. Außer Acht gelassen ist dabei, ob unsere SuS überhaupt *fähig* sind, Fragen an einen Text zu entwickeln bzw. ob sie überhaupt *bereit* sind, das Sinnpotential eines Textes selbstständig zu erfragen und durch Weiterfragen auszuschöpfen. Woher nehmen sie diese Fragen, sofern diese nicht nur Informationscharakter haben?

Mit anderen Worten: Wenn wir von der Interpretation sprechen, meinen wir im schulischen Kontext keine Deutung aus historisch-pragmatischer Perspektive; wir sprechen auch nicht von einem biografischen oder soziologischen Interpretationsansatz (siehe Kap. 10.1). Ebenso ist die Antwort auf die Frage nach der Intention des Autors für die SuS nicht zu leisten. Die wirkliche Autorenintention ist Sache wissenschaftlicher Erörterung, sie kann durch das Studium biographischer und historischer Quellen erfolgen. Welche philosophischen Systeme oder historischen Fakten u.a. in bestimmten Gedankenräumen wirken, können SuS nur selten herausarbeiten, weil sie die für das Textverständnis wichtigen Fragen nicht stellen können.

Daher setzen wir uns dafür ein, die Interpretation im Unterricht ausschließlich auf Bereiche zu beschränken, zu denen SuS aufgrund ihres Interesses oder ihres Vorwissens sinnvolle Fragen entwickeln können:

A auf einen rezeptionsgeschichtlichen (ästhetischen) Ansatz und
B auf einen gegenwartsbezogenen[46] Ansatz, der in der Regel ein anthropologischer, ein pädagogischer und/oder selektiver Ansatz ist.

Mit diesen Interpretationswegen geben wir den SuS einen Denkraum, in dem sie Interpretieren als etwas erfahren, was ihnen für ihr eigenes Leben Nutzen bringen kann, sei es, dass sie die künstlerische Entfaltung eines Stoffes oder eines Motivs erforschen und viele Ausdrucksmöglichkeiten und Veränderungen eines Themas kennen lernen (A), sei es, dass ihnen bewusst wird, in welcher Tradition ihre je eigenen Erfahrungen stehen, und dass schon viele Generationen vor ihnen dasselbe erlebt und gefühlt haben, wodurch sie ihre eigenen Verhaltensmuster als anthropologische Konstanten erkennen (A, B), und sei es schließlich, dass sie lernen, Interpretieren als einen Verständigungsprozess zu begreifen, in dem sie – ausgehend von eigenen Erfahrungen und eigenem Weltwissen – und »mit den Mitteln des Denkens sich über den Sinn des Textes zu einigen versuchen.«[47] (B)

46 Keip/Doepner, 124–126.
47 Spinner, 61.

Zu A: Die rezeptionsgeschichtliche/ästhetische Interpretation

»Rezeption« ist ein Fachbegriff aus der Literatur- und der Kunstwissenschaft. Allgemein bezeichnet man mit ihm das Wiederaufgreifen eines Gedankens, eines Motivs, eines Vorbildes, einer Norm usw. Dabei kann das Dokument, welches dieses Element wiederaufnimmt, den entsprechenden Zeitumständen angepasst sein, in seiner Aussage aber unangetastet bleiben. Es kann aber auch im Sinn verändert oder verfremdet sein. Es kann in eine andere (künstlerische) Form verwandelt sein und auch einen Bedeutungswandel erfahren haben.

In dieser Freiheit der Weiterentwicklung liegt eine große Chance für die Interpretation: durch Vergleich von Prätext und Post-Dokument entsteht ein neuer Blick auf das ursprüngliche Element: Nur durch jeweilige Rezeption konnte dieser gewonnen werden. Und je weiter der Vergleich in die Neuzeit rückt, umso mehr nähert er sich den Rezipienten, den SuS an, so dass es ihnen möglich wird, eine eigene Sicht des Motivs oder der Idee zu finden oder ein eigenes künstlerisches Produkt zu gestalten.

Folgende Unterrichts-/Kompetenzziele sind möglich:

a) Kennenlernen der Rezeption eines antiken Textes in Kunst, Literatur, Musik
b) Kennenlernen der Weiterentwicklung eines Themas, Motivs oder einer Textsorte

Beispiele zu (a):
- Carmina Catulli im Vergleich zu der Vertonung durch Carl Orff
- Orpheus und Eurydike bei Ovid und in der Oper (Monteverdi, Gluck u.a.)
- Daedalus und Ikarus (bei Ovid) in Malerei und Plastik

Beispiele zu (b):
- Paränese bei Seneca im Vergleich zu moderner Ratgeberliteratur
- *amicitia* in der Antike (Aristoteles, Cicero) und heute
- Briefliteratur (bei Plinius, Goethe u.a.) – gesimst oder geschrieben: Mail und SMS im Vergleich zum Brief

Zu B: Die gegenwartsbezogene, anthropologische, pädagogische Interpretation

Dieser Interpretationsansatz stellt eine besonders enge Beziehung zwischen Text und heutigem Leser her. Die SuS erkennen, dass die Themen antiker Texte nahe an die Probleme ihrer eigenen Lebenswelt heranreichen. Die Antike kann möglicherweise für sie Vorbild sein und/oder Identifikation anbieten, kann aber ebenso in ihnen Widerspruch hervorrufen und Irritation bis hin zu entschiedener Ablehnung bewirken, kurz gesagt: sie regt zur intensiven Auseinandersetzung und zu einer eigenen Stellungnahme (Nähe/Distanz) an.

Hinter diesen Aspekten verbirgt sich die Tatsache, dass den Menschen jeder Generation existentielle Fragen »unter den Nägeln brennen«. Antike Autoren gelten quasi als Erstdenker der Fragen, auf jeden Fall als diejenigen, die die Themen und Probleme zum ersten Mal unter ihren je eigenen gesellschaftlichen Bedingungen deutlich und differenziert zur Sprache gebracht haben. Eine Auswahl an Themen finden Sie auf folgendem Tableau:

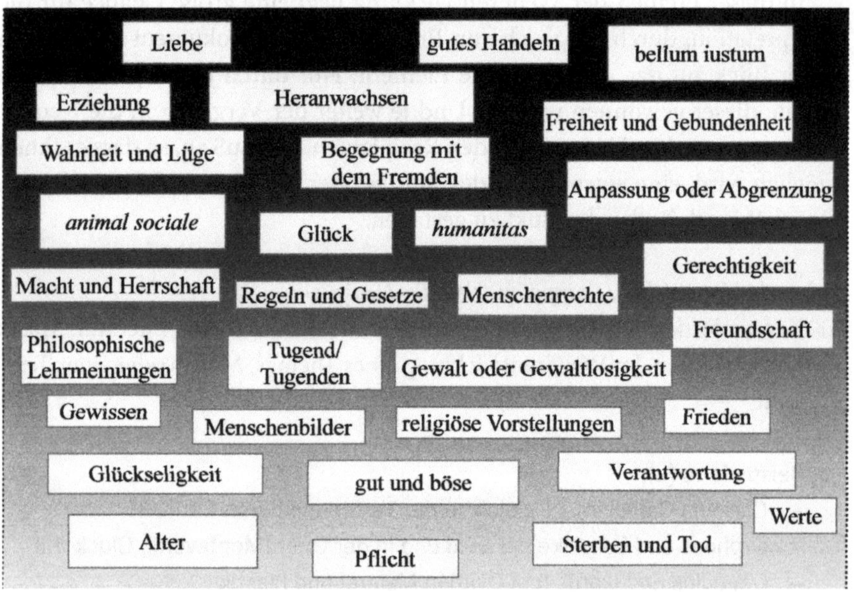

Abb. 12: Thementafel

Solche Themen können anthropologische Konstanten[48] thematisieren; sie berühren in der Regel ethische Grundfragen; sie sind unabhängig von gesellschaftlichen Einflüssen und in allen Menschen quasi vorprogrammiert. Die Adoleszenz wird oft als zweite Geburt bezeichnet: In ihr stellt sich drängend und heftig die Frage nach der eigenen Identität und die nach den eigenen Werten, oft im Gegensatz zu den Werten, die der Generation der Eltern etwas bedeuten.

Durch Vergleichen von Vergangenheit und Gegenwart können alle an der Interpretation Beteiligten erkennen, was in den verschiedenen Epochen der Menschheitsgeschichte ähnlich oder gar gleichbleibend ist (Isomorphie) oder was anders

48 Maier, 132; Munding, 3–25.

oder fremd ist (Allomorphie)[49]. Sie können Zukunftsmodelle entwickeln, wenn sie die gewonnene Denkstruktur in die Zukunft verlängern.

Antworten, die sich aus solchen Fragestellungen ergeben können, beantworten in ihrer Art bereits das *quid ad nos, ad me?* Das herauszuarbeiten ist die vornehmste Aufgabe der gegenwartsbezogenen oder anthropologischen Interpretation.

Man kann sich leicht vorstellen, dass die SuS große Motivation daraus beziehen, wenn sie ganz konkret Probleme, die sie selbst erleben oder aus zweiter Hand kennen, als Probleme anderer Epochen wiedererkennen. Das ist für Sechstklässler ebenso spannend wie für Abiturienten; in höheren Klassen geht es allerdings eher um Identifikation und eventuelle sich daraus ergebende Handlungsmuster. Da wir ja nicht nur geduldige, konzentrierte und sprachbegabte junge Menschen in unserem Unterricht vorfinden, ist die Prognose nicht schwierig, dass die Existenz des Faches Latein auch davon abhängen wird, wie viele SuS durch die Interpretation so zu begeistern sind, dass sie sagen: »Ja, Latein hat sich für mich gelohnt!«

Für die gegenwartsbezogene/anthropologische Interpretation ergeben sich folgende Unterrichtsziele und Arbeitsbereiche:

a) Kennenlernen allgemeingültiger Aussagen, anthropologischer Grundfragen (Exemplarität); Übertragung auf die Gegenwart unter dem Aspekt der überzeitlichen Gültigkeit (existentieller Transfer); Auseinandersetzung mit Denkmodellen, die problemlösendes Denken voraussetzen.
b) Vergleichen von Normen, Wertvorstellungen, Lebensentwürfen (Isomorphie/Allomorphie) früher und heute; Schlussfolgerungen für die eigene Zeit und Person (pädagogischer Ansatz).
c) Kennenlernen gesellschaftlicher Strukturen der Antike, die sich in modernen Gesellschaften so nicht darstellen; Rückschlüsse auf moderne Werte und Wertvorstellungen (Aktualisierung); Thematisierung der Kräfte, welche die Weiterentwicklung bewirken.

Beispiele zu (a)
- Seneca: *tempus fugit* als Konstante des Lebens
- Cicero, Vergil: *virtus* als naturgemäße Daseinsform des Menschen
- Cicero, Lukrez, Seneca: Gottesvorstellungen

49 Nickel, 12;126.

Beispiele zu (b)
- Terenz, Ovid: der immerwährende elterliche Spagat zwischen autoritärer und antiautoritärer Erziehung: Strenge - laissez faire, laissez aller
- Plinius, Vesuvbriefe: Vorbildliche Menschen - Vorbilder für uns?

Beispiele zu (c)
- Cicero: der Kreislauf der Verfassungen
- Seneca, Augustinus: *vita beata*

Das Thema »Interpretation« haben wir auf zwei Kapitel verteilt. Wenn Sie also das Thema noch nicht verlassen und gleich weiterlesen wollen, gehen Sie bitte zu Kap. 5.1.3 (S. 107). Dort finden Sie neben praxisorientierter Theorie zwei ausführliche Interpretationsbeispiele.

4.4 Literatur

Einstieg

AU 2/2000: Einstiege.
AU 3/2003: Textverständnis und Übersetzung, darin: Herkendell, H.E., Basisartikel.
Berlyne, D.E., Konflikt, Erregung, Neugier, Zur Psychologie der kognitiven Neugier, Stuttgart 1974.
Bredella, L. (Hg.), Didaktik des Fremdverstehens, Tübingen 2000.
Brühne, Th./Sauerborn, P., Unterrichtseinstiege, Baltmannsweiler, 2015.
Greving, J./Paradies, L., Unterrichts-Einstiege, Berlin 1999.
Kuhlmann, P., Lateinische Literaturdidaktik, Göttingen 2010, 24–29.
Vopel, K.W.: Interaktionsspiele für Jugendliche - Teil 4, Hamburg 1981.
Worley, P. (Hg.), Appetizer Philosophie, Ideen und Materialien für themenorientierte Stundeneinstiege, Mülheim an der Ruhr 2014 (deutsche Ausgabe).

Texterschließung

AU 1/1987: Satz- und Texterschließung.
AU 6/2013: Texterschließung, darin grundlegende Beiträge von Schirok, E. und Doepner, Th..
Fink, G./Maier, F., System-Grammatik Latein, Bamberg 1997, S. 250–270.
Keip, M./Doepner, Th., Interaktive Fachdidaktik Latein, Göttingen 2010, S. 95–111.
Kuhlmann, P., Fachdidaktik Latein kompakt, Göttingen 2009, S. 120–131.

Übersetzung

AU 3/2003: »Übersetzung«.
AU 5/2015: »Textübersetzung«, darin: Nickel. R., Übersetzen lehren und lernen.
Fink, G./Maier, F.: Konkrete Fachdidaktik Latein, München 1996, 55–61.
Keip, M./Doepner, Th., Interaktive Fachdidaktik Latein, Göttingen, 2010, 81–94.
Kuhlmann, P.: Fachdidaktik Latein kompakt, Göttingen 2009, 94–111.
Kuhlmann, P., Lateinische Texte richtig übersetzen – (k)ein Problem?, in. Frisch. M. (Hg.), Alte Sprachen – neuer Unterricht, Speyer 2015.
Nickel, R.: Lexikon zum Lateinunterricht, Bamberg 2001.

Analyse und Interpretation

AU 4+5/1993: »Wege zum Textverstehen«, darin: Heilmann, W., Interpretation im Rahmen eines lateinischen Literaturunterrichts, 5–22/Barié, P., Von der Textparaphrase zur Interpretation, 23–64.
AU 2/2011: »Interpretation von Lehrbuchtexten«.
AU 5/2014: »Textinterpretation«.
Kuhlmann, P., Literaturdidaktik, Göttingen 2010.
Keip, M./Doepner, Th., Interaktive Fachdidaktik, Göttingen 2010, 111–144.
Maier, F., Lateinunterricht zwischen Tradition und Fortschritt, Band 2, Bamberg 1993.
Maurach, G., Interpretation lateinischer Texte, Ein Lesebuch zum Selbstunterricht, Darmstadt 2007.
Munding, H., Antike Texte – aktuelle Probleme, existentieller Transfer im altsprachlichen Unterricht, Auxilia 12, Bamberg, 1985, 3–26.
Nickel, R., Lexikon zum Lateinunterricht, Bamberg 2001.
Schulz von Thun, F., Miteinander reden, Bd 1–3, Frankfurt 1994.
Spinner, K., Kreativer Deutschunterricht, Identität – Imagination – Kognition. Seelze 2015.
Winterling, A., Die antiken Menschen in ihrer Nahbeziehung, in: Wirbelauer, E. (Hg.), Oldenbourg Geschichte Lehrbuch: Antike, München 2004, 162–180.

5 Analyse und Interpretation – praktisch und konkret

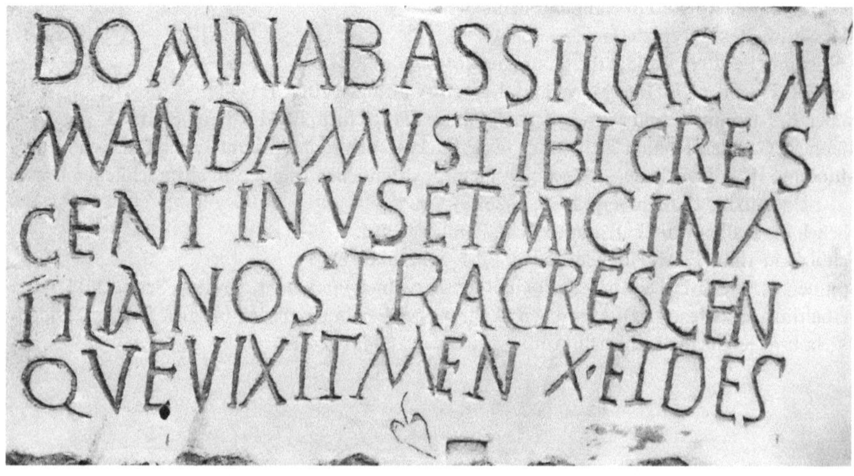

Abb. 13: Römische Inschrift

Vorbemerkungen

Die Voraussetzungen für Analyse und Interpretation variieren in der Regel von Klassenstufe zu Klassenstufe, von Text zu Text und können immer wieder unterschiedliche didaktische Konsequenzen nach sich ziehen.

Die Interpretationsphasen der folgenden Unterrichtsszenarien A – D haben jeweils unterschiedliche Bedingungen, aus denen sie hervorgehen bzw. in die sie eingebettet sind. Im Folgenden soll aufgezeigt werden, was bei der Vorbereitung einer Interpretationsphase möglicherweise zu bedenken ist.

Szenario A:
Mit einer *Klasse 6* wollen Sie die Lektion 7 des Lehrbuchs ausführlich interpretieren. Die Lektionstexte insgesamt erzählen keine zusammenhängende Geschichte. Nach einem schüleraffinen Einstieg und der Texterschließung wurde der Text bereits übersetzt.
To do: nur Interpretation (kein erneuter Einstieg/keine Analyse)

Lehrbuchtexte sind in der Regel narrative oder dialogische Texte. Der Einstieg in jede Lektion wird vom Lehrbuch geliefert. Um ihn müssen wir uns nur kümmern, wenn wir ihn aktualisieren wollen. Analyse und Interpretation können in der Unterstufe nur im »Miniformat« eingebracht werden.

Szenario B:
Sie lesen mit Schülern einer *Klasse 8* eine fortlaufende Geschichte, drei Kapitel der Geschichte sind bereits übersetzt. Das vierte Kapitel wollen Sie mit den SuS übersetzen und danach interpretieren.
To do: schüleraffiner Einstieg mit Bezug zum Kontext, Texterschließung, Analyse mit wenigen Punkten (z. B. Gliederung und Inhalt), Interpretation

Für SuS der frühen Mittelstufe ist der schüleraffine Einstieg von besonders großer Bedeutung. Er schafft spontane, hoffentlich tragfähige Neugier auf den Text.
Die *Analyse* kann propädeutisch für das Interpretieren originaler Texte in der Oberstufe bereits alle vier Seiten[1] des Analysequadrats umfassen, in der Regel in einem mittleren Anspruchsniveau.
Die Interpretation greift die Aussagetendenz des Einstiegs - wo es möglich ist - wieder auf, und zwar so, dass man mit *einem* Aspekt des Textes wieder zur Lebenswelt der SuS zurückkehrt.

Szenario C:
Mit einer *10. Klasse* wollen Sie einige Briefe von Plinius lesen. Sie planen, beim ersten Brief besonderen Wert auf die Übersetzung zu legen, die durch eine Analyse und Interpretation gezielt vorbereitet werden soll. Sie wählen daher die Anordnung: A - I - Ü.
To do: schüleraffiner Einstieg in die Unterrichtseinheit, genaue und umfassende Analyse, Interpretation (nur 1-2 Aspekte)

Bei der Erstbegegnung mit Originaltexten hat der Einstieg wiederum die wichtige Funktion der Motivation. Generell besitzen in dieser Stufe alle Aufgaben des Analysequadrats einen hohen Stellenwert. Je intensiver die Aufgaben der Analyse betrieben werden, umso mehr bietet es sich an, deren Ergebnisse direkt für die Übersetzung zu nutzen, d. h. die Übersetzung auf die Analyse folgen zu lassen. Die Interpretation findet dann nach der Übersetzung statt.

1 Die stilistische Gestaltung kann nur dann untersucht werden, wenn im entsprechenden Lehrbuch Stilmittel bereits eingeführt worden sind.

Szenario D:
Mit Ihrem *Oberstufenkurs* erarbeiten Sie verschiedene lateinische Texte zu einem bestimmten Themenbereich (thematische Lektüre). Jetzt soll der vierte Text auf synoptischer Basis interpretiert werden. Die SuS sind mit verschiedenen Aspekten des Hauptthemas vertraut, sie verfügen auch über einen Fundus wichtiger *termini* zum Thema der Einheit.

To do: Einstieg mit Bezug auf das übergeordnete Thema, umfassende Analyse und ausführliche Interpretation

Bei der thematischen Lektüre muss jeder einzelne Text einen eigenen Einstieg erhalten, der entweder auf alle vorher gelesenen thematischen Aspekte oder auf nur einen Aspekt Bezug nimmt.

Die vorgestellten Szenarien folgen einer chronologischen Reihenfolge. Wenn wir im Folgenden zeigen, wie Analyse und Interpretation erstellt werden können, gehen wir bei der Anordnung umgekehrt vor: Wir beginnen mit der Erarbeitung eines komplexen *Originaltextes* der Oberstufe. Denn nur an einem Originaltext können alle möglichen Schritte der Erarbeitung vorgestellt und erläutert werden. Alle Vorschläge werden an Referenztexten erprobt (S. 102 (und 111)).

Danach wenden wir uns *Lehrbuchtexten* zu, um aufzuzeigen, inwieweit die für die Originallektüre geltenden Fragen und Aspekte für jüngere SuS in adaptierter Form Anwendung finden können.

Die Texte der *Übergangslektüre* liegen dann irgendwo in der Mitte zwischen diesen beiden Polen hinsichtlich der Länge der Texte und ihres gegenüber einem Lehrbuchtext anspruchsvolleren Inhalts. Die SuS sind in der Lage, differenzierter zu werten und zu urteilen.

Wir gehen also vom größtmöglich anzuwendenden Programm zu den weniger umfangreichen: Dadurch, dass die Verfahren bei der Originallektüre mit vielen Varianten dann bekannt sind, steht Ihnen bei Lehrbuchtexten und solchen der Übergangslektüre das ganze Spektrum der Aspekte zur Verfügung.

Fertige Rezepte, mit deren Hilfe man in kurzer Zeit eine schlüssige Analyse und eine motivierende Interpretation entwirft, kann es nicht geben. Besonders um die Interpretation muss der Lehrende ringen, Ideen prüfen, Aufgaben und Fragen formulieren und für sich beantworten, verwerfen, neu ansetzen … Ein Text ist wie ein Chamäleon: Wie das Tier beständig seine Farbe wechselt, so lässt der Text immer wieder andere Details hervortreten. Nehmen Sie daher jede der folgenden Tabellen mit Arbeitsschritten als einen Katalog, der unabgeschlossen ist und keine exakte Schrittfolge vorschreiben will, aber dennoch Orientierung geben kann.

Wir unterteilen den Prozess der Erarbeitung in drei Phasen:

▶ Phase 1: hier geht es um **allgemeine Vorbereitungen,** um grundlegende Überlegungen ***vor*** Analyse und Interpretation: Meistens sind sie schnell erledigt. Oft genügt es, sich eines bestimmten Punktes der Vorbereitung bewusst zu werden (Tabelle 1).

Die Vorüberlegungen betreffen u. a.

- hilfreiche Materialien
- die fachbezogene Bedeutung des Textes
- die emotionale Bedeutung des Textes für Sie selbst und schließlich
- die Antizipation dessen, was SuS am Text aus ihren Lebenswelten heraus interessieren oder (vielleicht noch wichtiger) *nicht* interessieren dürfte.

▶ Phase 2 bezieht sich darauf, wie ein Text analysiert werden kann. Mit den angebotenen Arbeitsschritten der **Analyse** können Sie eine bestimmte Schrittfolge festlegen, wobei Sie für die Formulierung der Arbeitsaufträge auch auf Operatoren aus Kap. 9 zugreifen können. Bedenken Sie aber, dass das Chamäleon Text sich einer immer gleichen Anordnung von Arbeitsschritten entzieht (Tabelle 2).

▶ Für Phase 3, die Interpretation, können keine entsprechenden Arbeitsschritte angegeben werden, weil Phantasie, Kreativität und der jeweilige Textsinn den Weg zur Interpretation weisen. Was hier aufgezeigt werden kann, ist ein Kaleidoskop an Möglichkeiten, wie Sie sich der Deutung annähern können – bezogen auf Motive, Vorbilder, philosophische Inhalte, Rezeption und auf Zusammenhänge, die in der Gegenwart entstehen, wenn Antike und Moderne aufeinandertreffen (Grafiken auf S. 108 und 113).

Für die Anordnung der Arbeitsaufträge der zweiten und dritten Phase gilt die Maxime:

Achten Sie auf eine organische und schlüssige Abfolge der Arbeitsaufträge, gehen Sie vom Einfachen zum Komplexen!

Alle vorgeschlagenen Schritte für Analyse und Interpretation von Originaltexten sollen exemplarisch an folgendem Referenztext, Plinius, ep. 2,6, nachvollzogen werden.

> C. PLINIUS AVITO SUO S.
>
> 1 Longum est altius repetere nec refert, quemadmodum acciderit, ut homo minime familiaris cenarem apud quendam, ut sibi videbatur, lautum et diligentem, ut mihi, sordidum simul et sumptuosum.
>
> 2 Nam sibi et paucis opima quaedam, ceteris vilia et minuta ponebat. Vinum etiam parvolis lagunculis in tria genera discripserat, aliud sibi et nobis, [...] aliud minoribus amicis – nam gradatim amicos habet –, aliud suis nostrisque libertis.
>
> 3 Animadvertit qui mihi proximus recumbebat, et an probarem interrogavit. Negavi. »Tu ergo« inquit »quam consuetudinem sequeris?« »Eadem omnibus pono; ad cenam enim, non ad notam invito cunctisque rebus exaequo, quos mensa et toro aequavi.«
>
> 4 »Etiamne libertos?« »Etiam; convictores enim tunc, non libertos puto.« Et ille: »Magno tibi constat.« »Minime.« »Qui fieri potest?« »Quia scilicet liberti mei non idem quod ego bibunt, sed idem ego quod liberti.«
>
> 5 Et hercule si gulae temperes, non est onerosum, quo utaris, ipse communicare cum pluribus. Illa ergo reprimenda, illa quasi in ordinem redigenda est, si sumptibus parcas.
>
> 6 Quorsus haec? Ne tibi, optimae indolis iuveni, quorundam in mensa luxuria specie frugalitatis imponat.
>
> 7 Igitur memento nihil magis esse vitandum quam istam luxuriae et sordium novam societatem. Vale. (Plinius, ep. 2,6 [leicht gekürzt])

Da für Plinius das Prinzip der thematischen *varietas* in der Anordnung der Briefe gilt, kann der Text nicht in einen bestimmten Kontext eingeordnet werden. Die Einführung kann also ganz allgemein – dennoch bezogen auf Schülerinteressen – gehalten werden.

Die Grundkonstellation des Referenztextes ist für SuS ohne weiteres verständlich: Ein Gastgeber lädt Gäste ein, unter ihnen auch Plinius; man speist; Gespräche entwickeln sich ... Allerdings scheinen nicht alle Gäste denselben Stellenwert zu besitzen: Die einen sind dem Gastgeber offensichtlich wichtig, andere sind ihm ziemlich gleichgültig, andere sind quasi nur geduldet. Hier werden die SuS stutzen. Denn ein solcher Umgang mit Gästen dürfte ihnen unbekannt sein. Die entstandenen Leerstellen können durch Recherchen der SuS oder durch knappe Informationen der Lehrkraft gefüllt werden.

Der Text weist weitere Leerstellen/Unbestimmtheiten auf: Welches Weltverständnis bzw. welches Menschenbild steckt hinter der Vorstellung ungleich bewerteter Gäste? Was hat in der römischen Gesellschaft der Begriff der »Freiheit« mit dem Stand der *liberti* zu tun? Das sind Leerstellen, die Analyse und Interpretation füllen müssen.

Mit einem Ratschlag, der sich für Plinius aus dieser Begebenheit zu ergeben scheint und den er dem Adressaten mit auf den (Lebens-)Weg gibt, endet der Brief.

5.1 Originaltexte: Erarbeitung von Analyse und Interpretation

Wegweiser durch dieses Kapitel:

5.1.1 Allgemeine Vorbereitungen
5.1.2 Vorbereitung der Analyse
5.1.3 Vorbereitung der Interpretation

5.1.1 Allgemeine Vorbereitungen

Die zu interpretierende Textpassage ist ausgewählt. Kreuzen Sie an, welche Überlegungen Ihnen für *diesen* Text zur allgemeinen Vorbereitung notwendig erscheinen.

Tabelle 1 **ALLGEMEINE VORBEREITUNGEN**

- ☐ (1) Kompetenz-/Unterrichtsziel(e) festlegen
- ☐ (2) für sich selbst wesentliche Aspekte/Botschaften des Textes festlegen
- ☐ (3) Vermutungen anstellen, welche Aspekte/Botschaften die SuS als interessant oder uninteressant einstufen würden
- ☐ (4) Leitfragen *und* mögliche Antworten formulieren
- ☐ (5) die Leerstellen[2] des Textes ermitteln und entsprechende Informationen bereit stellen (Sachinformationen, Quellen, Rechercheadressen u. a.)
- ☐ (6) eine Neugier weckende Einstiegsidee entwickeln
- ☐ (7) und/oder einen Einleitungstext formulieren; wenn möglich: Arbeitsaufträge dazu formulieren
- ☐ (8) verschiedene Sozialformen und die Methoden bedenken
- ☐ (9) miteinbeziehen, wieviel Erfahrung die SuS mit selbstständigem Arbeiten haben
- ☐ (10) Bildmaterialien, Zeitungsartikel u. a. zum Thema sichten, wenn möglich: Arbeitsaufträge dazu formulieren
- ☐ (11) Visualisierungsmöglichkeiten prüfen und ggf. die Zusammenführung (Präsentation) der Ergebnisse planen.
- ☐ (12) … *Wichtig: … und immer das Zeitbudget im Auge behalten!*

Anwendung der Vorschläge auf ep. 2,6:

(1) Kompetenz-/ Unterrichtsziele	z. B.: SuS lernen Sozialstruktur der römischen Gesellschaft kennen – setzen sich mit dem Begriff der *humanitas* auseinander
(2) Aspekte/Botschaften	*luxuria* und *avaritia* (in Personalunion) = Hinweise auf eine egozentrische, gespaltene Persönlichkeit/Plinius – der ideale Gastgeber bzw. der ideale *dominus*?
(3) für SuS vermutlich interessante Textinhalte für SuS vermutlich weniger interessante Textinhalte	z. B. Charakter des Gastgebers und (als Gegenmodell) Charakter des Plinius, Auswahl der Gäste, Umgang mit den Gästen als Gastgeber, Wünsche und Ängste der Gäste z. B. Ratschlag an jungen Mann (peinlich?) Möglicherweise ist aber gerade dieser Aspekt für SuS interessant, weil sie immer wieder mit wohlgemeinten Ratschlägen konfrontiert werden und nicht wissen, wie sie damit umgehen sollen.
(4) Leitfragen	z. B. Was würde Plinius anders machen als der Gastgeber? – Welches Bild von sich will Plinius der Öffentlichkeit vermitteln?
(5) Sachbezogene Leerstellen	z. B.: Informationen zum Klientelwesen: *amicis*? – *libertis*? – Warum und wozu wird zum Essen geladen?
(6) Einstiegsidee	z. B.: Assoziationen zum Slogan: Geiz ist geil! Oder: Assoziationen zum Slogan: Das Beste ist gerade gut genug!
(7) Einleitungstext	Vorschlag für einen Einleitungstext: *Hast du Lust, heute Abend mit uns ne Pizza zu essen? – Ja, ich bin dabei. – Wo gehen wir hin? – Komm doch zu mir, ich mache die Pizza selber. – Ich bring was zum Trinken mit. – Nicht nötig! – O.k., also bis heute Abend! Danke für die Einladung!* *Plinius berichtet von einem Abendessen, zu dem er eingeladen war: …*
(8) Sozialform	z. B.: Gruppenarbeit mit arbeitsgleicher Aufgabe: Recherche zur Sozialstruktur der römischen Gesellschaft

2 Gemeint sind hier die Leerstellen, die zum Verständnis des antiken Textes unbedingt notwendig sind. Hier genügen einfache pragmatische Informationen, oft von Ihnen selbst eingebracht.

(9) Erfahrung der SuS mit selbstständigem Arbeiten	?
(10) Bildmaterial zu Aspekten des Textes (didaktische Analyse)	z. B.: Bild eines Abendessens mit Freunden - moderne Darstellung von Geiz? - Dagobert Duck (Videoclip o. ä.)
(11) Visualisierung	z. B.: durch Wertequadrate[3] zu *luxuria* bzw. *avaritia*

Mit Hilfe dieses Rasters kristallisieren sich nicht nur Punkte heraus, die der Lehrer vorbereiten muss, sondern man erhält auch erste Hinweise auf Schwerpunkte der Interpretation. Durch die Einleitung wird der Text an die Schülerinteressen und ihre Lebenswelt angebunden.

5.1.2 Vorbereitung der Analyse

Das Analysequadrat (S. 81) gibt den Weg der Vorbereitung vor. Der Text wird nach den vorgegebenen Kategorien von *Form, Struktur, Inhalt und Aussage* untersucht. Da sich bei der Analyse jeweils andere Besonderheiten des Textes herauskristallisieren, finden wir auf diese Weise auch oft das Ungewöhnliche an ihm. Möglicherweise erhalten wir dadurch erste Hinweise auf einen bedenkenswerten Aspekt für die sich anschließende Interpretation.

Tabelle 2 **VORBEREITUNG DER ANALYSE**[4]	
Form	☐ Merkmale/Funktion der Textsorte bestimmen
formale Struktur	☐ die sprachliche Struktur des Textes überprüfen ☐ semantische Kohärenzen kennzeichnen ☐ stilistisch auffallende Stellen markieren ☐ sprachliche und stilistische Eigenschaften mit Inhalt verbinden ☐ Sach- und Wortfelder mit der Textaussage verbinden ☐ Gliederung vorbereiten, entsprechende Textsignale markieren ☐ Erzählperspektive bestimmen, entsprechende Signale der Erzählperspektive markieren (bei Gedichten: das lyrische Ich bestimmen)
Inhalt	☐ Leerstellen füllen ☐ Art der Zusammenfassung festlegen ☐ ggf. Visualisierungsmöglichkeiten (z. B. Standbild) vorbereiten

3 Vgl. dazu Kap. 6, S. 140–159.

4 Bei allen Punkten der Tabelle ist hinzuzufügen: … und, wo möglich, einen entsprechenden Arbeitsauftrag entwickeln.

Aussage	☐ inhaltlich dominante Textstellen bzw. Schlüsselbegriffe zusammenstellen (entsprechend den Unterrichts-/Kompetenzzielen) ☐ Personenkonstellation beschreiben und/oder den Charakter der Personen bestimmen ☐ Aspekte des Textes auf 1 oder 2 Kernaussagen reduzieren ☐ Argumentationszusammenhang nachvollziehen ☐ …

Anwendung der Vorschläge auf ep. 2,6:

(Form) Textsorte und deren Merkmale	Brief Grußformeln, Nennung des Absenders und des Adressaten Verbformen in 1. und 2. Pers. Sing. für Absender und Adressat
Funktion der Textsorte (Textsorte mit Inhalt bzw. Aussage verbinden)	Brief als Mittel der Paränese und als Möglichkeit, seine eigene Haltung vorzustellen
(Struktur) sprachliche Struktur des Textes	Vier Textsorten im Text: Erzählung – Dialog – Erörterung – Paränese (mit ihrer Hilfe kann der Text auch gegliedert werden)
stilistisch auffallende Stellen	*sordidum simul et sumptuosum* (Alliteration, Hendiadyoin) – *in tria genera: aliud sibi et nobis, aliud minoribus amicis – aliud suis nostrisque libertis* (Trikolon, paralleler Satzbau, Klimax descendens) – *gulae* (Synekdoche, Metonymie) – *istam luxuriae et sordium novam societatem* (Hyperbaton – Betonung der unmoralischen Verbindung von *luxuriae* und *sordium*)
Funktion der stilistischen Mittel Sach- und Wortfelder	Betonung a) des Unterschieds zwischen Plinius und dem Gastgeber, b) der Unterschiede unter den Gästen z. B.: Freundschaft, Gesellschaft, Wert(schätzung) von Menschen
Text gliedern	siehe Anmerkung[5]

5 Die Gliederung könnte durch Kreise visualisiert werden: der äußere ist das Gastmahl, in dem sich alles abspielt – in einem inneren Kreis findet das Gespräch statt – im innersten steht die ethische Konsequenz bzw. der Ratschlag an den jungen Adressaten. Man könnte auch »klassisch« gliedern: 1. Z. 1–6: das Verhalten des Gastgebers bei einem Gastmahl/2. Z. 7–13: Plinius' Haltung zum Verhalten des Gastgebers/3a. Z. 14–16: Philosophische Konsequenz 1: für den Adressaten/3b. Z. 17–20: Philosophische Konsequenz 2: für alle Menschen (Diese Gliederung entspricht der oben erwähnten Gliederung nach Textsorten.).

(Aussage) inhaltlich markante Textstellen bzw. Schlüsselbegriffe zusammenstellen	mögliche Schlüsselbegriffe: *gradatim amicos - eadem omnibus - ipse communicare cum pluribus - istam luxuriae et sordium novam societatem*
Textaussage(n) formulieren	a) Plinius zeigt sich als *vir vere humanus.* b) Tugend soll der Maßstab des Handelns für jeden Menschen sein. c) Plinius' Menschenbild? *Quia scilicet liberti mei non idem quod ego bibunt, sed idem ego quod liberti*
Textaussage(n) ggf. kritisch hinterfragen[6]	Wie passt diese Aussage zu a) oder b): Geiz und (gleichzeitig) Verschwendungssucht müsst ihr meiden!

5.1.3 Vorbereitung der Interpretation[6]

Was im Analysequadrat zwar nicht in der Reihenfolge, aber doch inhaltlich als klares Konzept von Arbeitsschritten dargestellt werden kann, entzieht sich bei der Interpretation einem zuverlässig nachvollziehbaren Aufbau.

Zunächst stellt sich die Frage, wie viel Zeit Analyse und Interpretation beanspruchen dürfen. Beide zusammen verschlingen viel Unterrichtszeit, die für andere Aufgaben, vor allem für den Spracherwerb, nicht mehr zur Verfügung steht. Es gilt, bei beiden Bausteinen (Analyse und Interpretation) Abstriche vorzunehmen und einen Mittelweg zu finden. Wir wagen *cum grano salis* als Faustregel folgende Alternative:

entweder	**oder**
[Analyse (kurz)] + Interpretation (ausführlich)	Analyse (ausführlich) + [Interpretation (kurz)]

Es kann Gründe geben, die Analyse des Textes wegzulassen oder kurz zu halten oder sie ausführlich mit den SuS zu erarbeiten. Genauso ist es mit der Interpretation: ein schlichter Text benötigt keine Interpretation oder es genügt, eine einzige Textaussage zu beleuchten (dies ist regelmäßig bei Lehrbuch- oder Übergangstexten der Fall). Bei vielen Originaltexten sollte allerdings eher die Analyse (zumal wenn eine ausführliche Texterschließung stattgefunden hat) kürzer

6 Diese Aufgabe kann die Textanalyse abrunden, wenn keine Interpretation folgen soll.

gehalten werden oder sogar entfallen, als dass man auf die Interpretation verzichtet; siehe dazu noch einmal das Zitat von Heinz Munding auf S. 90.

Aber auch die Interpretation muss kein langwieriges Verfahren sein. Oft genügt ein einziger Aspekt des Inhalts, um die beschworene lebendige Beziehung zwischen Text und SuS herzustellen (Hilfestellung, einen solchen Punkt nicht wie die Stecknadel im Heuhaufen suchen zu müssen, sondern rasch aufzufinden, möge das Kapitel 3.3. (S. 42–48) geben, in dem wir Anknüpfungspunkte zwischen einem lateinischen Text und den Haltungen der Jugend von heute vorgestellt haben).

Eine Interpretation benötigt auch nicht zwingend einen Zweittext oder ein Bild (Postdokument), um bei den SuS einen Denk- und Lernprozess in Gang zu setzen, der sie nachdenklich macht oder gar begeistert.

Wenn die Interpretation eines Textes (Prätext) einen breiten Raum einnehmen soll, kann folgende Grafik hilfreich sein:

Wege der Interpretation

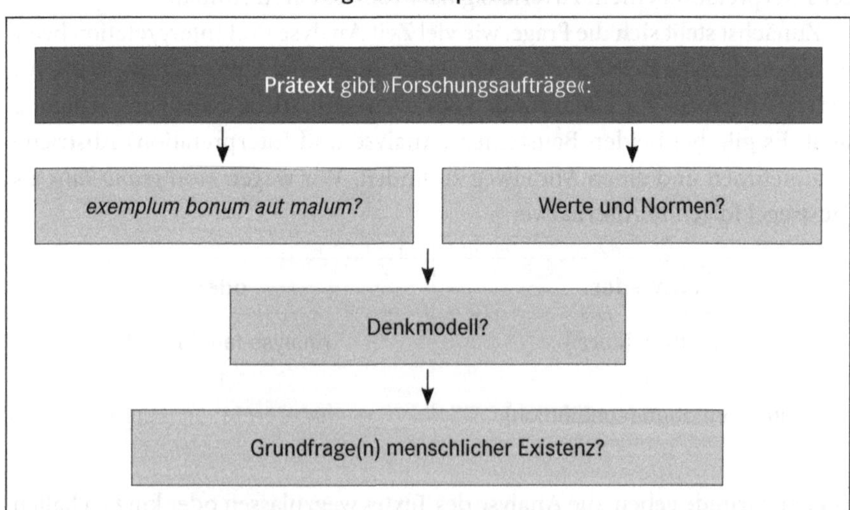

Anwendung der Grafik auf den Referenztext:

An Plinius' ep. 2.6 können *alle* vier Deutungswege der Interpretation verifiziert werden. Dabei müssen wir immer bedenken: Bewerten wir die Situation oder das einzelne Faktum aus heutiger oder aus historischer Sicht?

Anwendung aller vier Interpretationswege an einem Text:

► *Exemplum: Handelt der Gastgeber gut oder schlecht?*
Mögliche Antwort: Aus heutiger Sicht gibt der Gastgeber ein schlechtes Beispiel, denn er handelt egozentrisch, rücksichtslos und unmenschlich, indem er vielen seiner Gäste ihren geringeren Wert in der Gesellschaft drastisch vor Augen führt, während er wenige hofiert. Diese offenkundigen Unterschiede lösen bei Plinius, vielleicht auch bei anderen Gästen Unmut oder auch Überlegenheits- und Minderwertigkeitsgefühle aus (je nach gesellschaftlichem Status). Öffentliche Diskriminierung von (abhängigen) Personen erscheint aus allgemeinmenschlicher Sicht als ethisch-moralisch verwerflich. Das gilt für heute, kann aber auch für das Menschenbild der Antike gelten, denn der Gastgeber handelt sowohl gegen das Prinzip der Menschenwürde als auch gegen die Regeln des Anstands (der *honestas*).

► *Werte und Normen: Kann Plinius' Verhalten als Wert bzw. Norm gelten?*
Mögliche Antwort: Plinius mahnt indirekt eine Gleichbehandlung der Gäste an; damit gibt er ein *exemplum bonum.* Dass er die Ungleichbehandlung überhaupt bemerkt und öffentlich macht, lässt uns seine soziale Grundhaltung als ethisch gut einschätzen. Wenn er als Einziger so handelt, kann man von einem persönlichen *Wert* oder von einer Tugend sprechen, von einer *Norm* dann, wenn dieses Verhalten dem allgemeinen Verhalten von Menschen seines Standes entspricht.

► *Denkmodell:* Mögliche Antwort: Was Plinius als exemplarisches Handeln in den Raum stellt, nämlich dass die Lösung darin bestehe, sich als Höhergestellter (für eine kurze Zeit) auf die Ebene der Unterprivilegierten zu begeben *(quia scilicet liberti mei non idem quod ego bibunt, sed idem ego quod liberti, 4),* mag aus der Zeit heraus ehrenwert sein, nicht aber aus heutiger Sicht. Denn im aufgeklärten Bild vom Menschen sollen alle Menschen auf derselben Stufe stehen; keiner soll sich hinaufbegeben, keiner sich herabbeugen. Als Denkmodell ist seine Haltung nur bedingt anzusehen. Auch das in der Antike gestaffelte soziale System könnte eingebracht werden, das aber deutlich dem Gedanken des Denkmodells *humanitas* widerspricht.[7]

7 Dieses idealistische Bild von der Gleichheit der Menschen scheint allerdings auch heute nirgendwo auf der Welt zu »funktionieren« (Eine global agierende Werbe- und Konsumindustrie lebt z. B. gerade davon, dass Unterschiede gemacht und auch sehr bewusst zur Schau gestellt werden. Im beruflichen oder schulischen Kontext kann das mitunter auch der Fall sein, ohne dass das offen ausgetragen oder gar diskutiert wird.).

► *Grundfrage menschlicher Existenz:*
Mögliche Antwort: *Humanitas* bezeichnet das Menschsein schlechthin, zu dem jene Normen und Verhaltensweisen gehören, die den Menschen ausmachen, u. a.: *concordia, fides, iustitia (Homo sum, humani nil a me alienum puto* [Terenz, Heauton Timorumenos, 77].). Hier berühren wir ohne Zweifel eine Grundfrage menschlicher Existenz: Es geht um den Menschen als ζῷον πολιτικόν.

Interpretation mit *einem* Forschungsauftrag:
Je nach der kognitiven Entwicklung Ihrer SuS (und dem zur Verfügung stehenden Zeitrahmen) entscheiden Sie sich im Pliniusbrief eventuell auch nur für *einen* Forschungsauftrag: für einen eher pragmatischen Ansatz, bei dem das Interesse an den wichtigsten Protagonisten der Szene im Vordergrund steht (geben sie ein *exemplum bonum aut malum?*) oder für einen übergeordneten Ansatz, der die moralischen Maßstäbe der römischen Gesellschaft hinterfragt. Dabei könnte auch die Frage aufkommen, inwieweit der Gastgeber bzw. Plinius die Normen der römischen Gesellschaft übernimmt. Eine spannende Frage! (Werte und Normen)

- Wenn Sie sich für den ersten Ansatz entscheiden, weil Ihre SuS eher noch in konkreten Mustern denken, dann bereiten Sie Arbeitsaufträge zur *Charakterisierung der Personen* vor, lassen möglicherweise auch die *Hierarchisierung der Gastgesellschaft* (bildlich) darstellen. Die SuS bewerten das Verhalten der Protagonisten im Sinne von »gut« oder »schlecht« und begründen ihr Urteil. Stichworte wie »Eitelkeit« oder »Selbstinszenierung« können fallen. Ein zweites Interpretationsziel könnte dann darin bestehen zu zeigen, wie das Gastmahl sowohl vom Gastgeber als auch von Plinius dazu benutzt wird, den eigenen sozialen Status zu inszenieren.
- Wenn Sie Ihren SuS ein begründetes moralisches Urteil zutrauen, könnten Sie sich alternativ dafür entscheiden, anhand der im Brief geschilderten Situation die Normen und Werte der römischen Gesellschaft herausarbeiten zu lassen. Laden Sie die SuS dazu ein, die Szene nachzuspielen, und zwar so, dass auch die Sklaven im Spiel erscheinen. Die SuS beschreiben dann ihre Gefühle in ihrer Rolle als Gastgeber, als »gehobener« Gast, als geduldeter Gast und als (von niemandem wahrgenommener) Sklave im Range eines Nicht-Menschen. Die SuS tauschen ihre Gefühle aus und erleben, was es bedeutet, als Mensch nicht gewürdigt zu werden.

Das durch Perspektivenwechsel gewonnene Fremdverstehen verhilft ihnen dazu, das universale moralische Prinzip der Menschenwürde zu verstehen.

Der Vergleich mit Art. 1 GG : *Die Würde des Menschen ist unantastbar. Sie zu achten und zu schützen ist Verpflichtung aller staatlichen Gewalt.* macht den Weg der sich über Jahrhunderte hinziehenden Emanzipation deutlich.

Dieses wichtige Kapitel soll noch an einem zweiten Text überprüft werden, in der Annahme, dass ein weiteres Beispiel noch mehr Sicherheit schafft, die Grafik anzuwenden und mit ihrer Hilfe Aspekte der Interpretation zu entdecken. Der zugrundeliegende Text ist Livius, a.u.c. 2,32.

Livius berichtet von der *secessio plebis,* die während der Ständekämpfe stattgefunden haben soll. Dem Konsular Menenius Agrippa soll es durch Erzählen einer Parabel[8] gelungen sein, die aus der Stadt ausgezogenen rebellischen Bürger zur Rückkehr zu bewegen.

► *Exemplum: Handelt Menenius Agrippa gut oder schlecht?*
Mögliche Antwort: Er zeigt, wie man einen existentiellen Konflikt diplomatisch, d.h. mit Worten lösen kann. Das Ergebnis bestätigt seine Vorgehensweise, es kommt zu einer friedlichen Lösung. Er gibt ein Exemplum guten Handelns.

► *Wert/Norm: Kann sein Verhalten als Wert bzw. Norm gelten?*
Mögliche Antwort: Ja. Politische Klugheit als ein persönliches Handlungsziel ist ein wichtiger Wert, eine Tugend. Diese kann auch als Norm angesehen werden, denn die Forderung: *Macht der Worte statt Macht der Waffen!* kann Norm einer ganzen Gesellschaft sein und durch entsprechende gesetzliche Regelungen (z.B. Friedenspflicht) gefestigt werden.

► *Denkmodell:* In diesem Fall kann die Norm sogar zum Denkmodell werden, wenn Menschen eine Haltung anmahnen (und auch selbst leben), die jede Form von Gewalt und kriegerische Auseinandersetzung ablehnt.

► *Grundfrage menschlicher Existenz:* Die Parabel bezieht sich dann auch auf die prinzipielle Überlegung, wie Menschen in ihren jeweiligen Lebenswelten (Familie, Gemeinschaft, Staat) miteinander umgehen. Unter welchen Umständen reicht die Macht der Worte nicht mehr? (vgl. Friedensforschung)

8 Inhalt der Parabel: Die Glieder des Körpers stellen ihre Tätigkeit ein, um nicht immer nur den faulen Magen zu bedienen. Dadurch werden sie selbst schwach und bemerken, dass in einem System jeder Teil des Systems eine wichtige Funktion für das Ganze hat.

Der erste Forschungsauftrag *(exemplum bonum aut malum)* lässt eine Wahl zu. Die Frage kann auch gegensätzlich beantwortet werden, mit der Konsequenz, dass sich durchaus auch gegenteilige Antworten bei den anderen Forschungsaufträgen ergeben müssen:

► *Exemplum: Handelt Menenius Agrippa gut oder schlecht?*
Mögliche Antwort: Er macht die Parabel zu einem politischen Instrument, um das soziale System, das die Bürger als ungerecht erlebt hatten, wiederherzustellen und die ungerechten Exklusivrechte des Adels weiter aufrechtzuerhalten. Folglich gibt Menenius Agrippa ein schlechtes Beispiel menschlichen Handelns, weil das Ziel seines Handelns für andere Menschen zu schlechten Folgen führt.

► *Wert/Norm:* Kann sein Verhalten als Wert bzw. Norm gelten?
Mögliche Antwort: Sein Handeln stellt eher einen Unwert dar und kann schon gar nicht zu einer Norm werden. Denn Menenius behauptet ohne Beweisführung, die politische Ordnung funktioniere wie ein menschlicher Körper.

► *Denkmodell:* Nur im Sinne einer Herrschaftsideologie.[9]

► *Grundfrage menschlicher Existenz:* Ja, wenn *ex negativo* Grundbedingungen eines gerechten Zusammenlebens der Menschen definiert werden sollen.

Fazit:

Der Prätext gibt Signale, die auf wesentliche Inhalte hindeuten. Der Begriff »Forschungsaufträge« in der Grafik (S. 108) zielt auf diese Signale. Nach eigener Unterrichtspraxis genügen die Stichworte: *exemplum bonum aut malum, Normen und Werte, Denkmodell, Grundfragen menschlicher Existenz* für fast alle Texte, die in der Schule gelesen werden. Nicht nur alle Stichworte zusammengenommen ergeben eine gelungene Deutung des Textes, sondern auch jedes Stichwort für sich führt zum *quid ad nos?* und *quid ad me?*, wobei die erste Frage eher den Bezug zur Gesellschaft untersucht, die zweite speziell den Bezug zum Ich als Individuum.

Unter den vier Forschungsaufträgen ergänzen die beiden ersten einander: exemplarisches (gutes) Handeln ist immer ein persönlicher Wert, eine Tugend, die oft zu einer Norm menschlichen Handelns wird (vgl. Kap. 6.3). Von der Norm zum Denkmodell ist der Schritt nicht groß: eine Norm muss immer wieder überdacht und in größere Zusammenhänge gestellt werden, ehe sie

9 Vgl. Nickel, 113 (mit weiterer Literatur).

ihre Gültigkeit beweist. Ein Modell[10] zeigt seine Bedeutung in seiner Bezeichnung: es ist ein vereinfachtes Abbild der Wirklichkeit, das wiederum von der Wahrnehmung abhängt. Die Bürger Roms haben in den Worten des Menenius Agrippa offensichtlich eine Norm gesehen, nach der sie sich richten müssen. Das dahinter stehende Denkmodell hat ihnen eingeleuchtet (vielleicht hatten sie aber auch nur Hunger und Durst). Im Prinzip ist jede Staatsform, jede Religion, jede philosophische Ausrichtung ein Denkmodell.

Der letzte Schritt bei einer ausführlichen Interpretation ist die Frage, was im Text als anthropologische Konstante angesehen werden kann, die jeden Menschen betreffen kann. Im Beispiel des Menenius Agrippa kann das die Frage sein, unter welchen Bedingungen Gemeinschaft funktioniert oder nicht funktioniert.

Eine Interpretation erhält möglicherweise eine noch größere Tiefe der Deutung, wenn andere themenaffine Dokumente hinzugezogen werden.

In der folgenden Grafik werden mögliche Beziehungen zwischen Prä- und Postdokument thematisiert: Durch Bestätigen, Verfremden oder Negieren kann ein Postdokument auf seine ihm innewohnende Weise einen Prätext aktualisieren:

Vergleich vom Postdokument und Prätext

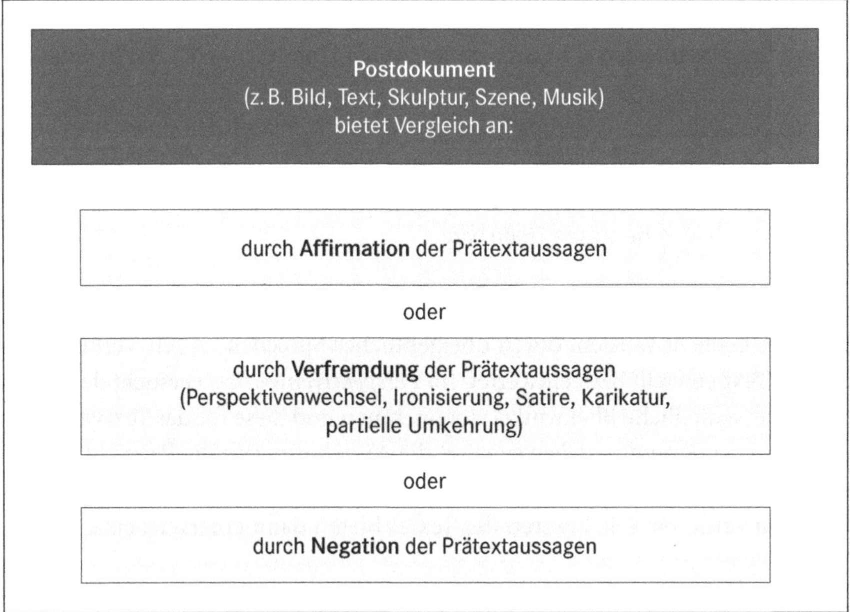

10 Abgeleitet von lat. *modulus*, ital. *modello* (Maßstab in der Architektur).

Der gemeinsame Nenner der Beziehungswege ist, dass sie die Vergangenheit mit einer anderen Epoche, meistens mit der Gegenwart verbinden.[11] Der Gegenwartsbezug ist quasi das Grundmuster für diese Art von textüberschreitender Interpretation. Der Grad, wie intensiv Sie auf die Gegenwart abheben, liegt im Thema begründet, in Ihrer eigenen Vorstellung oder im Interesse der SuS bzw. in deren Fähigkeit, durch Analogiebildung zu differenzierten Meinungen zu gelangen.

Analogiebildung schafft Verstehen. Der Gegenwartsbezug als eine Kategorie historischen Denkens[12] zielt auf das, was ein historisches Faktum für die Gegenwart bedeutet *und* für die Zukunft bedeuten könnte. Man kann die zeitliche Abfolge auch umdrehen: Ein Faktum in der Gegenwart, das z. B. ein besonderes Konfliktpotential aufweist, kann den Wunsch auslösen, durch vergangenes Vergleichbares Hilfe für die Bewertung der Gegenwart zu bekommen. So oder so, bei der Interpretation mit Hilfe eines Postdokumentes sind Gegenwart und Zukunft immer im Blick des Interpreten.

Naturgemäß sind bestätigende Texte für die SuS weniger spannend, negierende insofern ergiebiger, als Gründe für die Verneinung des Prätextes gesucht und bewertet werden müssen. Wenn dies auch noch in einer Pro- und Contra-Diskussion z. B. zur Präzisierung des Prätextes geschieht, hat der Posttext seine Aufgabe erfüllt.

Am interessantesten sind aber ohne Zweifel Dokumente der *Verfremdung:*

»Als Verfremdung bezeichnet man ein literarisches Stilmittel, das einen vertrauten Gegenstand fremd und ungewöhnlich erscheinen lässt. Absicht der Verfremdung ist, dass der Leser aus seinen meist klischeehaften Sprach-, Denk- und Interpretationsgewohnheiten herausgerissen wird.«[13]

Eine Verfremdung, die nahe am Text bleibt, kann z. B. durch den Wechsel der Textsorte erreicht werden, durch uneigentliches Sprechen, durch Verkürzung, die den Text entstellt bzw. entwertet. Im *Perspektivenwechsel* versucht der Interpret, unterschiedliche Blickwinkel einzunehmen und diese für das Textverständnis zu nutzen. *Fremdverstehen* evoziert die Annäherung an die Perspektive des anderen, ohne den eigenen Standpunkt bzw. vertraute Auffassungen aus den Augen zu verlieren. Die Figuren des Textes bieten dann einerseits eine Projek-

11 Ausnahme: Wenn Sie einem antiken Text ein antikes Postdokument gegenüberstellen.
12 Für die Begrifflichkeiten vgl. Munding, 3–25.
13 http://www.buecher-wiki.de/index.php/BuecherWiki/Verfremdung (Zugriff: 07/2016).

tionsfläche für eigene Wünsche oder Probleme, andererseits schulen sie das Verstehen des Fremden/des Anderen.

Andere Möglichkeiten der Verfremdung finden Sie in der Grafik.

Hinweis:

Was man mit einem Postdokument machen und wozu und wann man es einsetzen kann, hat dieses Kapitel aufgezeigt.
Wie man Bild oder Zweittext als Postdokumente *in praxi* in die Interpretation einfügt und operationalisiert, finden Sie in Kap. 7.

5.2 Lehrbuchtexte

Wegweiser durch dieses Kapitel:

Einstimmung durch ein Beispiel
5.2.1 Exkurs
5.2.2 Allgemeine Vorbereitungen
5.2.3 Vorbereitung der Analyse
5.2.4 Vorbereitung der Interpretation
5.2.5 Weitere Beispiele

Einstimmung

An den Anfang dieses Kapitels stellen wir ein Beispiel für Analyse und Interpretation eines Lehrbuchtextes, der sowohl sprachlich[14] als auch inhaltlich für beide Verfahren ergiebig ist.

Der Text handelt vom Volkstribun Tiberius Gracchus. Dieser sieht das große Elend der italischen Landbevölkerung nach dem Ende eines langen Krieges und ist über die ungerechten Besitzverhältnisse im Land erzürnt. Er will nun mit politischen Mitteln, d.h. ohne Bürgerkrieg, eine Neuverteilung des Ackerlandes durchsetzen.

14 Das Lehrbuch *Intra*, Göttingen (Vandenhoeck & Ruprecht) 2007, behandelt im ersten Band noch keine rhetorischen Mittel.

Tiberius Gracchus spricht[15]

Quirites!

Nuper per Italiam iter feci: Ibi multa praedia deserta, nonnullos agros incultos esse vidi. Sed vidi etiam latifundia florentissima, quae a numero ingenti servorum colebantur.

Abb. 14: Tiberius Gracchus, © Lumina, Vandenhoeck & Ruprecht

Quam diu agri vestri a servis alienis colentur? Quam diu sedes vestrae a dominis alienis habitabuntur? Bestiae, quae in Italia sunt, sedes latebrasque suas habent, sed vos, qui pro patria pugnavistis, praediis vestris expulsi cum uxoribus liberisque per Italiam erratis.

Vos tandem Romam convenistis, quod auxilium quaerebatis. Fame et ignominia vexamini, sed a patriciis neglegimini et deridemini. Quos miseria vestra neque commotos esse neque commoveri constat. Etiam ego, quod vos adiuvare paratus sum, a senatoribus contumeliis afficior.

Quam diu ista vita indigna a vobis tolerabitur? Quam diu uxores liberique vestri rebus necessariis privabuntur? Mihi credite: Avaritia patriciorum vos vexare numquam desinet. Miseria vestra finiri debet. Agri vobis reddi debent. Itaque lege agraria nova nobis opus est. Qua lege nos ab avaritia senatorum defendemur et iniuria patriciorum liberabimur.

Itaque vos oro atque obsecro: tribunum plebis create me, Tiberium Sempronium Gracchum! Ego tribunus vobis et rebus vestris consulam: Domum redibitis. Praedia vobis reddentur. Reddetur vobis libertas, honor, dignitas. Haec denique vita erit digna viro Romano!

15 *Intra*, L. 25, S. 202–203 – Der Text ist auch im Lehrbuch *Lumina nova* (für Latein als dritte Fremdsprache) in sprachlich anspruchsvollerer und leicht abweichender Form verfügbar (L.16, S. 100–101), Vandenhoeck & Ruprecht, Göttingen 2010.

A Einstieg:

▶ *Bildanalyse (Vermutungen zu der auf dem Bild dargestellten Situation)*

A 1 Wer regt sich da so auf? Ist das ein Verkäufer, ein Priester oder ein Politiker? Wähle einen Beruf aus und begründe deine Wahl.

A 2 Beschreibe die Reaktionen der versammelten Menschen.

A 3 Hast du schon einmal auf der Straße jemandem zugehört? Was unterscheidet das, was man auf der Straße hört, von dem, was man zu Hause, z. B. im Radio, hört? Nenne zwei Unterschiede.

B Texterschließung[16] **- [C Übersetzung]**

D Analyse:

▶ *Analyse des Inhalts zur Bewertung der Rede, Auswertung des Inhalts (Manipulation der Zuhörer?)*

D 1.1 Unterstreiche in jedem Abschnitt 1–2 Sätze, die dir besonders auffallen.

D 1.2 Gib mit Hilfe dieser Sätze jedem Abschnitt eine kurze Überschrift.

D 2.1 Im Text findest du vier Fragen. Verwandle diese in vier deutsche Aussagesätze. Überlege, warum Tiberius lieber Fragen benutzt. Was ändert sich dadurch?

D 2.2 Wie stellt Tiberius die soziale Lage dar: Übertreibt er oder ist er ein neutraler Beobachter? Belege deine Antwort, indem du auf inhaltliche Aspekte achtest, aber auch auf seine Art zu sprechen (denke an das Bild!).

D 3 Führe anhand des lateinischen Textes aus, welche(s) Ziel(e) Tiberius für sich und für die Armen erreichen will. Sammle dazu lateinische Wendungen.

E Interpretation:

▶ *Aspekte: Besitzverhältnisse heute - Armut und Reichtum - Ungerechtigkeit und Gerechtigkeit*

E 1 Bildet zwei Gruppen. Diskutiert über folgende Fragen und einigt euch in der Gruppe auf jeweils eine Antwort:

- Was besitzt heute eine Person, die man als »steinreich« bezeichnen kann? Macht euch entsprechende Notizen.
- Findet ihr es gerecht, dass zu allen Zeiten einige Menschen wesentlich reicher sind als andere? Nennt Argumente dafür und dagegen.

E 2.1 Nehmen wir an, ihr haltet es für ungerecht, dass einige wenige Menschen steinreich und viele sehr arm sind: Überlegt, was man gegen den Missstand tun

16 Die Aufgaben der Texterschließung können sich auf die Bestimmung der Textsorte, der semantischen Kohärenzen, des Tempusreliefs beziehen.

könnte. Ordnet eure Vorschläge dann in solche, die ihr selbst umsetzen könnt und solche, die Politiker umsetzen müssten, weil sie die Macht dazu haben.
E 2.2 Tiberius ist Adliger und zugleich ein mächtiger Politiker. Was könnte er als Privatperson für die Armen tun?
E 3 Schreibt auf einen Zettel, was ihr in der Welt ungerecht findet (ein Begriff pro Zettel). Werft eure Zettel in einen Zettelkasten. Nehmt dann die Zettel einzeln heraus und sucht für die beschriebene Ungerechtigkeit eine Lösung.
Beispiel: *Ich finde es ungerecht, wenn Menschen auf der Straße leben müssen.*
→ DLB

Hinweise zu den Arbeitsaufträgen

► Die Aufgaben A 1 und 2 zum Bild sind zusammengenommen wie ein Rätsel: Da »fuchtelt jemand mit den Händen herum« und scheint äußerst erregt; die zusammengekommenen Leute reagieren unterschiedlich, sie wissen nicht, was sie von den Worten zu halten haben. Die Situation wird als *real* betrachtet. A 3: Etwas, was in der Öffentlichkeit gesagt und damit von vielen gehört wird, ruft laute Reaktionen bei den Menschen hervor, mit denen nicht jeder einverstanden ist. Es kann zu Streit oder Geschrei kommen. Das Gesagte verbreitet sich, *fama volat.* Die Rede enthält Dynamik und sozialen Sprengstoff.

► In D 2.1 lernen die SuS, dass es Fragen gibt, die keine echten Fragen sind, sondern starke Behauptungen. Die Frageform macht die Aussage direkter, weil sich jeder Hörer als eine angesprochene Person empfindet. Die Erkenntnis ist Teil der Aufgabenstellung von D 2.2: Viel zu lange ertragt ihr schon die beschriebene unerträgliche Situation! Tiberius ist kein neutraler Beobachter und Berichterstatter, sondern ein emotional agierender Redner, der seine eigenen Vorstellungen von einer gerechten Zukunft hat, in der er (D 3) eine wichtige Rolle spielen will. Er spricht also *auch* für sich selbst, vertritt eigene Interessen.

► E 1 verlangt von den SuS, dass sie auf der Grundlage ihres Weltwissens *moralisch urteilen.* Durch den Impuls aufzuzählen, was ein steinreicher Mensch besitzt, machen sie sich zunächst eine *konkrete Vorstellung* von immensem Reichtum, müssen dann sofort diese Vorstellung verlassen, um ein Urteil abzugeben und eine eigene Meinung zu formulieren. Da schwanken die SuS zwischen »cool« für einen Dagobert Duck und »ungerecht« für das Missverhältnis zwischen »arm« und »reich«, das bei der Beurteilung unausgesprochen mitschwingt.

E 2.1 und 2.2 setzen auf die Imaginationsfähigkeit der SuS. Was könnten Politiker (heutzutage: 2.1/in der Antike, konkret Tiberius: 2.2) für eine gerechtere Verteilung des Besitzes tun? Die Frage nach der rechtlichen Stellung von Sklaven kann, muss aber nicht thematisiert werden.

Die Aufgabe E 3 rückt das Thema Ungerechtigkeit ganz nah an die Lebenswelt der Jugendlichen heran. Was Kinder alles ungerecht finden, kann für uns Lehrer lehrreich sein.

5.2.1 EXKURS: Kindliche Interpretationsfähigkeit

Vom Einfachen zum Komplexen,
vom Gefühlten zum Durchdachten
vom Konkreten zum Theoretischen

Sind *einfach - gefühlt - konkret?* die richtigen Stichworte für SuS der gymnasialen Unterstufe und *komplex - durchdacht - theoretisch* für die der Oberstufe?

Für eine Beurteilung dieses Ansatzes müssen wir ein wenig weiter ausholen. Sie haben manchmal im täglichen Umgang mit Kindern der gymnasialen Unterstufe erlebt, dass diese nicht mehr in den Kategorien eines Kindes denken und fühlen, im Gegenteil: sie haben differenzierte Meinungen und wissen sich argumentativ zu behaupten. Diese Kinder können daher nicht in Gänze den Stufen des *präkonventionellen* Niveaus zugeordnet werden.

Mit diesem Begriff sind wir bei Lawrence Kohlberg. Der amerikanische Psychologe und Erziehungswissenschaftler geht bei der Beschreibung der *moralischen* Entwicklung des Menschen von einem Stufenmodell aus. Die Entwicklung verläuft über drei Niveaus: vom *präkonventionellen* zum *konventionellen* bis zum *postkonventionellen* Niveau.

Parallel zur moralischen Entwicklung entsteht die Fähigkeit, mehr und mehr von sich selbst abzusehen, d. h. je weiter die Entwicklung fortschreitet, umso mehr können sich junge und ältere Schüler z. B. einer anderen Meinung öffnen, sei es in einem Gespräch, in dem sie das Verhalten der Protagonisten mit Hilfe eigener Erfahrungen diskutieren, sei es, dass sie einen Textinhalt genauer unter die Lupe nehmen und übergeordnete Fragen stellen.

Stufen der Moralentwicklung nach Kohlberg (stark vereinfachtes Modell)[17]

	Wer oder was ist mir wichtig?
Präkonventionelles Niveau (Autoritätsmoral)	Stufe 1: Was die Eltern sagen – Ich (gut ist, was mir nützt) Stufe 2: Ich und andere (wie du mir – so ich dir → Deal, Austausch)

Betrifft die meisten Kinder unter 9 Jahren: *Was gut und böse ist, bestimmt sich von den Folgen her, die eine Handlung für das Individuum hat.*

Konventionelles Niveau (Gruppenmoral)	Stufe 3: Ich und Du + unsere Gruppe (gegenseitige interpersonelle Erwartungen) Stufe 4: Ich und Du im sozialen Verband (Erhaltung des sozialen Systems, Gewissen und Pflicht)

Betrifft die meisten Jugendlichen und Erwachsenen: *Sie nehmen als selbstverständlich an, dass die Erwartungen und Normen der gesellschaftlichen Gruppe, der sie angehören, erfüllt werden müssen.*

Postkonventionelles Niveau (Grundsatzmoral)	Stufe 5: Wir alle und auch ich (Orientierung am Sozialvertrag) Stufe 6: Die Welt und ich (Orientierung an universellen moralischen Prinzipien)

Betrifft **einige** Erwachsene über 20 Jahre[7]: *Sie erheben den Anspruch, dass moralische Werte/Prinzipien unabhängig von bestehenden Autoritäten und Konventionen zu definieren sind.*

Die SuS der Unterstufe befinden sich also zwischen der präkonventionellen und der konventionellen Ebene. Zwar bauen alle Ebenen aufeinander auf, aber das heißt nicht, dass die eine erst abgeschlossen sein muss, ehe die andere beginnt. Wann eine endet, ist nie exakt festzulegen, wenn sie denn überhaupt einmal beendet wird.

Für das Interpretieren im Unterricht heißt das, dass wir Deutungsimpulse mit dem Siegel *einfach – gefühlt – konkret* (präkonventionelles Niveau), mit Aufgaben eines komplexeren Anforderungsniveaus mischen können.

17 Angelehnt und teilweise entnommen aus Spinner, 77.

18 Das Kohlbergsche Stufenmodell kann auch ein gutes Instrument zum Verstehen und Einordnen von Schüleräußerungen sein. Es sensibilisiert den Lehrenden für das kognitive Urteilsniveau von SuS und verhindert, dass wir von ihnen etwas verlangen, was sie noch nicht leisten können.

Der Germanist Kaspar Spinner überträgt Kohlbergs Stufen der Moralentwicklung auf die Entwicklung der Interpretationsfähigkeit:

»Wenn Interpretieren in der Schule nicht die Übernahme vorgefertigter Interpretationsergebnisse, sondern ein Verständigungsprozess sein soll, in welchem sich die Schüler, ausgehend von ihrer Lektüre- und Welterfahrung und mit den Mitteln des Denkens, über den Sinn von Texten zu einigen suchen, dann ist ihren entwicklungsbedingten kognitiven Voraussetzungen besondere Aufmerksamkeit zu schenken. Nur wenn der Lehrer einen Einblick in die entwicklungspsychologischen Verstehensfähigkeiten seiner Schüler hat und weiß, wie Verstehensfähigkeiten aufgebaut sind, kann er Textauswahl, Gesprächsführung und Arbeitsaufträge angemessen und mit Erfolg gestalten.«[19]

Die folgende Tabelle[20] kann nicht nur für das Fach Deutsch, sondern für alle »interpretierenden« Fächer gelten.

Wenn beispielsweise eine Interpretation für SuS der gymnasialen Unterstufe erstellt werden soll, können folgende Aspekte wichtig sein:

- SuS der Unterstufe haben Interesse an den Inhalten[21] – so, wie sie dargestellt sind. Ihr Verstehensprozess schreitet fort vom wörtlichen zum parabolischen und symbolischen Verstehen; die Fähigkeit, zwischen den Zeilen zu lesen, also auch formale Gesichtspunkte einzubeziehen, wächst[22].

- Der Text wird immer zunächst als ein Stück Realität verstanden, dennoch haben die SuS auch Interesse für die Motive der handelnden Personen; der Handlungszusammenhang ist für sie wichtig und auch, wie die Figuren miteinander umgehen bzw. wie sie aufeinander reagieren.

- Die Figuren werden bewertet. Die SuS schätzen erfolgreiche Menschen, empfinden aber auch Mitleid mit Benachteiligten. Sie wenden die Kategorien »gerecht« und »ungerecht« an, d.h. sie wenden moralische Maßstäbe an, und stellen dabei bereits tradierte moralische Maßstäbe in Frage.

19 Spinner, 61.
20 Spinner, 63.
21 Vgl. dazu auch: Maier, 133–135.
22 Spinner, 62.

Entwicklung der Interpretationsfähigkeit im Schulalter

	Übertragung und symbolisches Verstehen	Textbewusstsein und Verstehen implizierter Aussagen	Figureninterpretation	Moralische Argumentation
Primarstufe	Wörtliches Verstehen, Detailfreudigkeit und lebendige Vorstellung	Text wie ein Stück Realität aufgefasst. Sprachliche Merkmale bewusst kaum wahrgenommen, mit Ausnahme allerdings sprachspielerischer Elemente	Interesse für einzelne Figuren und ihr Verhalten	Das Handeln der Figuren wird in erster Linie mit den Kategorien ‚dumm' und ‚schlau' beurteilt. Hochschätzung des Erfolgreichen
	Analoge Situationen aus eigener Erfahrungswelt als Hilfe zur Erklärung und zur Veranschaulichung		Interesse für den Handlungszusammenhang, seine Logik, und das Miteinander der Figuren (Wie reagiert eine Figur auf eine andere?)	Moralisierendes Urteilen mit Kategorien wie ‚gerecht' / ‚ungerecht'. Sensibilität für die Rücksichtnahme auf andere und für die Wechselseitigkeit des moralischen Verhaltens. Mitleid mit Benachteiligten. Rigorosität im moralischen Urteil
Sekundarstufe I		Entdecken impliziter Aussagen		
		Verstehen metaphorischer, ironischer und satirischer Ausdrucksweise	Interesse für Handlungsmotive, Beweggründe: Warum verhält sich jemand so?	
	Parabolisches und symbolisches Verstehen: Dem wörtlich Ausgesagten wird ein abstrakter, allgemeiner Sinn entnommen. Sinn für Stimmungsqualitäten (z. B. Landschaft als Seelenausdruck)	Aufmerksamkeit für Stileigentümlichkeiten	Interesse für die wechselseitige Abhängigkeit von Handlungsmotiven, Einblick in die Vorstellungen, die einzelne Figuren von den Vorstellungen anderer Figuren haben	Infragestellen moralischer Maßstäbe. Bewusstsein für Konflikte zwischen verschiedenen moralischen Maximen
Sekundarstufe II		Verständnis für die semantische Dimension formaler Merkmale	Interesse für innerpsychische Konflikte	Einblicke in die Bedingungsfelder moralischen Urteilens (z. B. historische und soziokulturelle Bedingtheit von Urteilen)
	Die übertragene Bedeutung wird als Aussage des Autors begriffen und damit hinterfragbar		Verständnis für Bewusstseinsmuster, ihre Entstehung und Auswirkungen, ihre soziologische und historische Bedingtheit	

Abb. 15: Interpretationsfähigkeit im Schulalter

5.2.2 Allgemeine Vorbereitungen

Kreuzen Sie an, was Sie *vor* dem ersten Schritt der Texterarbeitung eines Lehrbuchtextes vorbereiten müssen, um (neben der Erschließung neuer grammatischer Phänomene) vor allem dem Textinhalt und dessen Deutung gerecht zu werden.

Tabelle 3 **ALLGEMEINE VORBEREITUNGEN**

- ☐ (1) die Hauptaussage des Textes bestimmen
- ☐ (2) Kompetenz-/Unterrichtsziel festlegen und formulieren
- ☐ (3) Bezüge zwischen Thema und Lebenswelt bzw. Interessen der SuS antizipieren
- ☐ (4) einen lebensweltlichen Einstieg entwickeln
- ☐ (5) Schlüsselbegriffe oder Sachfelder markieren
- ☐ (6) Textsignale für eine Gliederung markieren, eventuell Gesichtspunkte der Gliederung bestimmen
- ☐ (7) Bildmaterialien, Film, Hörclip zum Thema sichten und deren Funktion (didaktischen Ort) für den Unterricht bestimmen
- ☐ (8) verschiedene Sozialformen bedenken
- ☐ (9) kreative Phase und ggf. Präsentation planen
- ☐ ...

5.2.3 Vorbereitung der Analyse

In aller Regel ist der Lehrbuchtext vor Analyse und Interpretation bereits übersetzt, so dass der *Textinhalt* gut abgesichert ist. Innerhalb der Analyse kann man sich auf *Form, Struktur* und/oder auf Aspekte der *Textaussage* konzentrieren (vgl. Analysequadrat, S. 81). Wenn insgesamt die Analyse nicht ergiebig zu sein scheint, verzichtet man, vor allem in der ersten Phase des Lateinunterrichts, gänzlich auf sie. Aber hatten wir nicht den Text in der Jahresplanung (vgl. S. 52–53) für interpretationswürdig gehalten? Aus diesem Grund verzichten wir vielleicht auf die Analyse, aber fast nie auf die Interpretation, weil nur sie den Text an die Lebenswelt der SuS heranführen und damit für sie besser verständlich machen kann.

Denken Sie noch einmal an das, was die Entwicklungspsychologie zur Interpretationsfähigkeit der SuS sagt: Sie können analoge Situationen aus eigener Erfahrung verstehen, sie können mit Hilfe eines Vergleichs etwas besser verstehen, sie haben Interesse für Handlungszusammenhänge, Figurenkonstellationen und deren Handlungsmotive; sie können einfache moralische Urteile fällen und setzen sich besonders für Benachteiligte ein. Im Umkehrschluss sind sie bereit, Normen und Werte in Frage zu stellen.

Auf der Basis dieser Erkenntnisse, die zu entsprechenden Interpretationsansätzen führen, können wir bereits in der Lehrbuchphase propädeutisch für das Verstehen und Interpretieren von Originaltexten arbeiten. Nutzen wir, wo immer es möglich ist, diese Chance.[23]

Für die Vorbereitung der Analyse eines Lehrbuchtextes schlagen wir folgende Schritte vor:

Tabelle 4 **VORBEREITUNG DER ANALYSE**	
Zur Form	☐ Hinweise zur Textsorte im Text markieren (wenn die Textsorte für die Interpretation eine wichtige Rolle spielt)
Zur Struktur	☐ Gliederung des Textes vorbereiten ☐ einfache sprachliche oder ggf. stilistische Mittel und deren Wirkung für die Aussage bestimmen
Zum Inhalt	☐ das Thema/die Kernaussagen des Textes festlegen ☐ die Art der Zusammenfassung festlegen
Zur Aussage	☐ wichtige Themen und deren Begriffe markieren und Interpretationsansatz bestimmen ☐ Themen auf Relevanz für SuS überprüfen ☐ den Handlungsverlauf überprüfen (eventuell grafisch darstellen) ☐ Charaktermerkmale der Figuren bestimmen ☐ (die Gesamtaussage des Textes bestimmen, wenn keine Interpretation mehr folgen soll)

Manche der vorbereitenden Überlegungen sind so formuliert, dass sie als Arbeitsaufträge für die SuS übernommen werden können.

5.2.4 Vorbereitung der Interpretation

Unabhängig davon, ob eine Analyse (ganz oder teilweise) durchgeführt wurde oder nicht: Die Interpretation ist gerade bei jüngeren SuS, die so gerne ihre Meinung sagen und eigene Erfahrungen einbringen, das Herzstück der Texterarbeitung.

---

23 Nach Doepner, 26 (AU).

Tabelle 5 **VORBEREITUNG DER INTERPRETATION**

- ☐ (1) Aus den Textaussagen *einen* Aspekt auswählen
- ☐ (2) Lebensweltliche Bezüge der SuS zu diesem Aspekt antizipieren
- ☐ (3) Aspekt auf heute übertragen
- ☐ (4) Informationen, Bilder, Zweittext zu diesem Aspekt sichten und auswählen
- ☐ (5) Formen der Visualisierung überdenken
- ☐ (6) *oder:* produktives Gestalten planen
- ☐ …

Zusätzliche Tipps aus der Unterrichtspraxis:

▶ Berücksichtigen Sie die Interessenschwerpunkte von Kindern: Sie sprechen gerne über

- den Charakter von Figuren
- das Verhältnis der Figuren untereinander
- realkundliche Aspekte (immer im Vergleich zu heute bzw. zum Erfahrungshorizont der SuS)
- Textinhalte, die mit Beispielen aus der eigenen Welt verglichen werden können
- Themen mit der Möglichkeit zu einem persönlichen Bezug bzw. zur Identifikation (z. B. Campus, L. 36: der Streit zwischen Romulus und Remus, Thema: Streiten).

▶ Versuchen Sie die Arbeitsaufträge in kindlichem Sprachduktus zu formulieren, nicht nur bei einfachen Sachverhalten, sondern besonders bei komplexen. Dann heißt ein Arbeitsauftrag z. B. bei der Fabel »Der Fuchs und der Rabe«[24] etwa so: »Zeige, wie verschieden die Eigenschaften des Fuchses von denen des Raben sind. Wenn du meinst, der eine hätte einen schlechten Charakter, dann finde auch positive Seiten an ihm. Mache dasselbe auch für den anderen mit dem angeblich guten Charakter; finde auch negative Seiten an ihm.« Oder: »Darf der Rabe sauer sein, ist er im Recht?«

Fragen und Arbeitsaufträge müssen kleinschrittig und ausführlich formuliert, dennoch offen sein und verschiedene Meinungen zulassen.

▶ Stellen Sie sich vor, wie ein Grundschullehrer agiert! Wer mit Kindern, die – was ihre Interpretationsfähigkeit angeht – noch in sehr konkreten Mustern denken *und* fühlen, interpretiert, kann von der Grundschule lernen. Ihre Vermittlungswege sind in Methodik und Didaktik näher am Kind.

24 Zu Intra, L. 12, S. 94–95.

Frei nach Montessoris »Lass es mich selbst tun!« sind diese Wege:

konsequent kind- und altersgerecht - intrinsisch motivierend - Neugier weckend - spielerisch - konkret/anschaulich - untheoretisch - approximativ/sich annähernd - lebensnah - gemeinsam statt allein - kommunizierend erprobend - aktiv - produktiv - auf die Sinne bezogen - phantasievoll - bildhaft - haptisch u. a.

Diese Aspekte kindlichen Handelns können zu folgenden Operatoren führen:

Beispiele geben - Verwandtes finden - gemeinsam lesen - gemeinsam erkunden - probieren/experimentieren - erzählen - Geschichten ausdenken - malen/zeichnen - basteln - (in vielen Varianten) spielen - szenisch spielen - rätseln - singen - sich bewegen/tanzen - etwas in Bewegung setzen u. a.

5.2.5 Zwei Beispiele zu Analyse und Interpretation

Beispiel 1[25] Caesar bei den Piraten

Im Rhetorikunterricht muss Lucius eine Übungsrede halten. Er schlüpft in die Rolle Caesars, der auf dem Weg nach Rhodos von den Piraten gefangen genommen worden war. Lucius/Caesar spricht zu den Piraten:

»Navem, qua Rhodum in insulam ire studebam, oppressistis. Aliquot viros, quos maxime diligebam, necavistis. Me nunc vinculis tenetis. Vae, obses non sim! Num creditis vos me terrere? Nihil, quod est in omni orbe terrarum, timeo - neque pericula neque homines!

Viginti talenta poscitis pro me. Hercle! Minima est pecunia, quam poscitis! Vobis mea sponte quinquaginta talenta propono! Recte audivistis - quinquaginta talenta! Ego sum C. Iulius Caesar, deorum filius, cuius opes sunt magnae et cui fatum est orbem terrarum regere! Pater pretium, quod vobis proposui, solvet - vel oppida Asiae!

Mox pecuniam accipietis - sed cavete: Vos quibus nunc pecuniam promitto, saluti timere debetis: Vos superabo, poenam dabitis! Nemo vestrum, quorum captivus nunc sum, effugiet, cum liber ero!«

25 VIVA 2, L.19, S. 16.

Arbeitsaufträge zur Analyse:

1.1 »Ich« und »Ihr« stecken bei dieser Rede in vielen Prädikaten. Markiere sie im Text (nur in Hauptsätzen!) und notiere sie in der entsprechenden Spalte untereinander.

ICH	IHR
....	....

1.2 Gliedere mit Hilfe der Prädikate den Text und begründe deine Gliederung.

1.3 Zeige, dass in Lucius' Rede die Tempora eine wichtige Rolle für den Inhalt spielen.

Aufgaben zur Interpretation (Ziel: Charakter des Caesar)

2.1 Nehmen wir an: Lucius hat Caesar in dieser Situation korrekt beschrieben! Stimmt ab: Wer findet Caesar richtig gut, wer lehnt ihn ab?
Bildet dazu eine Pro- und eine Contra-Gruppe. Sprecht über die Gründe eurer Haltung.

2.2 Caesar beauftragt euch, sein Facebook-Profil zu entwerfen. Erstellt dieses Profil (mit Bild). Besonderen Wert legt er auf seine Außenwirkung, also auf seine vermeintlich positiven Eigenschaften.
(Auch möglich ist eine Aufgabe, die eine ganz andere Richtung der Interpretation einschlägt: Was würdet ihr von einem Schulfach »Rhetorik« halten? Sammelt dazu Gelegenheiten, wo es wichtig sein könnte, gut und klar strukturiert reden zu können.) → DLB

Beispiel 2[26] Junge ohne Zukunft

In aller Frühe gehen Sklavinnen und Sklaven auf dem Forum Boarium einkaufen. Sie eilen von Stand zu Stand, von Händler zu Händler. Plötzlich ertönt heftiges Geschrei.

Subito mercator clamat: »Eheu, puer furtum facit!«
Serva respondet: »Ita-ne vero furtum facit?« »Uvae non adsunt! Uvas non video!«
Puer parvus fugere temptat. Servus ei occurrit et tenet.
Tum servi disputant: »Decet-ne puerum dimittere an retinere et punire?«
Et profecto servi puerum dimittunt. Cur? Num est fur?
Servi servaeque rem cognoscunt: Puer vestimentum laceratum et sordidum habet, certe vitam miseram agit et esurit.

26 Lucius@roma.it, 6: Auszug aus Kapitel 1, S. 5–6.

Ecce! Subito servi humi pultem uvarum vident. Edepol, puer innocens est!
Servi: »O puer, ubi parentes sunt?«
»Discesserunt! Me deseruerunt!«
Servi perterriti tacent.
Tum: »Quod nomen tibi est?«
»Nullum est.«
Et lacrimae ex oculis fluunt.
Cito servi se avertunt. Et cibariis onerati domum redeunt.
Puer remanet, sitiens flensque.

Abb. 16: © Sibel Hündöl, Puer parvus

Arbeitsaufträge zur Analyse:

1.1 Unterstreiche alle Personen, die in der Erzählung vorkommen.

1.2 Was erfährst du über sie? Stelle lateinische Informationen zusammen, die dir Genaueres über die Personen verraten.

2 Fasse den Inhalt kurz zusammen.

Arbeitsaufträge zur Interpretation:

3.1 Wie findest du den *mercator,* die *serva,* den *puer parvus* und die Gruppe der Sklavinnen und Sklaven? Beschreibe ihren Charakter mit eigenen Worten.

3.2 Finde außerdem Gründe, warum die Personen so sind, wie du sie beschreibst. Sprich auch mit anderen darüber.

3.3 Spielt die beschriebene Szene.

4.1 In der Erzählung ist viel von Armut die Rede, alle Personen sind arm, aber auf verschiedene Weise. Worin unterscheidet sich ihre Armut?

4.2 Googelt das folgende Stichwort: *Armut Reichtum kinderleicht erklärt.* Lest auf S. 8 der Datei den Artikel: »Wer ist heutzutage arm?« Vergleicht arme Leute von früher mit Armen von heute.

4.3 Entwickelt eine Pyramide: Ordnet die Personen der Geschichte ein: die ärmste Person steht ganz oben, die am wenigsten arme ganz unten, die anderen dazwischen.

5 Ein anderes Thema der Geschichte betrifft die Frage, warum manche Personen so gemein handeln. Welche Person handelt am gemeinsten? Bildet ein Team und begründet eure Meinung.

6 Schreibt eine Fortsetzung der Geschichte: Wie könnte sich die Zukunft des namenlosen *puer* entwickeln? → DLB

Zusammenfassung:

Die Analyse von Originaltexten und die Analyse von Lehrbuchtexten unterscheiden sich nur in wenigen Punkten voneinander. Mit der Interpretation machen wir in der Unterstufe in der Hauptsache auf folgende Aspekte aufmerksam:

- auf die Charaktere der handelnden Personen
- auf Regeln (bzw. Personen, Sachen, Ereignisse, Zustände), die ihr Leben bestimmen
- auf Freundschaft bzw. Beziehungen unter den Personen
- auf das »Heute« im Vergleich zum »Früher«.

Verglichen werden zunächst die Fakten (was gab es früher [nicht], was gibt es heute [nicht]), der Umgang der Menschen miteinander in verschiedenen Epochen, das Leben in der alten und der heutigen Gesellschaft und andere vergleichende Aspekte, die die SuS verstehen und aus ihrer Erfahrung heraus beurteilen können.

5.3 Übergangslektüre

Abb. 17: Brücke, laufende Kinder

Mit der Übergangslektüre beschreiten die SuS
die **BRÜCKE** vom Lehrbuch zum Originaltext

Wegweiser durch dieses Kapitel:

5.3.1 Anregungen zum Übergang
5.3.2 Texte des Übergangs und wo sie zu finden sind
5.3.3 Vorbereitungen
5.3.4 Beispiele
5.4 Literatur

Das Lehrbuch ist beendet, man könnte meinen, die SuS erwarten, besser: hoffen auf eine neue Phase des Lateinunterrichts, in der es weniger Grammatik, mehr Inhalt, weniger Übungen, mehr Lesen gibt. Die Lust auf etwas Neues bietet Chancen, Brücken bieten Chancen.

Doch die Realität sieht anders aus: Die Zeit zwischen der Spracherwerbsphase und der Lektürephase ist, wie wir alle wissen, keine ganz einfache Zeit. Hier verlieren wir viele SuS, ihr Interesse am Fach Latein verflüchtigt sich. Die Gründe wollen wir hier nicht untersuchen, sie liegen nicht nur in der Sprache und der Art ihrer Vermittlung, sondern an vielen persönlichen und außerschulischen, gesellschaftlichen Faktoren, dass z. B. Schule und Unterricht nicht mehr die zentrale Bedeutung für ihr Leben haben. Andere Aspekte des Lebens beherrschen ihr Denken.

Dennoch gibt es Möglichkeiten, den SuS den Übergang zu erleichtern und damit zu verhindern, dass sie dem Fach Latein den Rücken kehren. Weil uns gerade diese SuS wichtig sind, regen wir an, einige Stellschrauben des Sprachunterrichts ein wenig anders zu justieren.

5.3.1 Anregungen zum Übergang

Wir Lehrende befinden uns in dieser Phase des Lateinunterrichts in einem Spagat zwischen den Grammatika, die in den letzten Lektionen vermittelt werden müssen, und der Tatsache, dass genau diese Lektionen in sehr anspruchsvolle, nicht immer thematisch motivierende Texte verpackt sind. Die Themen sind weit entfernt von den Lebenswelten der SuS und interessieren sie mit Sicherheit sehr wenig. Machen Sie bei Ihrem Lehrbuch die Probe auf das Exempel. Daher ist diese Forderung auf jeden Fall zu bedenken: Man sollte auf die letzten Lektionen eines Lehrbuchs verzichten.

Vorschläge zum Übergang vom Lehrbuch zum Originaltext (Mittelstufe)

▶ ***Ende des Lehrbuchs***

- das Lehrbuch *nicht* erst mit der letzten Lektion beenden (kein grammatischer Holismus!), sondern *deutlich* früher[27]
- dem Inhalt der letzten Lehrbuchtexte einen hohen Stellenwert einräumen
- bereits in der Lehrbuchphase kursorisches Lesen einüben und zwischen sta-

27 In der Praxis hat es sich bewährt, das Lehrbuch im Dienst des Spracherwerbs spätestens mit dem Erlernen der nd-Formen zu beenden. Was dann noch erarbeitet werden muss, kann deduktiv lektürebegleitend behandelt werden; oder das Verständnis für das entsprechende grammatische Phänomen kann sich auch durch die Anwendung innerhalb eines fortlaufenden Kontextes von alleine, d. h. ohne Thematisierung ergeben.

tarischer und kursorischer Lektüre abwechseln (damit beschleunigen wir das Lesetempo und geben manchen Geschichten wieder die Spannung, die durch statarische Lektüre verloren geht)

- die Fähigkeit schulen, einen leichten Text intuitiv oder mit wenigen Impulsen zu verstehen, ohne zu übersetzen
- Interpretationstechniken einüben

► ***Beginn der Übergangslektüre***

- den SuS durch zügiges Lesen Routinebildung ermöglichen
- Einzeltexte oder größere Textpassagen interpretieren, textimmanent und lebensweltbezogen
- das Gespräch über Texte als integrativen Bestandteil der Textarbeit etablieren
- die Aspekte des Lateinunterrichts umsetzen, die Sie in den Kap. 6–8 nachlesen können: ethisch zu argumentieren (6), Text und Bild miteinander zu verbinden (7) und Texte kreativ weiterzuentwickeln (8).

Um die vorgestellten Überlegungen zu realisieren, müssen die Texte ihrerseits gewisse Anforderungen erfüllen:

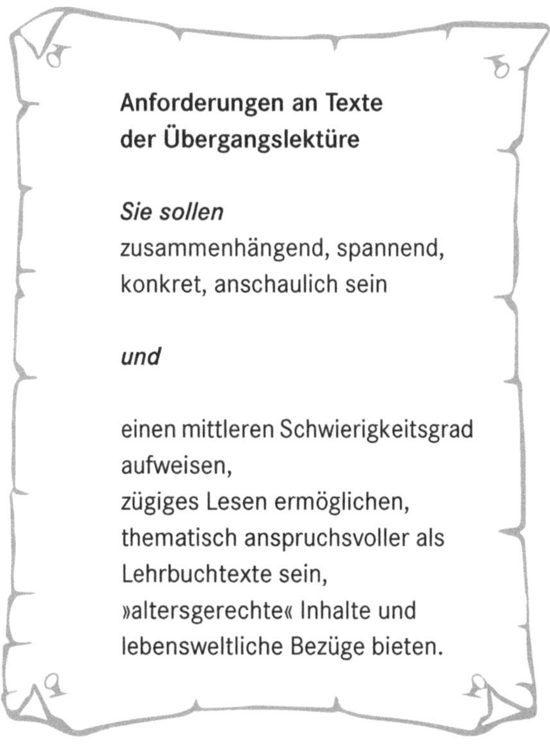

5.3.2 Texte des Übergangs und wo sie zu finden sind

Für die Übergangslektüre nutzen deren Herausgeber zwei methodische Ansätze:

a) sie verwenden klassische Originaltexte, die sie durch Kürzung, Adaption und reichhaltige Zusatzangaben an das Leistungsniveau der Mittelstufe anpassen,[28]
b) oder sie nehmen Texte aus dem Mittelalter oder der Neuzeit, die eine längere, gut lesbare und spannende Geschichte erzählen.[29] Die Sprache dieser Texte wird oft an das klassische Latein angepasst, so wie es im Lehrbuch gelehrt wird.

Fundorte:

► *Fundort 1:* Die Schlusskapitel des entsprechenden Lehrbuchs

Diese Kapitel sind in der Regel als einzelne Übergangslektionen konzipiert, die oft wegen ihrer sprachlichen und inhaltlichen Komplexität nicht leicht zu verstehen sind. Die Gründe liegen in den Themen, die historische Ereignisse aufgreifen oder sich mit der Verbreitung des Christentums beschäftigen.

Vorteile des Fundorts: Die SuS sind mit dem Vokabular vertraut, sie bewegen sich auf bekanntem Terrain, die Texte ermöglichen eine thematisch orientierte Lektüre.[30]

Nachteile: Ein neues Leseheft könnte ein deutlicheres Signal zu einem anderen Lateinunterricht sein als ein Buch, das die SuS schon seit Jahren in den Händen halten (neues Buch = Motivationsschub). Die letzten Lektionen erzählen in der Regel keine durchgehende Geschichte. Die Sprache ist wesentlich komplexer als gemeinhin in Lehrbüchern üblich.

► *Fundort 2:* Lehrbuchbegleitende Lesehefte

Es gibt die Möglichkeit, bereits parallel zur Spracherwerbsphase mit den SuS eine fortlaufende Geschichte zu lesen. Die Geschichten sind genau auf die Grammatik des Lehrbuchs abgestimmt oder geben entweder an, welche grammatischen Kenntnisse bereits vorhanden sein müssen, um den entsprechenden

28 z. B. clara 2 (Einstieg in die römische Philosophie), Vandenhoeck & Ruprecht/Vom Vesuvausbruch des Jahres 79 n. Chr. (Kölner Arbeitskreis), Diesterweg.

29 TRANSIT Heft 5, Der Dieb auf dem Mondstrahl, C.C.Buchner.

30 Im Lehrbuch *Intra* z. B. finden sich für die Interpretation aller Texte zwei Aufgabenkomplexe: für Textspürnasen und für Textexperten. Die Textspürnasen ordnen bzw. reproduzieren den Text und beobachten sprachliche Erscheinungen (Analyse); die Textexperten nutzen diese zu Bewertung und Perspektivenwechsel (textüberschreitende Interpretation).

Text zu lesen, oder nennen Phänomene, die im Text besonders geübt werden können[31]. Ein erhöhtes Lesetempo ist möglich.

Vorteile: Die SuS können durch besonders frühes Lesen die Sprache in ihrer eigentlichen Funktion erleben; die SuS sind mit Grammatik und Vokabular vertraut; die Geschichten sind spannender als die des Lehrbuchs.

Nachteile: Das Lesen der Geschichte wird immer wieder unterbrochen, weil auch der Spracherwerb weitergehen muss. Der Zusammenhang und damit die Spannung können verloren gehen, Lehrbuch und Leseheft zusammen genommen kosten viel Zeit.

▶ *Fundort 3:* Lesehefte speziell in Brückenfunktion
Leichte, auch adaptierte Texte hauptsächlich aus Mittelalter und Neuzeit ermöglichen ein zügiges Lesetempo[32]. Viele Übergangsreihen schließen direkt an ein bestimmtes Lehrwerk an, sie sind auf das Vokabular und die Grammatik dieser Lehrbücher abgestimmt. Die lateinischen Texte sind oft kolometrisch, also visualisiert gesetzt.

Vorteile: Die Themen orientieren sich einerseits an der Lebenswelt der SuS, andererseits stellen sie große Persönlichkeiten oder denkwürdige Texte aus der Geschichte dar, es gibt Aufgaben zur Texterschließung und Interpretation, bei Zeitknappheit kann gekürzt werden.

Nachteile: Die Texte sind nicht immer leicht zu lesen, man benötigt relativ oft eine genaue Satzanalyse, kursorisches Lesen ist schwierig.

▶ *Fundort 4:* Textsammlungen (Anthologien) zur Übergangslektüre[33]
Reine Textsammlungen mit Texten, die den Verfassern des Buches leicht bzw. geeignet erscheinen, gehören eher der Vergangenheit an. Moderne Anthologien bieten Texte an, die unter thematischen Aspekten stehen. Die Texte suchen explizit den Anschluss an die Lebenswelt der Jugendlichen. Anschluss an die Lebenswelten bedeutet aber immer, ethischen Fragestellungen nachzugehen. Themen sind z. B.: Wie stelle ich mir Glück vor? Anpassung/Abgrenzung? Eltern: Bindung oder Ablösung?

Zusammenfassung:

Für die Übergangslektüre bleiben uns Lehrenden zwei Optionen: entweder wählen wir eine zusammenhängende, gut lesbare Geschichte, die spannend ist

31 Zu den Lehrbüchern Prima nova, Felix neu und Campus gibt es Lesehefte.
32 z. B. Reihe clara (Vandenhoeck & Ruprecht), Reihe Transit (C.C. Buchner).
33 Buchners Übergangslektüre, Heft 1 und 2.

und *per se* Motivation schafft. Oder wir stützen uns auf adaptierte Texte aus Antike und Mittelalter, die thematisch ein wichtiges Anliegen der Jugendlichen aufgreifen und die SuS in die Lage versetzen, die Meinungen anderer mit den eigenen zu vergleichen.

5.3.3 Vorbereitungen

Die Arbeitsschritte zur Vorbereitung, zu Analyse und Interpretation sind identisch mit denen für die Lektüre von Lektionstexten. Sie beziehen sich aber in der Mittelstufe auf längere Texte, auf größere Zusammenhänge und auf komplexere Fragen, die ein etwas höheres (mittleres) Abstraktionsvermögen voraussetzen. Die SuS erlernen Grundzüge ethischen Argumentierens.

5.3.4 Zwei Beispiele für Analyse und Interpretation in der Übergangslektüre

Beispiel 1[34]: Hier stinkt es gewaltig oder: Die Rittersfrau und die Jauchegrube

Heinrich von Wida war ein reicher Ritter, mächtig und berühmt, ein hoher Beamter Heinrichs, des Herzogs von Sachsen. Bis heute noch gibt es einige Leute, die jenen kannten und sich an die Geschichte erinnern, die ich, der Mönch Caesarius, erzählen will.

(Henricus miles) habebat uxorem nobilem ac amatam. Die quadam, cum sermo inter eos haberetur de culpa Evae, coepit illa, ut mos est mulieribus, eidem maledicere et de inconstantia iudicare animi, quod pro parvo pomo gulae suae satisfaciens tantis poenis ac miseriis omne genus humanum subdidisset. Ei maritus respondit: »Noli illam iudicare! Tu forte in tali tentatione simile fecisses. Ego volo tibi aliquid praecipere, quod minus est, et minime poteris custodire illud.« Respondit illa: »Quod est hoc mandatum?«Ait miles: »Ut die illa, qua balneata fueris, paludem curiae nostrae *non* ingrediaris nudibus pedibus. Aliis diebus, si libet, intres.« Erat enim aqua putens et fimosa, ex totius curiae sordibus collecta. [Illa subridente] subiunxit Henricus: »Volo, ut poenam addamus. Si tu fueris oboediens, quadraginta marcas argenti a me recipies. Sin autem, totidem mihi solves.« Et bene placuit ei. Ille vero [muliere ignorante] secretos custodes paludi adhibuit.

34 Caesarius von Heisterbach, Dialogi miraculorum 4,76. In: Schulz, Hermann, Mittellateinisches Lesebuch, Paderborn 1965, 46–47 (Text leicht gekürzt und leicht verändert).

Mira res! Ab illa hora matrona tam honesta et tam verecunda numquam per curiam transire poterat, nisi ad paludem praedictam respiceret.
Et quotiens balneabatur, totiens graviter de eadem palude tentabatur.
Die quadam exiens de balneo dixit ancillae suae: »Nisi ingressa fuero paludem illam, moriar.«
Statim succingens se, cum circumspexisset et neminem videret, [separata comitante ancilla] aquam foetidam usque ad genua intravit et huc illucque ambulando bene voluptati suae satisfecit.
Quod statim nuntiatum est marito eius. Ille gaudens ait: »Quid est, domina? Fuistisne hodie bene balneata?« Ad quod verbum confuse tacuit sciens suum excessum non latere.
Tunc ille: »Ubi est constantia vestra, oboedientia vestra, iactantia vestra? Evā vilius tentata fuistis, tepidius restitistis, turpius cecidistis. Reddite ergo, quod debetis.« Et cum illa non haberet, quod solveret, (miles) omnia vestimenta eius pretiosa tulit et per diversas personas distribuit sinens eam per aliquod tempus bene torqueri.

Aufgaben zur Analyse:
1 Wo ist der Text eine Erzählung, wo sprechen die Personen miteinander? Nenne die entsprechenden Zeilen und gliedere danach den Text.
2.1 Schildere die Wette mit eigenen Worten und zitiere entsprechende lateinische Wendungen.
2.2 Stelle ein für diese Wette aussagekräftiges Vokabular zusammen. Ordne die Begriffe nach eigener Vorstellung.
3 Vergleiche Eva mit der Rittersfrau. Vergleichspunkte sollen sein: die Schuld beider Frauen und die Folgen ihrer Tat.

Aufgaben zur Interpretation:
4.1 Charakterisiert gemeinsam a) den Ritter, b) seine Ehefrau.

Der Ritter ist:	Die Rittersfrau ist: ....
....	....

4.2 Beschreibt das Verhältnis der Eheleute untereinander und wagt eine Bewertung: Wer hat in dieser Ehe »die Hosen an«?
5.1 Warum handelt die Frau so? Überlegt euch Gründe für ihr Handeln.
5.2 **In Stillarbeit:** Jeder Mensch verstößt irgendwann gegen ein Gebot/Verbot. Wogegen hast du schon einmal verstoßen und warum hast du das getan?

5.3 In einem Blog zum Thema: Warum reizt Verbotenes? schreibt ein Blogger: *Weil es eine Grenze darstellt; Grenzen sind dazu da, überwunden zu werden. Dazu kommt, dass wir wissen, dass manches Verbotene Spaß macht, also nehmen wir an, dass alles Spaß macht, was verboten ist. Außerdem wollen wir doch mal sehen, wer da denn wem was zu verbieten hat.*
Der Blogger gibt drei Gründe dafür an, warum man etwas Verbotenes tut. Wendet diese Gründe auf die Rittersfrau an. → DLB

Beispiel 2[35] ***Iter subterraneum***
Der Text ist einer längeren Erzählung entnommen. Sie berichtet von der abenteuerlichen Reise des Studenten Niels Klim, der nach Abschluss seines Studiums eine Wanderung durch die Berge Norwegens unternimmt und dabei in eine tiefe Erdspalte stürzt. Nach einem sehr langen »Flug« in die Tiefe wacht er in einer völlig fremden Welt wieder auf. Was Niels dort erlebte, schrieb der dänische Gelehrte Ludvig Holberg auf. Als die Geschichte im Jahr 1741 erschien, empörten sich viele Mitglieder des Adels über sie.

Kap. 1: Erste Begegnung mit den Unterirdischen
Cum mugiens taurus recta adtenderet, trepidus fugam circumspiciebam ac in ista trepidatione arborem haud procul stantem conspicatus eandem scandere conabar.
Sed cum in eo essem, vocem illa edidit teneram, sed acutam et talem, qualis solet esse iracundiae mulieris, moxque quasi palma excussissima colaphus mihi tanta vi inflictus est, ut vertigine correptus in terram caderem.
Postquam oculos aperiebam, conspicabar totam circa me silvam animatam campumque arboribus arbusculisque obsitum [esse].
Sed tempus mihi non datum est automata haec eorundemque causas excutiendi; nam advolans alia arbor ramum demittit, cuius extremitas sex gemmis – tamquam totidem digitis – munita erat. His iacentem me sustulit ac vociferantem abstraxit [comitantibus innumeris diversi generis diversaeque magnitudinis arboribus, quae sonos ac murmura edebant], articulata quidem, sed auribus meis peregrina, adeo ut nihil praeter verba haec PIKEL EMI[36], cum saepius eadem verba iterata fuissent, retinere memoria potuerim.

---

35 Reihe clara, Heft 4: Ludvig Holberg, Nicolai Klimii: iter subterraneum, Göttingen 2001. Dem lateinischen Text sind zahlreiche Wortangaben und andere Erläuterungen beigefügt. Kap. 1 ist in der Textausgabe Kap. 4, Kap. 2 in der Textausgabe Kap. 5.

36 Später wird im Text erklärt, was mit dem Ausdruck PIKEL EMI gemeint ist: ein »Affe von ungewöhnlicher Gestalt«.

Kap. 2: Ein merkwürdiger Prozess

Voces et murmura, quibus undique personabant campi, iram et indignationem quandam indicabant, et sane non sine gravi causa iram in me conceperant. Arbor enim, quam taurum fugiens scandere volebam, uxor erat Praetoris, qui in proxima civitate ius dicebat.

Tandem ad civitatem, quo captivus ducebar, ventum est. Introductus in curiam aureo ibi sedili - tamquam tribunali sublimem - vidi arborem cum bis senis assessoribus, qui a dextra et sinistra ordine concinno assidebant. Praeses palam erat mediocris staturae, sed inter ceteros iudices ob foliorum varietatem, quae diversis coloribus erant tincta, notabilis.

Ante cancellos ego sistor inter duas medius arbores, quarum trunci pelle ovina erant obducti.

Credebam eas esse advocatos, et re vera tales erant. Mox actor brevem habuit orationem, quam ter repetivit, responditque pari brevitate rei defensor.

Actiones eorum subsecutum est semihorae silentium. Tunc exsurgit Praeses sublatisque ad sidera ramis verba quaedam decenter enuntiavit, quibus sententiam meam contineri iudicabam.

Nam [finito sermone] dimissus ad vetus ergastulum reducor.

Aufgaben zur Analyse zu Kap. 1 (Kapitel 1 ist übersetzt, Kap. 2 noch nicht)

1.1 Unterstreiche im Text alle Hauptsatzprädikate und ordne sie in die Tabelle ein.

Ich	Baum

1.2 Baum ≠ Baum: Beschreibe Baum 1 (vermutetes Geschlecht, Charakter), ebenso Baum 2 (vermutetes Geschlecht, Stellung).

1.3 Schätze, wie viele Bäume im Text erwähnt werden - und überlege, was die Anzahl der Bäume für Niels bedeuten könnte.

2.1 Vor Jahren gab es einen Song mit dem Titel *Mein Freund, der Baum.* Könnte Niels dem Titel zustimmen? Wenn ja, warum? Wenn nein, warum nicht?

2.2 Stelle lateinische Wendungen zusammen, die die Stimmung zwischen Niels und den Bäumen ausdrücken.

2.3 Schließe von der Stimmung auf Niels' zukünftiges Schicksal: Was für ein Los könnte ihn erwarten?

Analyseaufgaben zu Kap. 2 (Kapitel ist jetzt übersetzt)

3.1 Wie geht es für Niels tatsächlich weiter? Wähle drei Prädikate aus, durch die du dazu Informationen erhältst; schildere sein Schicksal.

3.2 Vergleiche die in 2.2 beschriebene Stimmung mit der, die in Kap. 1 zu erkennen ist. Was verändert sich?

Aufgaben zur Interpretation beider Kapitel:

4 Für welche Tat Niels angeklagt und zu welcher Strafe er verurteilt wird, wird nicht gesagt; Gelegenheit für euch, dazu Überlegungen anzustellen.

a) Was hat Niels »verbrochen«, so dass Anklage erhoben wird?

b) Welche Strafe wird verhängt?

5.1 Wenn Bäume für Menschen stehen: In welcher Staatsform leben diese Menschen? Nach welchen Grundsätzen sprechen sie Recht? Beantwortet diese Frage mit Belegen aus dem Text.

5.2 In der Zeit, in der diese Geschichte verfasst wurde, herrschte in Dänemark ein absolutistischer Monarch, Christian VI. Seine Herrschaft war von engstirniger, übertriebener Frömmigkeit gekennzeichnet.

Bildet Kleingruppen und diskutiert untereinander folgende Frage: Was ist im Baumstaat besser als in Dänemark? Stellt verschlüsselte Vorwürfe des Autors gegen die Regierung seines Heimatlandes zusammen. → DLB

Fazit:

Im Unterschied zu Lehrbuchtexten sind die Texte des Übergangs länger und verlangen von den SuS, den Überblick zu behalten. Die Texte betreffen komplexere Sachverhalte, so dass die Arbeitsschritte der Analyse anspruchsvoller werden. Auch die Interpretation steigt auf ein anderes Anforderungsniveau, sie muss konsequent Fremdes mit Bekanntem kombinieren, um die Vorstellungskraft der SuS zu aktivieren. Die Frage, wie der Lehrer zwischen Texten, die lange vor der Zeit der Jugendlichen entstanden sind, und heutigen Jugendlichen eine lebendige Beziehung herstellen kann, muss in jedem Text neu beantwortet werden.

5.4 Literatur

AU 4+5/1993: »Wege zum Textverstehen«, darin: Heilmann, W., Interpretation im Rahmen eines lateinischen Literaturunterrichts/Barié, P., Von der Textparaphrase zur Interpretation/Nickel, R., Vergleichendes Interpretieren.

AU 2/2011: »Interpretation von Lehrbuchtexten«, darin: Hensel. A., Basisartikel: Der Aufbau von Interpretationskompetenz in der Lehrbuchphase, 2–13/Doepner, Th., Ein toller Text - und trotzdem nach Stilmitteln suchen?, 24–31/Göttsching, V., Ethik für kids, 32–39.

AU 5/2014: »Textinterpretation«.

Göttsching, V., LUCIUS@roma.it, Erzählung für Kinder in lateinischer Sprache, Freiburg 2011.

Keip, M./Doepner, Th., Interaktive Fachdidaktik Latein, Göttingen 2010, 113–145.

Kohlberg, L., Die Psychologie der Moralentwicklung, Frankfurt 1997.

Maier, F., Lateinunterricht zwischen Tradition und Fortschritt, Band 2, Bamberg 1993, 131–135.

Munding, H., Antike Texte - aktuelle Probleme, Existentieller Transfer im altsprachlichen Unterricht, Auxilia 12, Bamberg 1985, 3–25.

Oertel, H.-L., Kursorische Lektüre, Formen, Methoden, Beispiele, Auxilia 57, Bamberg 2006.

Oswald, R. (et al.), Texterschließung[37], Wien 2011.

Spinner, K., Interpretieren im Deutschunterricht, in: Kreativer Deutschunterricht, Identität, Imagination, Kognition, Seelze 2001.

37 »Texterschließung« meint in diesem österreichischen Werk alle Vorgänge innerhalb der Textanalyse.

6 Ethisch argumentieren

Wegweiser durch dieses Kapitel:

6.1 Ethische Themen und lateinische Texte
6.2 Das »ethische« Gespräch
6.3 Wege ethischen Argumentierens
6.4 Methodisches Werkzeug
6.5 Beispiele
6.6 Literatur

6.1 Ethische Themen und lateinische Texte

Mit den Kapiteln 6, 7 und 8 stoßen wir zum Kern der (textüberschreitenden) Interpretation vor. Die Inhalte dieser Kapitel als »Sahnehäubchen der Interpretation« zu bezeichnen, hieße, ihre Bedeutung zu verharmlosen. Ein Sahnehäubchen in der Bäckerei ist schließlich nur eine Ergänzung, ein dekoratives Element, mehr nicht.

Keine Interpretation kann nur dekorativer Schnörkel sein, wenn sie Werte, Lebensumstände oder Haltungen von heute mit entsprechenden Aussagen vergleicht, die antiken Textaussagen zu entnehmen sind.

Keine Interpretation kann ohne Bilder auskommen, sei es, dass sie im Kopf des Interpreten entstehen, sei es, dass die Textaussage durch Bilder verdeutlicht, verändert oder kontrastiert wird.

Keine Interpretation kann allein mit der kognitiven Aufnahme eines Textes enden, im Gegenteil: der Text setzt ganz von alleine Anreize, ihn zusätzlich mit Händen, Stimme, Augen, Ohren auf eine andere Weise anzugehen und für sich nutzbar zu machen.

Schlagen Sie ein beliebiges Ethik-Lehrbuch auf und Sie werden bemerken: Fast jedes Thema der Ethik können Sie einem lateinischen Text zuordnen. Und umgekehrt: viele lateinische Texte bieten Bezüge zu Ethik und Philosophie. Folgendes kann man konstatieren: Die Fragen *Quid ad nos? Quid ad me?* sind durch und durch ethische Fragestellungen. Sie führen kreuz und quer durch die Welt der Moral(-philosophie). Wir betrachten dabei Ethik weniger als wissenschaftliche Teildisziplin der Philosophie, sondern eher als Lebenspraxis des guten Handelns.

Als Lateinlehrer tun wir also gut daran, stets eine Auswahl an Ethikbüchern aller Klassenstufen zur Hand zu haben. Sie geben wertvolle Tipps sowohl zum Inhalt als auch zur Methodik und stellen darüber hinaus Bildmaterial und Zweittexte aus allen Epochen bereit. Wer sich auf die didaktische Konzeption, die Zielsetzung und die Methodik des Ethikunterrichts einlässt, erhält zahlreiche Anregungen, die dem Interpretieren lateinischer Texte zugute kommen. Und die eigene Erfahrung lässt uns noch weiter gehen: Durch die Beschäftigung mit Inhalten und Verfahren des Ethikunterrichts wird unser Lateinunterricht offener und aktueller, weil durch die ethische Dimension der junge Mensch noch mehr in das Zentrum des Diskurses gestellt und so das Postulat der Schülerorientierung umgesetzt wird:

»Ein philosophisch ausgerichteter Ethikunterricht unterscheidet sich von anderen Fächern vor allem durch den besonderen Standpunkt, von dem aus er die Wirklichkeit betrachtet. Es ist im Wesentlichen der Standpunkt des menschlichen Selbstverständnisses, der individuellen Wahrnehmung, der unser moralisches Handeln bestimmt. Eigenes und Fremdes wird durch das Auge der ersten Person gesehen, die sich in ihren Handlungen selbst wahrnimmt und dadurch moralisches Bewusstsein erlangt«.[1]

Praktisch jedes lateinische Lehrbuch beginnt mit Themen des römischen Alltags, mit der *familia,* zu der ja nicht nur die eigentlichen Familienmitglieder, sondern auch Sklaven und Sklavinnen zählen. Nicht, dass wir hier die Forderung erheben, man möge im Lateinunterricht das Familienleben früher und heute, die soziale Schichtung früher und heute oder gar das Menschenbild von früher und heute ab der ersten Lateinstunde ethisch aufbereiten! Aber es soll aufgezeigt werden, dass in konkreten und vergleichsweise schlichten Inhalten ethisches Potential steckt und man banalen Familiengeschichten – wenn sich die Gelegenheit ergibt – durch einen rasch vollzogenen Vergleich mit dem *heute* eine ethische Dimension geben und so die Lebenswelt der jungen Leute berühren kann.

1 Pfeifer (2003), 9.

Im Folgenden führen wir konkret Themen des Ethikunterrichts und einige den Themen entsprechende lateinische Texte zusammen. Die Auswahl, die wir getroffen haben, können Sie selbst aus Ihrem Erfahrungsbereich ergänzen.

Unterstufe und *beginnende Mittelstufe*

Die Themen, die in Ethikbüchern für SuS dieses Alters zu finden sind, sind sehr nahe an deren Lebenswelten angesiedelt, besonders an Fragen, die den Prozess des Erwachsenwerdens begleiten.

▶ Der Mensch in der Gemeinschaft (Ich und die anderen)
Zum Thema passen alle Texte, die rund um die römische Familie erzählt werden. Lernziel: Welchen Stellenwert haben die einzelnen Mitglieder innerhalb der *familia* bzw. innerhalb der heutigen Familie? Was (welche Erlebnisse, welche Familienmitglieder) prägt Kinder und Jugendliche, früher und heute?
Mögliche Texte:

- Unterstufe: VIVA, L. 1–3, S. 12–34/Pontes, L. 1–4, S. 12–34
- Mittelstufe: Joseph und seine Brüder; dort: familiäre Beziehungen

▶ Der Umgang mit Konflikten
Bei Texten, die Streit, Gewalt und Konfliktsituationen thematisieren, können Wege der Streitvermeidung oder Streitschlichtung gesucht werden: Lernziel: Wie könnte man, statt zu streiten, sich eher mit Argumenten durchsetzen?
Mögliche Texte:

- Unterstufe: Geschichte von Romulus und Remus (VIVA, L. 11, S. 70/Intra, L. 23, S. 186–187/Lumina nova, L. 12, S. 76–77/Pontes L. 13, S. 97)
- Mittelstufe (Phaedrus I, 5)

▶ Was ist gut, was böse?
Texte mit dieser Fragestellung verlangen von den SuS, dass sie sich ein Urteil bilden und begründet argumentieren. Sie treten in eine ethische Kommunikation ein. Auch der Aspekt: *audiatur et altera pars*! ist wichtig.
Lernziel: Was bringt gutes Handeln hervor? Was verhindert, dass ein Mensch gut handelt? Was bedeutet überhaupt: gut handeln?
Mögliche Texte:

- Unterstufe: Fuchs und Rabe (Intra, L. 2, S. 16)/Tantalus (Lumina nova, L. 8, S. 52–53)
- Mittelstufe: Joseph und seine Brüder, dort: die Frau des Putiphar

▶ Was ist Glück?
Glück bedeutet für jeden Menschen etwas anderes. Das, was im lateinischen Text als Glück beschrieben wird, kann u. U. für die SuS nichts mit ihren Vorstellungen von Glück zu tun haben.
Lernziel: eigene Glücksvorstellungen bewerten, eventuell modifizieren
Mögliche Texte:
- Unterstufe: Orpheus und Eurydike (Lumina, L. 7, S. 50)/Ein glückliches Ende? (Prima nova, L. 21, S. 101/L. 23, S. 113)/Dionysius (Cursus, L. 36, S. 167)
- Mittelstufe: Philemon und Baucis (Ovid, Met.,8,611–724)/Cicero, de finibus 1,29–33 [in adaptierter Form]

Mittel- und Oberstufe

In diesen Klassenstufen behandelt der Ethikunterricht Themen, die – von konkreten Situationen ausgehend – das Allgemeingültige und das Exemplarische in ihnen aufspüren. Folgende Verbindungen zwischen Latein und Ethik können hergestellt werden:

▶ Philosophische Ansätze zur Begründung von Ethik
Nichts liegt näher, als in lateinischen Texten den Anfängen des Denkens nachzugehen und verstehen zu lernen, wie diese die europäischen Werte und Normen überhaupt ermöglicht haben.
Mögliche Texte zu verschiedenen philosophischen Richtungen:
- zu Sokrates: Cicero, Tusc. disp., 5,10 f./Acad. post., 1,15 f.
- zu Aristoteles: Cicero, Tusc. disp., 1,22 f.
- zur Stoa: Seneca, ep. 53; 16; 20; 89
- zu Epikur: Lukrez, de rerum natura 2,1–161; 3,1–30/Cicero, Tusc. disp., 3, 29–33; 37 f.

▶ Recht und Gesetz/Gerechtigkeit
Die SuS lernen das römische Recht als Grundlage der europäischen Rechtsordnung und die ihm zugrundeliegenden ethischen Rechtsprinzipien kennen. Gerechtigkeit wird als Richtschnur des individuellen und gemeinschaftlichen Zusammenlebens begriffen.
Mögliche Texte zu Recht und Gesetz:
- Leges XII tabularum
- Gaius, institutiones
- corpus iuris civilis, Codex Iustitianus

Zur Gerechtigkeit:
- Cic, de rep. III, 9;11;37
- Livius, Ständekämpfe

► *humanitas* und *virtus*
In einem ethischen Kontext ist *virtus* ein moralischer Wert (im Gegensatz zur Bedeutung »gute Eigenschaft« in einem allgemeinen Kontext). Tugend in ethischem Sinn beweist ein Mensch, wenn er nach sittlichen Maßstäben lebt und das Gute anstrebt. Mögliche Texte:
- *humanitas:* Seneca, ep. 47
- Freundschaft: Cicero, Laelius de amicitia, 6,20; 27,100
- Unbeherrschtheit: Seneca, de ira 3,13; 9,75
- Kardinaltugenden: Cicero, de off. *(pass.)*

Was wir an Themen und Texten einander zugeordnet haben, macht nur einen Bruchteil der vielfältigen Bezüge aus, bei denen die Antike Wegbereiter für die Gegenwart sein kann.

6.2 Das »ethische« Gespräch

»Die Unordnung der menschlichen Verhältnisse, die durch die methodische Unordnung in unseren Reden hervorgerufen wird, ist immer noch unbestreitbar gewaltig.« (F. Kambartel)

Das Gespräch ist das »Leitmedium des Ethikunterrichts«[2]. Es liegt auf der Hand, dass diese Feststellung auch für die ethisch-argumentierende Interpretation eines lateinischen Textes gilt. Aber solch ein Gespräch ist kein gradliniges Sprechen über Fakten oder Alltägliches, sondern es ist ein Gespräch, das menschliche (Inter-)Aktionen – eigene und die anderer Menschen – beobachtet und hinterfragt: Welche Haltungen und Vorstellungen stecken hinter den Handlungen? Was veranlasst Menschen, so zu handeln, wie sie es tun, sich so zu äußern, wie sie es tun? Da prallt im Unterrichtsgespräch oft genug Meinung auf Meinung, Argument auf Argument. Die Gesprächsteilnehmer beschreiben, bewerten, begründen, meinen, behaupten, spitzen zu, verlieren den roten Faden – manches geht durcheinander und ein »Stopp, langsam!« ist angebracht.

2 Pfeifer (2003), 91.

Ein ethisches Gespräch zu führen ist nicht so einfach, wie man vielleicht annimmt. Für ein echtes Gespräch muss man z. B. voraussetzen können, dass die Gesprächsteilnehmer miteinander zur Sache ins Gespräch kommen *wollen*. Gegenseitige Wertschätzung und ein gewisses Vertrauen sind Basis solcher Gespräche. Man muss einander zuhören können, einander aussprechen lassen, seine Emotionen zügeln. Ich-Botschaften im Sinne einer Selbstoffenbarung sind wichtiger als eventuell missverständliche Du-Botschaften oder gar Appelle. Argumente, die ein Teilnehmer vorträgt, müssen von jedem rational nachvollzogen, nicht unbedingt gebilligt werden können. Begründungen müssen geliefert werden, Beispiele helfen beim Verstehen von Positionen.

Was wir als Anforderungen an ein gelingendes Gespräch beschreiben, ist Gegenstand der Kommunikationswissenschaft, einer Forschungsdisziplin im Bereich der Sozialwissenschaften, die sich mit Vorgängen der menschlichen Verständigung befasst. Ihre Vertreter, besonders Paul Helwig und Friedemann Schulz von Thun, haben Modelle des Kommunizierens entwickelt, wie z. B. das »Wertequadrat« oder »Die vier Seiten einer Nachricht«, Methoden, die auch für das Interpretieren von Texten bedeutend und im Unterricht zur Klärung von Positionen sehr hilfreich sind. Davon mehr unter 6.4 (S. 154–159).

Dem Lenker/der Lenkerin des Gesprächs kommt schließlich in diesem Prozess eine wichtige Rolle zu. Er/sie »schält« aus den Meinungen der Teilnehmer heraus, was eine ethische Begründung enthält und was nicht. Dazu benötigt er/sie selbst einen Fundus an ethischen Begründungsansätzen bzw. Denkstrukturen.

6.3 Begründungsansätze ethischen Argumentierens

Um die moralische Urteilsfähigkeit der SuS methodisch zu unterstützen, sollten die Gesprächsteilnehmer folgende Denkansätze kennen:

(a) das Prinzip der Verallgemeinerung
(b) [den naturalistischen Fehlschluss]
(c) die das Handeln bestimmenden Werte und/oder Normen
(d) die Frage nach der Verantwortung
(e) Kants Pflichtethik im Gegensatz zu den Aussagen des Utilitarismus – zwei Grundtypen ethischen Argumentierens

► Zu (a): Das Prinzip der Verallgemeinerung (Universalisierbarkeit)

Verallgemeinerungen schließen vom Einzelnen auf das Allgemeine. Obwohl sie quasi zum Handwerkszeug alltäglicher Diskussion gehören, sind sie dennoch mit Vorsicht zu genießen. Wenn z. B. jemand von einigen wenigen Merkmalen eines Menschen auf die gesamte Persönlichkeit dieses Menschen schließt, ist seine Meinung lediglich ein Vor-Urteil. »Jeder – alle – immer – überall (bzw. ihre Gegenteile)« sind Indikatoren für Vorurteile. Eine Aussage wie »Niemand hört mir zu, wenn ich etwas sage!« ist wegen ihres allgemeinen Geltungsanspruches inhaltlich in den meisten Fällen nicht korrekt.

Verallgemeinerungen in moralischen Fragen müssen »über-momentan und über-subjektiv«[3] sein, das heißt: die Empfindung einer aus dem Moment geborenen Stimmung kann nicht zu einer Verallgemeinerung führen, ebenso wenig eine einzelne, subjektive Ansicht. Was aber über-momentan und über-subjektiv ist, also über den Moment und über die Person herausgeht, kann als allgemeingültig gelten.

Das Urteil »gut« kann für eine Handlung erst dann gegeben werden, wenn es verallgemeinerbar ist: Was für eine Person X gut ist, muss auch für jede andere Person gut sein, vorausgesetzt, die individuellen Voraussetzungen und die Umstände sind ähnlich oder vergleichbar.

Oder: Du sollst eine bestimmte Sache tun. Die Aufforderung wäre nur dann moralisch begründet, wenn die Person, die das anordnet, bereit wäre, *sich selbst* unter denselben Umständen zu dieser Sache aufzufordern.

So auf *Gegenseitigkeit* bedacht entspricht das Prinzip der Verallgemeinerung der berühmten Goldenen Regel[4]: »Alles, was du willst, dass dir die Menschen tun, das sollst du auch für sie tun!« (positive Form) oder: »Was du nicht willst, dass man dir tu', das füg' auch keinem anderen zu!« (negative Form). Die Goldene Regel entwickelt mit Hilfe der Selbstliebe elementare Regeln für ein gelingendes Zusammenleben. Sie gilt als erste Stufe moralischen Handelns, weil sie dem Einzelnen abverlangt, sich in die Lage des anderen einzufühlen und einen Ausgleich der Interessen herbeizuführen. Menschliche Beziehungen werden als Austauschbeziehungen bezeichnet, in denen bereits Elemente von Fairness, Gegenseitigkeit und Teilungsgerechtigkeit vorhanden sind.[5]

Beispiel aus dem Lateinunterricht:

Marius[6] spricht vor der Volksversammlung: *Et illud intellego, Quirites, omnium ora in me conversa esse, aequos bonosque favere – quippe mea bene facta rei publicae procedunt –, nobilitatem locum invadundi quaerere.*

(Auch das merke ich, Bürger, dass die Blicke aller auf mich gerichtet sind, dass die Recht- und Gutgesinnten mir gewogen sind – denn meine Leistun-

3 Pfeifer (1997), 37.

4 Goldene Regel: frühes formal-ethisches Grundprinzip, über-religiös.

5 Sänger, 100.

6 Sallust, bell. Jug., 85,5.

gen nützen ja dem Staat -, dass aber die Nobilität nur die Gelegenheit sucht, mich anzugreifen.)

Marius behauptet, dass *alle* Bürger ihn ansehen und (dann ohne das Wort »*alle*«) die Recht- und Gutgesinnten ihn unterstützen. Diese Verallgemeinerung bietet ihm die Folie, den krassen Gegensatz zwischen dem Volk, zu dem er sich zählt, und der Nobilität (dem Senat) aufzuzeigen, mit dem Ziel, die Menschen für sich und seine Ziele einzunehmen.

► zu (b): Der naturalistische Fehlschluss

David Hume (1711–1776), einer der bedeutendsten Philosophen der Aufklärung, schreibt:

»In jedem Moralsystem, das mir bisher vorkam, habe ich immer bemerkt, dass der Verfasser eine lange Zeit … Beobachtungen über menschliche Dinge vorbringt. Plötzlich werde ich damit überrascht, dass mir anstatt der üblichen Verbindungen von Worten mit ›ist‹ und ›nicht ist‹ kein Satz mehr begegnet, in dem nicht ein ›sollte‹ oder ›nicht sollte‹ sich fände … Dieser Wechsel ist von größter Wichtigkeit.«[7]

Hume legt fest: Vom Sein (wie etwas ist) kann nicht auf ein Sollen (wie etwas sein soll) geschlossen werden. Aus einer Tatsache kann keine Norm abgeleitet werden.[8] Diesen Übergang von einem *Sein* zu einem *Sollen* nennt man einen *naturalistischen Fehlschluss*. Dieser ist also ein Argumentationsmuster, das ethisches Handeln **nicht** begründet!

Beispiel: Tatsache ist: Männer sind Frauen körperlich überlegen. Ein naturalistischer Fehlschluss wäre: Männer sollen (folglich) mehr zu sagen (mehr Macht) haben als Frauen.

In ethisch argumentierenden Gesprächen stoßen wir recht oft auf den naturalistischen Fehlschluss, nicht nur bei den SuS, sondern auch bei uns selbst. Man muss ihn nicht nur kennen, sondern auch in der Diskussion meiden bzw. auf ihn aufmerksam machen.

► Zu (c): Die das Handeln bestimmenden Werte und/oder Normen

Über eine moralisch gute Handlung können sich Menschen besser verständigen, wenn sie sich klar gemacht haben, welche Werte und Normen für die Hand-

7 Aus: ein Traktat über die menschliche Vernunft, III, 1. Zitiert nach Pfeifer (1997), 44.

8 Höffe, 163.

lung ausschlaggebend sind. Ohne diese Maßstäbe wären alle Äußerungen über Handlungen subjektiv.

Werte

Werte sind nicht mit Normen gleichzusetzen. Werte beziehen sich
- auf *persönliche* Handlungsziele, auf das, was ich für mich als *wert*voll erachte und
- auf *allgemein anerkannte* soziale Vorlieben; diese gelten durch die allgemeine Anerkennung quasi als begründet. Zu ihnen gehören z. B.: Toleranz, Höflichkeit oder Respekt.

Jeder Mensch schafft sich seine eigene »Wertepyramide«. Werte können sich ändern (vgl. Wertewandel), erweitert werden, unter Umständen sich sogar in ihr Gegenteil verkehren. Werte sind auch nicht immer eindeutig gut. Der Wert »Wohlstand« beispielsweise gerät häufig in Konflikt mit dem Wert »Nachhaltigkeit«.

Schon Aristoteles sprach in der Nikomachischen Ethik von der μεσότης, dem rechten Maß zwischen zwei entgegengesetzten Werten, z. B. der Sparsamkeit und der Großzügigkeit. Wer immer nur sparsam ist, ist geizig; wer immer nur großzügig ist, ist ein Verschwender. Das richtige Verhalten ist somit eine variable Größe, es liegt in der Mitte zwischen zwei Werten; die Mitte muss immer wieder ausbalanciert werden (Prinzip der dynamischen Balance). Durch die Vorstellung der richtigen Mitte erwirbt der Mensch den rechten Maßstab für gutes Handeln.

Normen

Normen sind Sätze, die sagen, was sein *soll: norma (γνώμη)* bedeutet: Winkelmaß, Richtschnur, Regel.

Man kann festhalten: Normen sind in Regeln oder in Gesetzen niedergelegte Wertvorstellungen (rechtspositivistische Ordnung des Rechts). Oder anders ausgedrückt: Man kann einen Wert im Sinne einer allgemeinen Orientierung in eine Norm überführen; sie ergänzen einander: ohne Werte keine Normen, ohne Normen keine Werte. Beispielsweise ist die Gerechtigkeit ein allgemein anerkannter Wert; daraus ergibt sich die Forderung: Du sollst jeden Menschen gleich behandeln! Ebenso anerkannt ist der Wert »Wahrheit«; die entsprechende Norm lautet: Du darfst nicht lügen, betrügen oder ein Versprechen brechen!

Soziale Normen regeln das Sozialverhalten. Wie die Werte unterliegen auch sie einem Wandel. Auch Normen verändern sich. Beispiele: Die Haltung der

Gesellschaft zum Schwangerschaftsabbruch oder zur Homosexualität und die veränderte Gesetzgebung zu diesen Themen.

Beispiel aus dem Lateinunterricht:
Demea[9] erläutert, nach welchen Grundsätzen er seinen Sohn erzieht: ... *Consuefacio [et] denique inspicere, tamquam in speculum, in vitas omnium iubeo atque ex aliis sumere exemplum sibi: »hoc facito!« [...] »hoc fugito!« [...] »hoc laudi est!« [...] »hoc vitio datur!«* ...
Ich gewöhne ihn daran und befehle ihm, in das Leben aller hineinzuschauen wie in einen Spiegel und sich von den anderen ein Beispiel für sich selbst zu nehmen: »Dies tue, dies meide, dies ist lobenswert, dies ist ein Fehler!«
Demea beschreibt einen autoritären Erziehungsstil[10]. Mag dieser für ihn einen persönlichen Wert darstellen, so kann er nicht zu einer allgemeingültigen Norm werden, was Demea aber annimmt. Sein Bruder Micio vertritt den entgegengesetzten, den antiautoritären, permissiven Erziehungsstil. Auch dieser ist keine Norm, sondern »nur« ein persönlicher Wert (Das Beispiel kann auch beim naturalistischen Fehlschluss (b) eingebracht werden).

► Zu (d): Die Frage nach der Verantwortung
SuS müssen sich auch mit dem Thema »Verantwortung« auseinandersetzen.

Verantwortung ist die Pflicht, dafür zu sorgen, dass (in bestimmten Situationen) das Notwendige und Richtige getan wird und kein Schaden entsteht. Sie beinhaltet auch die Verpflichtung, für seine Handlungen einzustehen und ihre Folgen tragen zu müssen.

Ver*antwort*ung ist ein mehrstelliger Relationsbegriff, der nach Antworten verlangt: Wer verantwortet was? – wofür? – weshalb? – wovor? (auch: wann? wie?)
- Wer? → kann ein Individuum sein, eine Firma, die Gesellschaft
- Was? → kann eine Handlung sein, ein Produkt, eine Unterlassung
- Wofür? → können voraussehbare Folgen sein, nicht voraussehbare bzw. Spät- oder Fernfolgen
- Weswegen? → können moralische Regeln, aber auch gesellschaftliche Werte oder staatliche Gesetze sein
- Wovor? → kann die Instanz des eigenen Gewissens betreffen, das Urteil anderer oder das Urteil eines Gerichts.

9 Terenz, Die Brüder, vv. 414–418.
10 Tausch/Tausch, 175.

Wer trägt z. B. die Verantwortung für einen Flugzeugabsturz? Wer trägt die Verantwortung, dass ein Auftrag pünktlich erledigt wird? Wer hat die Verantwortung zu tragen, wenn die Erziehung eines jungen Menschen nicht zur Eingliederung in die Gesellschaft geführt hat?

> **Beispiel aus dem Lateinunterricht:**
> Ovid schildert den Werdegang des jungen Phaëthon, der seinen Vater so sehr bedrängt, dass dieser ihm tatsächlich den Sonnenwagen gibt, obwohl er genau weiß, dass der junge Mann ihn nicht lenken kann und die Fahrt mit dem Tod des Sohnes enden wird.
> Eine Aufgabe könnte lauten: Überprüfen Sie, inwieweit die Eltern (die Mutter Clymene wegen ihrer Erziehung/Beeinflussung des Jungen, der Vater Sol wegen seiner Nachgiebigkeit) für das Schicksal ihres Sohnes verantwortlich sind. Vor welcher Instanz müssten sie sich für die Folgen ihres Handelns verantworten? (Met., 2,19–39/2,88–106)

► Zu (e): Zwei philosophische Grundpositionen des Argumentierens

Darf ich in einer Notlage schweigen, obwohl ich die Wahrheit kenne? – Darf ich lügen, um jemanden zu schützen?

Solche Fragen kann man nicht mit Ja oder Nein beantworten. Es gibt verschiedene Handlungsmöglichkeiten. Wir benötigen allgemein anerkannte Kriterien des Urteilens, nach denen sich Handlungen als moralisch gut oder moralisch schlecht beurteilen lassen. In Diskussionen stößt man immer wieder auf zwei grundlegende Modelle ethischen Argumentierens:

- auf Kants Pflichtethik (= deontologischer Ansatz [δέον: Pflicht])
- auf die Lehre des Utilitarismus (= konsequentialistischer [auf die Folgen achtend] und teleologischer Ansatz [τέλος: Ziel])

Beide philosophischen Ansätze nehmen offensichtlich eine Gegenposition ein: Kants Ethik betrachtet für die Frage, ob eine Handlung als »gut« bewertet werden kann, die *Absicht* bzw. das *Motiv* des Handelnden; der Utilitarismus dagegen bewertet dazu die *Folgen* einer Handlung. Dennoch berühren sich ihre Argumentationswege gelegentlich.[11]

► Kants kategorischer Imperativ

Kant formuliert als allgemeines Moralgesetz den sog. *kategorischen Imperativ:* »Handle nur nach der Maxime, durch die du zugleich wollen kannst, dass sie

11 Pfeifer (2009), 49.

ein allgemeines Gesetz werde.«[12] Eine Maxime ist ein persönlicher oberster Grundsatz, eine Lebensregel.

Beispiel aus dem Alltag:
Immer wenn ein Student eine Klausur nicht mitschreiben möchte, bittet er einen befreundeten Arzt um ein Attest. Kann er das wollen? Dazu verallgemeinert man die Maxime: Kann er wollen, dass es ein Gesetz/ein Prinzip gäbe, dass sich Studenten mit Hilfe von Täuschung vor Klausuren drücken? Existierte dieses Gesetz, käme meine Vernunft zu dem Ergebnis, dass auch andere (alle?) sich durch Lügen vor Klausuren drücken können, ja sogar sollen. Das kann niemand wollen, denn dadurch würde in der Konsequenz für alle Studenten ein fortschreitendes Studium, das zu einer Abschlussprüfung und damit zum Berufseinstieg führt, unmöglich gemacht.[13]

Im Lateinunterricht ist die Anwendung des kategorischen Imperativs sehr hilfreich und gewinnbringend für die Klärung vermeintlich sicher geglaubter Einstellungen; der Prozess des Erkennens und die Neubewertung einer Meinung sind für Lehrer und SuS gleichermaßen spannend.

Beispiel aus dem Lateinunterricht:
Cicero plädiert in seiner Schrift *Laelius de amicitia*[14] dafür, dass man eine Freundschaft beenden solle, wenn der Freund charakterliche Fehler zeige.
Ciceros Maxime müsste lauten: Wann immer ich, Cicero, einen charakterlichen Fehler bei einem Freund erkenne, löse ich die Freundschaft auf. Kann ich das wollen? Kann man wollen, dass es ein Gesetz gibt, nach dem Freundschaften immer dann aufgelöst werden, wenn charakterliche Fehler eines Freundes erkennbar sind? Gäbe es dieses Gesetz, käme die Vernunft zum Ergebnis: Es gibt keine Freundschaften mehr, denn kein Mensch ist ohne Fehler. Auf Freundschaften verzichten - das kann niemand wollen.

► Der Utilitarismus
Hier steckt das Programm bereits im Namen: Jeremy Bentham (Begründer des U.) erklärt dann eine Handlung für moralisch gut, wenn sie die Tendenz (den Nutzen) hat, in Zukunft Lust *(pleasure)* und Glück zu bringen, während sie moralisch falsch ist, wenn sie in Zukunft zu Unlust und Leiden *(pain)* führt.[15]

12 Immanuel Kant: AA IV, 421.
13 Ludwig, 74.
14 Cicero, *Laelius de amicitia* 21, 76–78.
15 Vgl. dazu: Schoerbel/Frericks/Vollmar, 44–45.

»Benthams utilitaristische Moralphilosophie besagt im Kern, dass eine Handlung eine moralisch gute Handlung ist, wenn sie das größtmögliche Glück der größtmöglichen Anzahl von Menschen befördert. Bentham fordert eine flexible Anpassung an die jeweilige Situation und komplexe Abwägungsprozesse, die möglichst viele Standpunkte und Interessenlagen in möglichst weitreichender Weise berücksichtigen.«[16]

Die genannten Abwägungsprozesse sind im sog. Hedonistischen Kalkül zusammengefasst, durch welches mit Hilfe bestimmter Kriterien die positiven oder negativen Folgen einer Handlung »berechnet« werden können. Diese Kriterien sind: die Intensität *(intensity)* einer Lust oder Unlust, ihre Dauer *(duration)*, die Wahrscheinlichkeit ihres Eintretens *(certainty)* und ihre zeitliche Nähe *(propinquity)*. Die Berechnung muss auch darauf bezogen werden, wie viele Menschen von den Folgen betroffen sein werden: eine Einzelperson *und* eine bestimmte Anzahl von Menschen. Allerdings fügt Bentham ein »Gebot« hinzu: *»Everybody to count for one, nobody for more than one.«*[17]

Entsprechend der Forderung, eine Handlung müsse das größtmögliche Glück der größtmöglichen Anzahl von Menschen befördern, lautet der utilitaristische Imperativ wie folgt:

Diejenigen Handlungen bzw. Handlungsregeln sind moralisch richtig, deren **Folgen** für das **Wohlergehen aller Betroffenen optimal** sind.

Leo und der Lottogewinn[18]

Leo gewinnt im Lotto. Da er keine Geldsorgen und als unverheirateter Mann weder Frau noch Kinder hat, denen er das Geld geben könnte, überlegt er: »Was soll ich mit dem Lottogewinn anfangen? Ich könnte mir ja in meinen Garten einen Pool bauen lassen, dann bräuchte ich nicht mehr ins Schwimmbad zu fahren. Oder meine Großeltern, die verreisen doch so gern! Ich könnte ihnen einen richtig tollen Urlaub spendieren. Das würde sie bestimmt freuen und ihrer Gesundheit auch sehr gut tun. Wollten sie nicht schon immer mal eine Kreuzfahrt machen?« Leo ist sich noch unschlüssig.

Als er am nächsten Morgen beim Frühstück die Tageszeitung liest, weckt eine Überschrift sein Interesse: »Neubau der Diakonie-Station sucht dringend Sponsoren!« »Ich könnte meinen Lottogewinn ja auch der Diakonie-Station spenden!«, geht es Leo durch den Kopf. Er liest den Artikel und erfährt, dass die Diakonie-Station ca. 150 pflegebedürftige Menschen betreut.

---

16 Raters, 140.

17 Bentham, J., An Introduction to the Principles of Morals and Legislation, London 1789, Kap. 5, Abschn. 36.

18 Binder, T., Einführung in die philosophische Ethik, Göttingen 2009, 31–32.

Leo muss sich entscheiden: Der Lottogewinn reicht entweder für den Pool, die Großeltern oder die Diakonie-Station.

Dieses Beispiel verzichtet auf eine komplexe Situation, in der ein echtes Dilemma – z. B. die schwierige Entscheidung für oder gegen einen Schwangerschaftsabbruch, wenn das Kind behindert sein wird – die Frage nach dem guten Handeln deutlich erschweren würde. Dennoch können SuS auf einen Blick verstehen, welche Rolle der mathematische Aspekt der Anzahl der betroffenen Personen bei der Beurteilung guten Handelns im konsequentialistischen Sinn spielt.

Die dargestellten Ansätze ethischen Argumentierens sind naturgemäß nicht die einzigen, sie sind aber diejenigen, die beim ethischen Interpretieren lateinischer Texte sinnvoll sind.

Ein Ansatz soll ergänzend hinzugefügt werden: Um beispielsweise eine Handlung abschließend zu beurteilen und die Beurteilung in der Diskussion auch schlüssig zu vertreten, könnte man auch untersuchen, wie bzw. unter welchen Umständen die Handlung überhaupt entstanden ist: geschah sie freiwillig oder unfreiwillig, wurde sie überlegt/absichtlich oder unüberlegt/versehentlich/irrtümlicherweise begangen, bewusst oder spontan? Eine bewusst angestrebte Handlung, die zu einem schlechten Ergebnis führt, muss notabene anders bewertet werden als eine spontane, vielleicht auch unüberlegte.

Hat z. B. Paris, der junge Mann mit der schwierigen Aufgabe, Göttinnen zu beruhigen, diesen Job freiwillig übernommen? Beileibe nicht. Dass er Venus mit seiner Entscheidung bevorzugt hat, muss im Kontext der für ihn schwierigen und undurchsichtigen Situation gesehen und entsprechend bewertet werden.

Um noch einmal den Sinn dieser Auflistung in Erinnerung zu rufen: Wenn Sie also in einem Gespräch mit SuS es für angezeigt halten, »Stopp, langsam!« zu sagen, dann spätestens ist der Zeitpunkt gekommen, die SuS daran zu erinnern, dass sie Argumente oder Gesichtspunkte durch ethische Überlegungen überprüfen und absichern müssen.

Anmerkung:

Wo lernen unsere SuS ethische Grundpositionen? Sicher werden sie diese im Ethikunterricht oder im Religionsunterricht kennen lernen. Der Lateinunterricht ist nicht der richtige Ort zur eigentlichen ethischen Wissensvermittlung. Es liegt an uns Lateinlehrerinnen und -lehrern, auf diesem Feld mehr zu wissen als unsere SuS. Wenn wir mit Unterstützung und in Zusammenarbeit mit

Fachleuten im Kollegium ethisches Wissen erwerben können, profitieren alle davon. Ethische Grundkenntnisse tun dem Lateinunterricht gut.

6.4 Methodisches Handwerkszeug

Die Wege ethischen Argumentierens zu kennen ist die eine Sache, sie in der Situation des Interpretierens auch anzuwenden ist eine andere. Dazu brauchen wir ein methodisches Rüstzeug.

Es gibt *unendlich* viele Methoden, von denen wir Ihnen sieben genauer vorstellen, weitere erwähnen wir lediglich. Auch diese »weiteren« stellen wiederum eine Auswahl dar, was sagen soll, dass es eine große Fülle brauchbarer Verfahren gibt, methodisch zu variieren.

Folgende Auswahl beschränkt sich auf Methoden, die sich im Unterricht bewährt haben, vor allen Dingen unter dem Aspekt der raschen und leichten Umsetzbarkeit (keine Materialschlacht), der Schüleraktivierung, der Schülermotivation und der Möglichkeit, eindeutige und gleichzeitig differenzierte Schülermeinungen zu generieren. Diese sind:

(a) die Ampel
(b) das Wertequadrat
(c) die vier Seiten einer Nachricht
(d) die Wertepyramide
(e) Dilemma-Situationen/-Geschichten
(f) Fallbeispiele

► Zu (a): die Ampel

Die SuS erhalten rote, gelbe und grüne Karten. Mit diesen nehmen die SuS begründet Stellung zu einem Thema: rot widerspricht und provoziert, grün bestätigt und erklärt, gelb sucht den Ausgleich zwischen rot und grün. Die drei Stellungnahmen führen zum Gespräch über das Thema. Widerspruch, Bestätigung oder Ausgleich können in Gruppen erarbeitet werden.

► Zu (b): Das Wertequadrat[19]

Die SuS unterziehen einen bestimmten Wert einem Test: Stellt ein bestimmtes Verhalten tatsächlich einen Wert dar? Habe ich mein Verhalten schon einmal selbstkritisch überprüft? Ein mögliches Prüfverfahren könnte sein, zu »meinem« Wert einen positiven Gegenwert zu bestimmen: Gibt es einen verwand-

19 Vgl. Schulz von Thun, Band 2, 38–54.

ten Wert? SuS nennen z. B. zum Wert »Vertrauen« als verwandten Wert den Begriff »Vorsicht«. Diesen Wert haben sie durch Fallbeispiele herausgefunden, dass nämlich Vertrauen in schwierigen Situationen besser durch eine gewisse Vorsicht ergänzt werden sollte. Vertrauen kann enttäuscht werden. Daher ist gelegentlich Vorsicht angebracht.

Die dahinter steckende Theorie lautet: Jeder Wert kann sich nur dann entfalten, wenn er sich in einer dynamischen Balance zu seinem positiven Gegenwert befindet. In der Grafik ist das durch die Begriffe der oberen Ebene (1,2) dargestellt. Wenn der vertrauende Mensch keine Balance findet zwischen Vertrauen und Vorsicht, dann fällt er in »zu großes« Vertrauen oder in »zu große« Vorsicht (3,4); er übertreibt und ist dann naiv vertrauensselig oder paranoid misstrauisch. Diese Entwicklung nennt Schulz von Thun »entwertende Übertreibung«.[20]

Was gewinnen wir durch das Modell?

- Wir können Haltungen und Eigenschaften eines Menschen als moralisch gut erkennen, weil dieser die richtige Balance gefunden hat.
- Fehler (entwertende Übertreibungen) dürfen nicht verteufelt werden, weil man erkennen kann, dass in ihnen ein positiver Kern steckt.
- Umgekehrt: Weil ein positiver Wert leicht in sein Gegenteil umschlagen kann, wenn die nötige Reflexion fehlt, lehrt das Modell auch eine gewisse Demut: Kein Mensch ist ausschließlich gut und gefeit gegen Selbstüberschätzung.

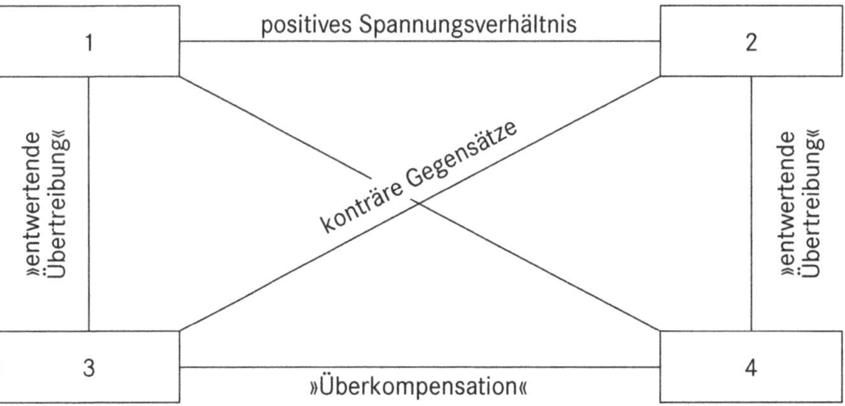

Abb. 18: Wertequadrat

20 Schulz von Thun, 42.

Wenn Lateinschüler z. B. befinden, Plinius sei feige gewesen, weil er nicht gemeinsam mit seinem Onkel näher an den Feuer, Lava und Asche spuckenden Vesuv heranfahren wollte[21], könnten sie den Begriff/Vorwurf der Feigheit mit Hilfe des Wertequadrats bestätigen oder ablehnen.

Der junge Plinius sucht die rechte Mitte!
Folgende Werte und Unwerte könnten seine Reaktion auf das Angebot des Onkels bestimmen:

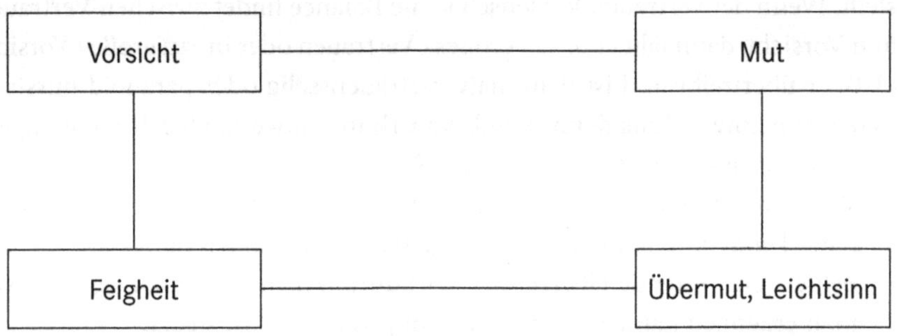

Plinius verschiebt die Balance zwischen Vorsicht und Mut mehr auf die Seite der Vorsicht. Feige wäre er, wenn er unter keinen Umständen Kraft und Mut aufbrächte, das Schiff zu besteigen, um sich in das Gefahrengebiet zu begeben. Diese Information können wir aber dem lateinischen Text nicht entnehmen. Der Onkel bedrängt ihn nicht mitzukommen. Ginge Plinius mit größter Begeisterung und ohne Bedenken mit dem Onkel mit, müsste man ihm (wie dem Onkel) Leichtsinn und mangelnde Fürsorge für den jungen Mann unterstellen.

► Zu (c): Die vier Seiten einer Nachricht[22]

In dialogischen Texten hilft dieses Modell, verschiedene Kommunikationsebenen von Rede und Gegenrede aufzudecken. Dadurch wird klar, ob man aneinander vorbeiredet oder sich auf derselben Ebene begegnet.

21 Plinius, ep.6,16.
22 Vgl. Schulz von Thun, Bd. 1, 25–63.

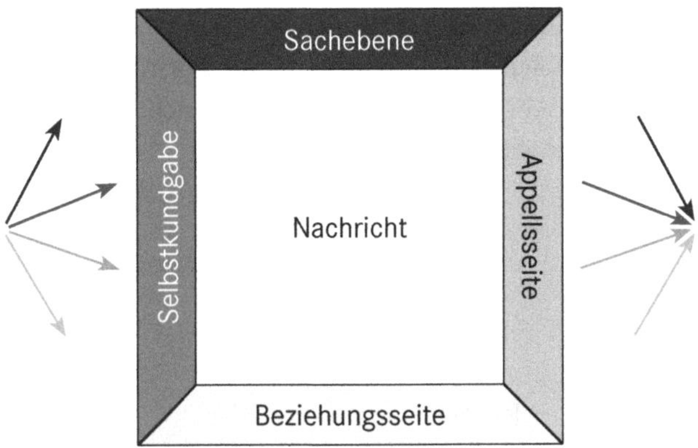

Abb. 19: Vier Seiten einer Nachricht

- auf der *Sachebene* ist die Nachricht einfach nur eine Nachricht, nicht mehr, nicht weniger
- auf der *Beziehungsebene* sagen die Worte des Senders, wie er zum Empfänger steht bzw. wie die Beziehung zwischen beiden ist
- auf der *Selbstoffenbarungsebene* gibt der Sender etwas über sich preis
- auf der *Appellebene* will der Sender den Empfänger zu etwas bewegen; er erwartet von ihm ein bestimmtes Verhalten.

Beispiel aus dem Lateinunterricht:

Aeneas sagt zu Dido, nachdem diese ihm vorgeworfen hat, er wolle sie heimlich verlassen und handle damit gegen seine Versprechungen:

»Ego te, …, numquam, regina, negabo promeritam«[23] *(Ich werde niemals leugnen, Königin, dass du dich um mich verdient gemacht hast.)*	
Sachebene	Ich anerkenne deine Verdienste.
Beziehungsebene	Du hast mir, als ich Hilfe brauchte, geholfen.
Selbstoffenbarungsebene	Ich werde dir immer dankbar sein.
Appellebene	Du bist Königin! Möglicher Appell: *Du* hast eine hohe Stellung und eine Heimat, sei zufrieden.

23 Vergil, Aen., 4, 332B-333A.

► Zu (d) Wertepyramide[24] (auch: Begriffspyramide)
Die Pyramide ist eine Methode des Ordnens. Die Form der Pyramide eignet sich, Abstufungen der Wertigkeit einzelner Begriffe sichtbar zu machen.

Beispiel: Was ist mir wichtig?

► Zu (e): Dilemma-Geschichten
Dilemma-Geschichten beschreiben Konflikte, die einen heftigen Zwiespalt auslösen. Denn von zwei gleichwertigen Wegen, die den Konflikt lösen könnten, führen alle (beide) zu einem negativen Ergebnis bzw. einem Wertekonflikt.

Dilemma-Geschichten müssen der Entwicklungsstufe der SuS angepasst sein. Es ist daher wichtig, dass die Geschichten realistisch und nachvollziehbar sind und in der Lebenswelt der SuS vorkommen könnten (sog. Realdilemmata[25]). Die SuS müssen sich mit der in der Zwickmühle steckenden Person identifizieren können (Aeneas muss sich zwischen Liebe und Pflicht entscheiden → können SuS der Mittelstufe diesen Konflikt wirklich nachvollziehen?).

► Zu (f): Fallbeispiel
Ein Fallbeispiel personalisiert eine abstrakte Situation. Es provoziert Stellungnahmen und Fragen, die in kleinen Gruppen erarbeitet werden. Anschließend entwerfen die SuS Handlungsmöglichkeiten und bewerten diese.

Fallbeispiele müssen wie Dilemma-Geschichten realistische Situationen betreffen.

Informationen zu weiteren methodischen Wegen finden Sie unter der jeweils angegebenen Fußnote und in der angegebenen Literatur; diese sind:
- sokratisches Gespräch[26]
- Pro- und Contra-Diskussion[27]

24 Mehr dazu: www.rpz-heilsbronn.de/wertepyramide (Zugriff: 07/2016).
25 Köck, 180.
26 Mehr dazu: www.philosophisch-politische-akademie.de/sggrund.html (Zugriff: 07/2016).
27 Mehr dazu: http://www.riepel.net/methoden/proundcontra.pdf (Zugriff: 06/2016) oder http://www.bpb.de/lernen/formate/methoden/46892/pro-contra-debatte (Zugriff: 06/2016).

- Rollenspiel (szenisches Spiel, Standbild, Pantomime)[28]
- Personenaufstellung, Soziogramm[29]
- Perspektivenwechsel
- Vier-Ecken-Methode[30]

Fazit:

Im Lateinunterricht mit SuS ethischen Fragen nachzugehen ist eine beglückende und gewinnbringende Sache. Dass dies nicht bei jedem lateinischen Text der Unter- und Mittelstufe möglich ist, steht außer Frage.

Wir möchten aber ganz besonders hervorheben, dass ethisches Reflektieren und ethisches Argumentieren nicht nur für die Oberstufe zu fordern ist, sondern auch für SuS der Unter- und Mittelstufe. Und wenn auch die gerade eben skizzierten Bausteine suggerieren, dass ethisches Argumentieren ein hohes Abstraktionsvermögen aller Beteiligten voraussetzt: So ist es nicht! Alle Bausteine können auf einfache Fragen und Denkimpulse reduziert werden, ohne Qualitätsverlust:

»Philosophieren mit Kindern übrigens ist längst in der Welt der Didaktik angekommen und gilt nicht als absurd oder unmöglich. Wenn wir als Erwachsene, egal ob Amateure oder Profis der Weisheit, zusammen mit Kindern philosophieren, können wir neu oder erneut in elementarer, kindlich naiver Weise den Prozess des unvoreingenommenen Nachdenkens über grundsätzliche Fragen unseres Erkennens, Handeln, Hoffens oder Menschseins erleben … Philosophieren mit Kindern ist daher in besonderer Weise zugleich eine (Wieder-)Einführung in die Philosophie.«[31]

6.5 Zwei Beispiele aus dem Lateinunterricht

▶ Beispiel 1: Textgrundlage: Sallust, de coniur. Cat., 20, 6–9

Catilina spricht zu seinen Anhängern:
6 Ceterum mihi in dies magis animus accenditur, cum considero, quae condicio vitae futura sit, nisi nosmet ipsi vindicamus in libertatem. 7 Nam postquam res publica in paucorum potentium ius atque dicionem concessit, semper illis reges,

28 http://home.uni-leipzig.de/didakrom/Methoden/Methodenkiste_der_Bundeszentrale_fuer_politische_Bildung (Zugriff: 07/2016).
29 www.goethe.de/resources/files/pdf22/daf_baustein2.pdf (Zugriff: 07/2016).
30 http://didaktik.zum.de/lin-klitzing/kapitel/1204.htm (Zugriff: 07/2016).
31 Martens, 7.

tetrarchae vectigales esse, populi, nationes stipendia pendere; ceteri omnes, strenui, boni, nobiles atque ignobiles, vulgus fuimus, sine gratia, sine auctoritate, iis obnoxii, quibus, si res publica valeret, formidini essemus. 8 Itaque omnis gratia, potentia, honos, divitiae apud illos sunt aut ubi illi volunt; nobis reliquere pericula, repulsas, iudicia, egestatem. 9 Quae quousque tandem patiemini, o fortissumi viri? Nonne emori per virtutem praestat quam vitam miseram atque inhonestam, ubi alienae superbiae ludibrio fueris, per dedecus amittere?

Aufgaben mit ethischer Fragestellung:

1. Handelt Catilina richtig und gut? Antworten Sie spontan, indem Sie auch begründen: Er handelt ..., weil ... (Methode Blitzlicht)
2. 1 »Verallgemeinerungen müssen über-momentan und über-subjektiv sein.« Sprechen Sie über diese These, sowohl über den Begriff »Verallgemeinerung« als auch über die ganze Aussage.
2. 2 Wenden Sie die These auf Catilinas Rede an, speziell auf seine Gegenüberstellung der Gruppierungen im Staat.
3. Handelt Catilina gut? Ziehen Sie für Ihr Urteil auch die möglichen Folgen seines Handelns heran. Vergleichen Sie Ihre Meinung mit der, die Sie im Blitzlicht (Aufgabe 1) vertreten haben. → DLB

► Beispiel 2: Textgrundlage: Vergil, Aen., I 257–283 (gekürzt)

Venus, die Mutter des Trojaners Aeneas, beklagt sich bitter bei ihrem Vater über die Machenschaften der Juno, die gegen den Willen des »fatum« immer wieder verhindert, dass die Trojaner endlich ihre neue Heimat finden. Jupiter antwortet ihr Folgendes:

»Parce metu, Cytherea: manent immota tuorum
fata tibi; cernes urbem et promissa Lavini
moenia, sublimemque feres ad sidera caeli
magnanimum Aenean; neque me sententia vertit.
Hic tibi ...
bellum ingens geret Italia, populosque feroces
contundet, moresque viris et moenia ponet,
tertia dum Latio regnantem viderit aestas,
ternaque transierint Rutulis hiberna subactis.
At puer Ascanius, cui nunc cognomen Iulo
additur, ...
triginta magnos volvendis mensibus orbis

imperio explebit, regnumque ab sede Lavini
transferet, et longam multa vi muniet Albam.
Hic iam ter centum totos regnabitur annos
gente sub Hectorea, donec regina sacerdos,
Marte gravis, geminam partu dabit Ilia prolem.
Inde lupae fulvo nutricis tegmine laetus
Romulus excipiet gentem, et Mavortia condet
moenia, Romanosque suo de nomine dicet.
His ego nec metas rerum nec tempora pono;
imperium sine fine dedi. Quin aspera Iuno,
quae mare nunc terrasque metu caelumque fatigat,
consilia in melius referet, mecumque fovebit
Romanos rerum dominos gentemque togatam:
sic placitum. .... «

Aufgaben mit ethischer Fragestellung:

1. In der Zeit (1931), als die abgebildete Briefmarke in Italien auf den Markt kam, beherrschten Mussolini und die Faschisten das Land. Erläutern Sie, in welcher Absicht diese das Zitat aus Jupiters Rede auf eine Briefmarke setzten. Bewerten Sie Mussolinis Botschaft mit Hilfe der »Vier Seiten einer Nachricht«. Was für eine Botschaft *können* die Bürger des Landes der Briefmarke entnehmen, welche *sollen* sie »hören«?
2. *Imperium sine fine dedi* ... Stellen Sie sich vor, ein Politiker aus einem fernen Land würde den Satz als angebliche Aussage Allahs auf Youtube verbreiten. Wie würden wir in der heutigen Gesellschaft darauf reagieren? Diskutieren Sie über diese Frage. → DLB

Abb. 20: Italienische Briefmarke von 1930

6.6 Literatur

Dannowski, H.-W./Pickerodt, I./Wolf, J. (Hg.), Sachwissen Ethik, Ein Begleit- und Arbeitsbuch für den Unterricht in Ethik, Göttingen 1993.

Dittmann, K., Philosophieren mit Kindern, Eine kurze Einführung in Konzeption und Methoden: www.homilia.de.

Höffe, O., Ethik, Eine Einführung, München 2013.

Köck, P., Handbuch des Ethikunterrichts, Donauwörth 2013.

Ludwig, R., Kant für Anfänger. Der kategorische Imperativ, München 1995.

Pfeifer, V., Didaktik des Ethikunterrichts, Stuttgart 2003.

Pfeifer, V., Ethisch argumentieren, Bühl 1997.

Raters, M.-L., Atheismus, Berlin 2009.

Sänger, M., Praktische Philosophie/Ethik, Grundpositionen der normativen Ethik, Stuttgart/Dresden 1994.

Schulz von Thun, F., Miteinander reden, Band 1 und 2, Reinbek bei Hamburg, 1994.

Auswahl Ethik-Lehrwerke:

philopraktisch, Bände 1–3, C. C. Buchner, Bamberg 2009–2013–2008.

Schwoerbel – Frericks – Vollmar, Ethik, Lehr- und Arbeitsbuch in der Kl. 12, Köln/München (1989: vergriffen).

Warmbold, T. (Hg.), Ethikunterricht praktisch, 9. Schuljahr, Vandenhoeck & Ruprecht, Göttingen 2000.

Philosophieren mit Kindern:

Brünning, B./Martens, E. (Hg.), Anschaulich philosophieren, Weinheim und Basel 2007.

Hoesle, V./K., N., Das Café der toten Philosophen. Ein philosophischer Briefwechsel für Kinder und Erwachsene; München 1996.

Lelord, F., Hectors Reise oder die Suche nach dem Glück, München 2004.

Martens, E., Philosophieren mit Kindern, Eine Einführung in die Philosophie, Stuttgart 1999.

Themenhefte:

Reihe nikomachos, Vandenhoeck & Ruprecht: Heft 1: Witzleben, F., Gerechtigkeit – Heft 2: Koreng, L., Glück – Heft 3: Fromm, S., Gutes Handeln – Heft 5: Koreng, L., Freundschaft und Liebe – Heft 7: Koreng, L., Ich und Du – Heft 11: Remme, M., Willensfreiheit.

7 Bilder und Zweittexte

Wegweiser durch dieses Kapitel:

7.1 Einsatz von Bildern
7.1.1 Kunstwissenschaft und Bild
7.1.2 Methodische Fragen
7.1.3 Ausführliches Beispiel für einen Bildeinsatz: Narzissus
7.2.1 Einsatz von Zweittexten
7.2.2 Beispiel
7.3 Literatur

7.1 Einsatz von Bildern

Bild und Bildung
sind aufeinander angewiesen.[1]

Aus Gründen der Übersichtlichkeit haben wir bei Kap. 5 (Erarbeitung von Analyse und Interpretation) ausschließlich davon gesprochen, **was** Postdokumente allgemein für die Interpretation eines Prätextes leisten können bzw. dass diese, allen voran Bilder, über andere Lernkanäle zusätzliche Informationen zum Prätext geben können. Dabei sind Bilder, Zweittexte, Video-Clips und Filmausschnitte die am häufigsten eingesetzten Mittel.

Wie wir mit ihnen umgehen und wo wir sie einsetzen, soll dieses Kapitel klären.

---

1 Zülch, 4.

Wenn wir Lehrende nach dem Referendariat unsere erste Stelle antreten, verfügen wir in unseren Fächern über fachdidaktisches Wissen. Aber verfügen wir auch über ein entsprechendes Knowhow zum Einsatz von und im Umgang mit Bildern? Wenn überhaupt, dann streift die Fachdidaktik im Zusammenhang mit der Interpretation bestenfalls Möglichkeiten des Einsatzes von Bildern. Mit dem Thema »Analyse von Bildern« lässt sie die zukünftigen Lehrerinnen und Lehrer oft alleine.

Unter diesem Schleier des Nichtwissens versuchen wir mal dieses, mal jenes Konzept umzusetzen. Daran ist nichts Falsches. Jeder Lehrende entwickelt mit der Zeit brauchbare Ansätze, ohne den Schulterschluss mit der Didaktik der Kunsterziehung gesucht zu haben. Wir selbst haben z. B. gute Erfahrungen damit gemacht, über ein zu interpretierendes Bild Linien (bzw. ein Raster) zu legen, solche, die die Figurenanordnung nahelegt, solche, die die Lichtführung vorgibt oder einfach nur diagonale Linien, die das Bild in vier Teile zerlegen und damit einen Wegweiser geben, wie eine Bildwahrnehmung und dann eine Bildbeschreibung ablaufen können.

Abb. 21: Claude Vignon, Krösus erhält Tribut durch die lydischen Bauern

Wenn man z. B. das bekannte Bild[2] mit Hilfe diagonaler Linien zerlegt, erkennt man sofort die Bedeutung des linken Segments: Hier trifft die Arroganz des Königs - repräsentiert durch seine gezielte Fingerhaltung - auf das Leid und die Betroffenheit des alten Mannes, der trotz größter Armut gezwungen wird, seinen Tribut zu leisten. Im unteren Segment weisen Gegenstände auf die Basis der Macht: auf Bildung und auf ein gutes Rechnungswesen. Die Menschen links neigen sich zum Machthaber hin, der sich von ihnen in lässiger Haltung (rechtes Bildsegment) wegdreht und sie keines Blickes würdigt.

Allein durch die Linienführung wird die Bildbetrachtung ein Gewinn für das Textverständnis: man sieht die Distanz zwischen Kroesus und seinen Untertanen, deren Abhängigkeit. Die Körpersprache der Protagonisten macht das Unrecht anschaulich und zeigt auf, welche »unheilige« Allianz politische Macht und Gier nach Reichtum miteinander eingehen, zum Schaden der Untertanen.

Gedachte Linien (diagonale, senkrechte, waagrechte, parallele wie in einem Raster, auch die Mittellinie zur Herstellung von Symmetrie) organisieren die Bildfläche und geben Impulse zur Interpretation.

Ein modernes Bild (modern in der Aussage und im Stil) ist einem Bild aus früheren Epochen oft vorzuziehen, besonders aber den Bildern der sog. Historienmaler mit ihrer ideal-überhöhenden Tendenz. Bei modernen Bildern oder Kunstwerken ist der Grad der Verfremdung in der Regel höher; die SuS erhalten dadurch einen größeren Interpretationsspielraum. Moderne Bilder entsprechen mit ihrer modernen »Sprache« mehr der Erfahrungswelt der Jugendlichen, während Bilder des Mittelalters, des Barocks und der Renaissance oftmals überladen sind und somit das ästhetische Empfinden der SuS *nicht* berühren. Außerdem setzen Bilder aus den genannten Epochen zu ihrem Verstehen ein großes Detailwissen (Allegorien, Emblemata, Symbole usw.) voraus. Darüber können SuS nicht verfügen. Dennoch gibt es unzählig viele Bilder, die - aus älteren Epochen stammend - den SuS neue Deutungswege eröffnen können.

Wir leben in einer von Bildern überfluteten Welt. Bilder sind alltägliche Normalität. Bilder informieren und unterhalten, lenken oder manipulieren gar. Täglich stürmen unendlich viele Bilder in voller Wucht auf uns ein, so dass sich niemand ihrem Einfluss entziehen kann, selbst wenn er es wollte.

2 Bezug zu Prima nova, L. 23, S. 113.

So schnell, wie die Bilder kommen, können wir sie nicht aufnehmen, geschweige denn verarbeiten. Bilder im Unterricht einzusetzen bedeutet daher meist, eine Phase der Verlangsamung, der Entschleunigung einzuleiten.

7.1.1 Kunstwissenschaft und Bild

Ein Bild wird in der Kunstwissenschaft als »eingefrorener Moment« definiert.[3] Das Bild[4] »steht fest«, es ist nicht mehr veränderbar; sein Gegenstand, einmal anschaulich dargestellt, erwirbt ein Stück Ewigkeit.

Dem Rezipienten liefert dieser Moment auf den ersten Blick mehr Informationen als ein linear verlaufender Text. Ein Bild wirkt direkt, ein Text muss in einzelnen Schritten erschlossen und analysiert werden, wobei auch noch Leerstellen zu füllen sind. Aber trotz ihrer Direktheit besitzen auch Bilder Leerstellen bzw. werfen Fragen auf, die durch Zusatzinformationen beantwortet werden müssen. René Magrittes *Ceci n'est pas une pipe* (1928) oder Victor Vasarelys irritierende Verschiebungen der Perspektiven werden nicht allein durch Betrachten des Bildes »verstanden«.

Der eingefrorene Moment wird in der Kunstwissenschaft auch als der fruchtbare Moment bezeichnet. Fruchtbar ist er, weil er die Schaltstelle zwischen der Intention des Künstlers und dem Rezipienten ist. Dieser kann sich z. B. angesichts des Bildes fragen: Was ist vorausgegangen? Was könnte folgen? Ist der eingefrorene Moment bereits die zentrale Aussage oder bereitet er diese vor oder umgekehrt: folgt diese aus dem Bild? Wenn in einem Bild der Asterix-Obelix-Comicreihe Asterix einen Schluck des Zaubertranks zu sich nimmt, weiß jeder, wie die Geschichte weitergehen wird.

Mit anderen Worten: Das Betrachten eines Bildes aktiviert die Phantasie. In Verbindung mit dem Vorwissen und den Interessen des Rezipienten kann aus dem Moment des Bildes eine ganze, gerafft erzählte Geschichte werden: Bilder erzählen (wie Texte) Geschichten.

Wir wählen aus diesen Erwägungen Begriffe aus, die im Zusammenwirken von Text und Bild für die Bildanalyse fruchtbar sein können, und unterziehen sie einem Praxistest:

- Der eingefrorene Moment
- Informationen, die das Bild gibt
- Fragen an das Bild
- Die Geschichte, die das Bild erzählt

3 Schoppe, 14.

4 Ein Bild kann sein: Gemälde, Zeichnung, Mosaik, Illustration, Foto, Postkarte, Plakat, Comic, Skizze, Grafik u. a.

Beispiel aus dem Lateinunterricht:

Sie lesen mit den SuS Ovids Erzählung von Apollo und Daphne (Met. 1, 474–559). Für den *Einstieg* in die Texterarbeitung bilden Sie zwei Gruppen, von denen eine Gruppe das Bild 1, die andere Bild 2 betrachten. Dazu geben Sie Ihnen folgende arbeitsgleiche Aufträge, welche die oben genannten Begriffe aufgreifen:

1. Werft einen *ersten* Blick[5] auf das Bild und beschreibt, was ihr als den eingefrorenen Moment erachtet.
2. Sammelt bei einem *genaueren* Blick weitere Informationen, die das Bild euch liefert.
3. Genügen euch die Informationen zum Verständnis des Bildes? Wenn ja, warum? Wenn nein: was für Fragen stellt ihr euch noch?
4. Erzählt in Stichworten die Geschichte, die ihr hinter dem Bild vermutet, vom Anfang bis zum Ende.
5. Gebt dem Bild einen vorläufigen Titel.
6. [Bewertet das Bild - im Vergleich zum Text - nach eigenen Kriterien.[6]]

Abb. 22: Apollo and Daphne by spicystewed-demon/deviantart.com

Abb. 23: Beatriz Martin Vidal, Daphne und Apollo

5 In der Kunstwissenschaft spricht man von der perceptiven Erstbegegnung.

6 Dieser Arbeitsauftrag ist möglich, wenn die Bildbetrachtung nach der Lektüre des Textes erfolgt.

► *Didaktische Hinweise:*

Mögliche Antworten:

Bild 1:

1. *Der eingefrorene Moment:* Ein Junge berührt ein Mädchen; das Mädchen vermeidet die Nähe zum Jungen. Die Haare des Mädchens bleiben im Geäst des Baumes hängen. Der Junge scheint »auf dem Sprung« zu sein.
2. *Informationen des Bildes:* Zwischen beiden Personen klafft eine Lücke; ihre Körper berühren sich nicht. Es gibt eine große Distanz. Der Junge genießt mit geschlossenen Augen den Moment der vermeintlichen Intimität. Das Mädchen dagegen verdreht unwillig oder ängstlich ihre Augen.
3. *Fragen aus dem Bild heraus* oder *Fragen an das Bild:* Was bedeutet die Hand des Mädchens auf dem Rücken des Jungen? Wer ist die psychisch stärkere Person? Wird es zu Nähe oder zu noch größerer Distanz kommen?
4. *Vermutungen zur erzählten Geschichte:* Ein junger Mann drängt sich (ungeschickt) einer jungen Frau auf. Er bemerkt die Nöte des Mädchens nicht. Kein Happyend.

Titel: DISTANZ (vom Mädchen her gesehen)

Bild 2:

1. *Der eingefrorene Moment:* Ein Mädchen in einem Baum, geschlossene Augen, friedlicher Gesichtsausdruck. Ein junger Mann klammert sich an die Beine des Mädchens und will sie festhalten.
2. *Informationen des Bildes:* Das Mädchen befindet sich in einer anderen Welt. Der Junge wirkt traurig und gebrochen. Es gibt keine Ebene der Verständigung zwischen den beiden.
3. *Fragen aus dem Bild heraus* oder *Fragen an das Bild:* Was trennt die jungen Leute?
4. *Vermutungen zur erzählten Geschichte:* Ein junger Mann nimmt voller Trauer und Gebrochenheit Abschied von einem Traum. Er wollte dieses Mädchen besitzen, sie aber entzieht sich.

Titel: NÄHE (vom jungen Mann her gesehen)

Fazit: Die Vermutungen über die zugrundeliegende Geschichte sind erzählt, aber es ist noch nichts vorweggenommen. Denn Ovids Erzählung lebt nicht von der vorhersehbaren Handlung, sondern von den dichterischen Feinheiten: von männlicher Arroganz, vom Machtkampf zwischen Amor und Apollo, von Daphnes Lebenszielen im Gegensatz zu den Vorstellungen ihres Vaters, überhaupt von der Vater-Tochter-Beziehung, von Apollos ungeschickt-komischem Werben um diese junge Frau u. a. Die SuS lesen Metamorphosen und wissen daher, dass auch *diese* Geschichte mit einer Verwandlung enden wird. Durch die Bildanalyse als Einstieg wird aber nichts vorweggenommen.

Die Kunstwissenschaft schlägt für die Analyse eines Bildes ein mehrstufiges Verfahren vor:

▶ Im Sinne einer Bestandsaufnahme beginnt sie mit der **subjektiven Wahrnehmung** dessen, was dargestellt ist: Gegenstände, Personen, Formen, Landschaft, Fauna, Flora u. a. Das Wesentliche des Bildes soll herausgearbeitet werden. Mit der – *phänomenologischen* – Methode machen wir uns ein Bild vom Bild.

▶ Danach folgt die **Analyse** (*analytische* Methode): Sie ordnet die wahrgenommenen Details, z. B.:

- Was macht den Vorder-, was den Hintergrund aus?
- Was steht im Zentrum oder oben – unten – links – rechts?
- Welche Farben sind zu erkennen? Können Dinge gleicher Farbe miteinander in Beziehung gesetzt werden?

Auch Lichtgebung, Linienführung, Formen, Kontraste, Proportionen, Dominanz heller oder dunkler Bildteile und vor allem die Perspektive sind Aspekte der Analyse.

▶ Bei der **Interpretation** schließlich arbeitet der Betrachter die Bedeutung des Bildes heraus: für das Genre, für die Aussage, für die Zeit des Künstlers, für die Gegenwart, für den Betrachter selbst. Diesen Schritt können wir im Lateinunterricht nicht gehen. Wir deuten nicht das Bild an sich, sondern stellen es in den Dienst des lateinischen Textes. Deshalb setzen wir das Bild neben den Text und vergleichen beide Informationsträger, und zwar so, dass wir sowohl im Bild als auch im Text Schwerpunkte setzen (*hermeneutische* Methode):

- Welche Gemeinsamkeiten, welche Unterschiede sind zu erkennen?
- Geht das Bild mit dem Text konform (Affirmation)?
- Reduziert das Bild den Text (Reduktion)? Schmückt es ihn aus, im Sinne einer Verstärkung einzelner Elemente des Inhalts (Verherrlichung)?
- Wertet das Bild den Text um (Umdeutung)?
- Variiert das Bild den Text (innovative Variation)?

Diese Schritte erreichen das Deutungspotential, das einerseits dem Bild innewohnt und andererseits dem Text dient. Ein möglicher weiterer Schritt (*dia-*

lektische Methode) könnte dann zusätzlich von den SuS eine **persönliche Stellungnahme** abverlangen, wie sie zur Bildaussage und zur Darstellung stehen:

»Ein Urteil drückt die Art und Weise aus, wie ich mich zu einer Sache verhalte. Es beruht auf (objektiven) Werten und auf (subjektiven) Wertungen zugleich[7].«

Die SuS formulieren bei dem beschriebenen vierten Schritt ein Urteil:

a) Wie beurteile ich – im Vergleich – die künstlerische Qualität und die Aussage(n) von Text und Bild?
b) Wie beurteile ich das Bild als Rezeptionsdokument?
c) Gefällt mir das Bild (als Umsetzung des Textes)?

Eines ist klar: Bilder sind im Lateinunterricht nicht zentraler Lerngegenstand, sondern stellen eine Möglichkeit dar, wie man einen Text besser oder anders verstehen kann. Das Bild hat also »nur« eine problem-eröffnende oder eine problem-begleitende Funktion.

7.1.2 Methodisches Handwerkszeug

Was kann eine Bildbetrachtung im Lateinunterricht konkret leisten? Da ein Bild weitere Bilder im Kopf auslöst und Fragen aufwirft, eignet es sich besonders als *Einstieg* in die Texterarbeitung; denn es schafft Aufmerksamkeit und bereitet auf das Thema vor. Das Bild zum Einstieg hat daher einen besonderen Platz im Unterricht. Dazu finden Sie unter A fünf methodische Vorschläge. Anschließend bieten wir unter B sieben Vorschläge zum Einsatz von Bildern während der Textarbeit.

A Das Bild als Einstieg

► A1 Erste Assoziationen

Methode: Das Bild wird kurz aufgelegt, dann weggenommen. Die SuS notieren jeweils ihren ersten Eindruck auf einem Zettel.

Abb. 24: Marionette
(aus: Lumina nova, Göttingen 2010)

7 Henneböhl, 163.

Textbezug: Lumina nova, L.18, 111 (Bild) und 112 (Text: Äußerungen Senecas über den Tod)
Mögliches Ergebnis: Die SuS nennen die Begriffe: Unfreiheit - Unselbstständigkeit - Licht/Dunkel - Marionette - Hilflosigkeit - Übergang - Weggehen - Ende - Fäden - Schritt für Schritt.

Sie wählen einen Begriff als Oberbegriff (z.B. »Übergang«) und entwickeln eine Mindmap. Diese Begriffe bereiten das Thema des Textes, den »Tod«, emotional und sachbezogen vor.

► A2 Dichter sein (»eigentlich« einen Zweittext dichten und zum Vergleich nutzen)
Methode: Die SuS verfassen nach der Betrachtung des Bildes ein Gedicht nach dem Muster eines **Elf**chens[8]:
Textbezug und Bild: wie bei A1
Mögliches Ergebnis:

Fäden
gefangen, fremdbestimmt
im leeren Raum
ein Schritt ins Nichts
Ungewissheit

Das kleine Gedicht vermittelt in minimalistischer Form eine Stimmung, die vom Bild ausgeht.

► A3 Fokussieren (didaktischer Ort: auch während der Textanalyse)
Methode: Einzelne Flächen werden je nach dem didaktischen Ziel abgedeckt. Das Sehen wird gelenkt.
Textbezug: Cicero, in Catilinam/in Verrem: Cicero greift seinen Gegner an

8 Ein Elfchen besteht aus elf Wörtern und wird wie folgt zusammengesetzt: Erste Zeile: erster Eindruck vom Bildinhalt in einem Wort; zweite Zeile: Eigenschaften einer abgebildeten Person/Sache in zwei Wörtern; dritte Zeile: Bestimmung des Wo? in drei Wörtern; vierte Zeile: Beschreibung des Bildinhalts in vier Wörtern; letzte Zeile: ein Wort, sozusagen das »letzte Wort«.

Abb 25: Maccari: Ciceros Anklage gegen Catilina, 19. Jahrhundert

Es gibt hier drei Möglichkeiten des Abdeckens: sichtbar bleiben a) Catilina, b) der Redner Cicero, c) die oberste Reihe der Senatoren. Arbeitsauftrag: Beobachtet die Körpersprache des/der Protagonisten und beschreibt dessen/deren Stimmung durch mehrere deutsche Adjektive.

Die SuS nehmen Ciceros Körpersprache wahr. Wenn sie im Text seine ausgefeilte Rhetorik kennen gelernt haben, verstehen sie, welche Kraft Worte (und Gesten) haben können.

Abb. 26: Freunde (zu Aufgabe 4)

► A4 Gedankennetze (didaktischer Ort: auch während der Textarbeit)
Methode: Die SuS sammeln Begriffe, die sie mehr oder weniger mit dem Bild verbinden können. Sie ordnen diese in Gedankennetze ein, wobei alle Begriffe unter einem Oberbegriff stehen müssen.
Textbezug: Cicero, Laelius de amicitia 6,22 (Echte Freundschaft)
Mögliche Ergebnisse: Gedanken zum Bild: Spaß - Wärme - Nähe - Zuneigung - Übermut - Wohlwollen - Gemeinschaft - Freundschaft - Genuss - Lebensfreude - Wertschätzung - Erlebnisse - Freiheit - Freundlichkeit ... *Die Anordnung ist dann immer eine individuelle Schülerleistung.*

Nach Übersetzung und Analyse können die Begriffe des persönlichen Gedankennetzes auch zur Interpretation des Textes eingesetzt werden.

► A5 Verbannung
Methode: Die SuS »verbannen« aus dem Bild (auf einer Kopie) alle geometrischen Figuren und alle Personen durch Abdecken (o. ä.). Die Analyse des Bildes zielt zuerst auf die Gegenstände, sofern sie geometrisch sind, dann auf die Figuren des Bildes bzw. das ganze Bild.
Textbezug: Alle Lehrbuchtexte, die den Streit zwischen Romulus und Remus behandeln.

Abb. 27: Matthäus Merian d. Ä. Gründung Roms

Mögliche Ergebnisse:
- ohne Personen und Gegenstände: eine attraktive, liebliche Flusslandschaft
- ohne Personen, aber mit Gegenständen: spitze Gegenstände stören die Idylle (Obelisk, Speere)
- Gesamtbild: zwei kampfbereite Personengruppen stehen einander gegenüber, sie blicken zum Himmel (vgl. Vogelschau)

Das reduzierte Bild zeigt eine liebliche Landschaft, mit Hügeln, Wäldern und einem breiten Fluss. Dieser Ort scheint ein guter Ort zu sein, eine Siedlung oder eine Stadt zu bauen. Wenn die geometrischen Figuren wieder eingesetzt sind, empfinden die SuS die kantigen oder spitzen Formen als eine Bedrohung für diesen *locus amoenus.* Wenn auch die Menschen zu sehen sind, erkennen die SuS, dass um diesen Platz gekämpft werden wird. Dass die Kontrahenten Zwillingsbrüder sind, spielt dabei keine Rolle. Jeder von beiden wird diesen Platz für den Bau *seiner* Stadt beanspruchen.

B Das Bild während der Textarbeit

Bilder sind auch Materialien, die *innerhalb* der Erarbeitung eines Textes hilfreiche Akzente setzen können. Sie ermöglichen einen Transfer des Bildinhalts auf den Text oder umgekehrt: vom Text auf das Bild. Das Bild gibt Hilfestellung, den Text besser oder anders zu verstehen, beispielsweise durch einen Perspektivenwechsel. Es entsteht eine »Dreiecksbeziehung« zwischen Text, Bild und Rezipient. Das Bild kann auch einen Zwischenimpuls setzen oder zur Interpretation eine alternative Deutung anbieten. Mit einem Bild kann man auch einen bereits gelesenen Text wieder in Erinnerung rufen.

► B1 Eigene Bilder

Methode: Die SuS bringen jeweils ein eigenes Bild mit in den Unterricht, welches das Thema des gelesenen Textes berührt und gleichzeitig für sie bedeutend ist.
Ziel: Das Thema wird dadurch aktualisiert und mit der Lebenswelt der Jugendlichen verbunden. Neue Facetten des Themas werden sichtbar, die begründet werden müssen.

► B2 Gruppenpercept[9]

Methode: In Kleingruppen gehen die SuS nach folgendem Verfahren vor: Jeder Teilnehmer notiert seinen Eindruck vom Bild auf ein Blatt und reicht es an den Nachbarn weiter; dieser liest die »Nachricht« und ergänzt sie durch seinen Ein-

9 Schoppe, 67.

druck vom Bild. Das Verfahren läuft so weiter, bis jeder sein eigenes Blatt wiederbekommen hat. Jede Gruppe einigt sich auf zwei Rückmeldungen zum Bild.
Textbezug: Sallust, de coniur. Cat., Kap. 20
Mögliche Ergebnisse: Die Rückmeldungen erweitern die Interpretationsmöglichkeiten des Textes. Was es bedeutet, sich zu verschwören, wird herausgearbeitet, vor allem der Aspekt, dass die Verschwörer Leib und Leben aufs Spiel setzen.

Abb. 28: Salvator Rosa

► B3 Mein Bild vom Bild
Methode: Der Lehrer stellt ein Bild zum Thema bereit. Die SuS fotografieren mit Handy oder Kamera einen von ihnen ausgewählten Bildausschnitt. Sie erläutern sich gegenseitig ihren Bildausschnitt und begründen auch ihre Wahl. Man einigt sich auf Bildausschnitte, die für die Textaussage von Bedeutung sind. Alternativ: die SuS montieren die Fotos zu einer Collage.

► B4 Partielle Bildbetrachtung (didaktischer Ort: Gliederung und Inhalt [Analyse])

Methode[10]: Den SuS wird ein Bildausschnitt präsentiert, den sie beschreiben. Weitere Ausschnitte folgen. Das detaillierte Wahrnehmen fördert Texterschließung und Gliederung.

Textbezug: Phaedrus I 5

Mögliche Ergebnisse: Die SuS erkennen: die Teilnehmer der Geschichte – die zentrale Stellung des Löwen – seine besitzergreifende Pose – dementsprechend: die schwache Position der anderen Tiere. Die Gliederung des Textes wird vorbereitet.

Abb. 29: Löwe (C.C.Buchner)

► B5 Eigenschaften

Methode: Die SuS formulieren deutsche Adjektive, die das Bild bzw. die Wirkung des Bildes auf sie beschreiben. Sie ordnen die Adjektive – wo es möglich ist – zu antithetischen Paaren.

Textbezug: Cicero, Laelius de amicitia, 25, 91–93 (Gefahren für die Freundschaft: Lüge und Unaufrichtigkeit)

Ergebnisse:

Adjektive: krass – verstörend – halb bekleidet – verfeindet – viele – eine – dunkel – offen – versteckt – aufrecht – weiblich – strahlend – nackt – männlich – hell – gebückt usw. Die (weibliche) Wahrheit wehrt (männliche) Angriffe ab. Die schwarz bekleideten Figuren der Lüge, der Intrige und des Betrugs weichen abgeschreckt, beeindruckt, verstört (?) von der Wahrheit zurück.

10 Schoppe, 72.

Abb. 30: Ferdinand Hodler, Die Wahrheit II, 1903

► B6 Manipulation (didaktischer Ort: Interpretation)
Methode: Die SuS verändern bestimmte Bereiche des Bildes durch Übermalen, Löschen, Durchstreichen u. a.. Was die Manipulation bezweckt, liegt in der Vorstellung des Manipulators. Er muss die Veränderung erläutern.
Textbezug: Cicero, de natura deorum 1, 50–53 (Epikurs Vorstellung von der Götterwelt)
Mögliche Ergebnisse: Die SuS verändern oder erweitern dieses Bild so, dass es entweder Epikurs Vorstellung von den Göttern verstärkt oder einen Widerspruch zu ihr erkennbar macht. Das Bild wird so verändert, dass es die Textaussage entweder bestätigt oder in ihr Gegenteil verkehrt.

Abb. 31: Zeus, wikipedia commons

► B7 Körpersprache (didaktischer Ort: Abschluss der Interpretation)
Methode: Die SuS identifizieren sich mit den Protagonisten des Bildes, indem sie das Bild nachstel-

len (Standbild). Sie imitieren deren Körperhaltung. Die Aufstellung wird fotografiert und besprochen.
Textbezug: Caesar, BG, I, 52–54 (Kampf gegen Ariovist)
Mögliche Ergebnisse: Die SuS empfinden die Situation des Kampfes nach und können seine Dramatik erahnen. Dadurch erkennen sie, wie sie Caesars Bericht bewerten müssen und verstehen, was er, um die Leser zu lenken, in seiner Darstellung weggelassen oder hinzugefügt hat.
Variation: Die SuS fügen nach dem Ende des Standbilds die Gedanken, die ihnen während der Darstellung durch den Kopf gegangen sind, in Sprechblasen ins Bild ein.

Abb. 32: Titus

Gewiss nicht jeder Lehrer und jede Lehrerin wird sich mit allen methodischen Vorschlägen identifizieren können. Sie finden die für einen Text passende Methode, indem Sie sich genau wie beim Entwerfen von Analyse und Interpretation einige grundsätzliche Fragen stellen, mit deren Hilfe Sie sich auf einen Bildeinsatz vorbereiten.

Diese Fragen könnten sein:

- ☐ Ist mir bei einem modernen Bild die Botschaft der Darstellung klar? Kann ich sie interpretieren (im Ganzen oder in einzelnen Details)?
- ☐ Wie wirkt das Bild auf mich? Gefällt es mir? Warum gefällt es mir?
- ☐ Können die SuS mit diesem Bild etwas anfangen? Können sie die »Sprache« des Bildes verstehen?
- ☐ Benötige ich, benötigen die SuS Informationen zur Entstehung des Bildes und seiner Wirkungsgeschichte?
- ☐ Warum möchte ich das Bild einsetzen?
- ☐ Wozu will ich es einsetzen (Unterrichtsziel)?

Möglichkeiten:

- ☐ um eine neue Deutung des Textes einzuleiten?
- ☐ um eine Problemstellung des Textes zu verdeutlichen?
- ☐ um einen anderen Lernkanal zu bedienen? Oder um eine kreative Phase einzuleiten?
- ☐ um den SuS einen Transfer zu ermöglichen?
- ☐ …

- ☐ Lohnt sich der Aufwand für das beabsichtigte Lernziel?
- ☐ Wie sollen die SuS arbeiten? Allein? In Gruppen?
- ☐ Wie kombiniere ich Text und Bild?
- ☐ An welchem didaktischen Ort setze ich das Bild ein?

7.1.3 Ein ausführliches Beispiel: Narzissus

Voraussetzungen:

Sie haben mit Ihren SuS die Geschichte von Narzissus und Echo – teilweise kursorisch, teilweise statarisch – gelesen (Ovid, Met, 3, 339–512). Die Rede, welche die Selbsterkenntnis des jungen Mannes (443–474) begleitet, haben Sie bereits analysiert und interpretiert. Eine Bildbetrachtung soll nun die Interpretation abrunden und eventuell zu einer produktiven Phase überleiten.

Der Künstler:

Der Australier James Cochran (geb. 1973) ist ein wichtiger Vertreter der Graffiti-Malerei. Durch gesprühte Punkte und Striche entstehen große Porträts oder große Landschaften. Aber er malt auch in Öl; seine Themen behandeln Menschen, die in der Großstadt an den Rand der Gesellschaft gedrängt sind.

Das Bild:

Beim ersten Betrachten des Bildes drängt sich der Eindruck von Trostlosigkeit auf. Grau ist die beherrschende Farbe. Die Stadt ist leer, die Menschen wenden sich voneinander ab, jeder geht seines Weges, die wenigen Bäume wirken verkümmert. Trüge das Bild nicht den Titel »Narcissus«, könnte man meinen, der Mann sei gestrauchelt und würde sich mit seinen Händen auf dem Boden abstützen. Der Titel »Narcissus« lenkt die Interpretation in eine andere Richtung. Viele Deutungen sind möglich, eine sei hier ausgeführt. Das Bild zeigt eine unpersönliche, trostlose Straße, deren Breite kein Miteinander von hüben und drüben zulässt. Der Gehweg ist ebenfalls enorm breit. Die wenigen Menschen verlieren sich auf ihm, zumal jeder eine andere Richtung anstrebt. Die einzelne Person am rechten oberen Bildrand steht unbewegt und fixiert einen Punkt in der Ferne. Jeder ist für sich allein. Auch der junge Mann, der eine gewisse Ähnlichkeit mit Elvis Presley zeigt, ist allein; man beachtet ihn nicht. Er kniet vor einer Pfütze und betrachtet sich selbst in ihr; das Spiegelbild ist nur schemenhaft zu erkennen. Warum tut der junge Mann das? Er nimmt keinen Kontakt zu den anderen Menschen auf. Er scheint die anderen zu meiden und konzentriert sich nur auf die Pfütze/das Bild. Er sucht in seinem Spiegelbild den einen, ihm zugewandten Menschen und vergewissert sich seiner selbst. Braucht er diese Selbstbestätigung, um überleben zu können?

Phase 1:

Was müssen Sie als Lehrer vorbereiten?

Recherchieren Sie im Internet zu Narzissus und Echo entsprechende Bilder von Waterhouse, Perrier (ersatzweise: Poussin), Caravaggio. Fertigen Sie je eine Folie. Legen Sie die Folie nacheinander auf einen OHP. Jedes Bild kann ca. 2 Minuten betrachtet werden.

Arbeitsaufträge für die SuS:

1. Notieren Sie in Stichworten, was Ihnen an jedem Bild gefällt.
2. Sie haben viel Geld geerbt und wissen, dass ein Gemälde eine gute Wertanlage ist. Welches der drei Bilder würden Sie erwerben?
3. Nennen Sie *weitere* Gründe, warum Sie dieses Bild besitzen wollen.

Abb. 33: James Cochran, Narcissus, 2002

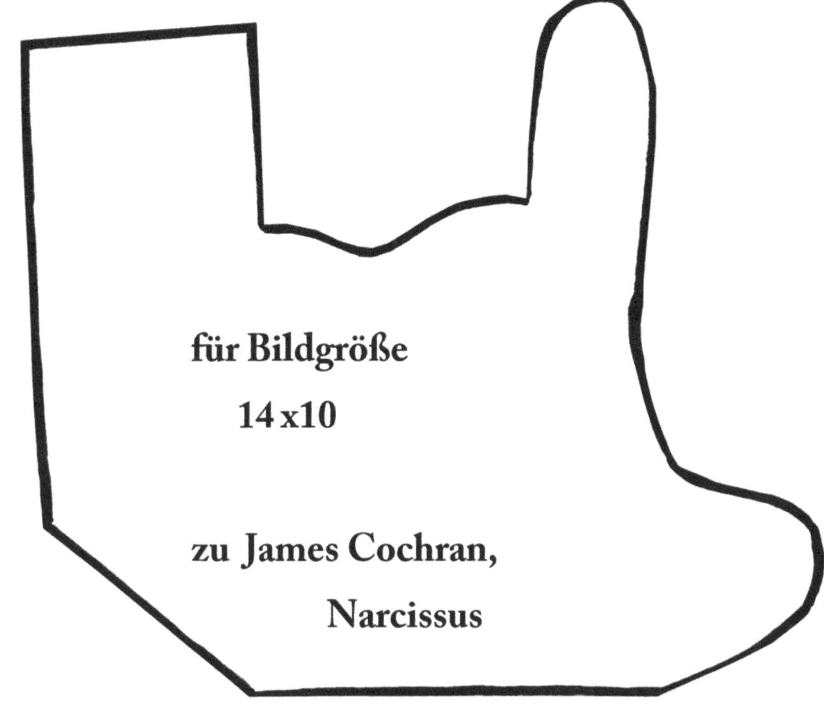

Phase 2:

Vorbereitung des Lehrers: Fertigen Sie vom Bild »Narcissus« von James Cochran[11] eine Folie an (14 x 10). Kopieren Sie auf Papier auch die Form, die zum Abdecken aller Personen auf dem Bild dient. Schneiden Sie diese aus und decken Sie damit in Aufgabe 4 die Personen ab.

Arbeitsaufträge für die SuS:

4. Geben Sie diesem Bild, so wie Sie es sehen, einen Titel und vergleichen Sie Ihren Titel mit denen von Mitschülern.
5. Sie sehen jetzt das vollständige Bild: Wollen Sie Ihren Titel ändern? Legen Sie in der Gruppe einen Titel fest, mit dem alle einverstanden sind.

11 www.akajimmyc.com/Narcissus (Zugriff: 07/2016).

Phase 3:
Vorbereitungen des Lehrers:
Kopieren Sie je nach der Wahl der SuS deren Lieblingsbild (siehe Aufgabe 2) in ausreichender Menge. Bilden Sie dann eine Waterhouse-Gruppe, eine Perrier-Gruppe usw.

Arbeitsaufträge an die SuS:

6. Vergleichen Sie das Bild von Cochran mit dem Bild, das Sie gerne kaufen würden. Vergleichspunkte sollen sein: Stimmung des Bildes, Farbgebung, Bildaussage und weitere Gemeinsamkeiten und Unterschiede.
7. Werten Sie den Vergleich aus: Beschreiben Sie, wie »Ihr« klassischer Künstler den Mythos versteht und wie ihn Cochran umdeutet.

7.2 Umgang mit Zweittexten

7.2.1 Vorbereitungen

Wie geht man vor, wenn ein zweiter Text zur Interpretation eines ersten Textes genutzt werden soll? Ein Blick auf den nachfolgenden Kasten wird Sie daran erinnern, dass Sie die genannten Punkte bereits kennen gelernt haben (Kap. 5.1.3).

(a)[12] Bevor wir uns überhaupt für einen bestimmten Zweittext entscheiden, müssen wir uns darüber Rechenschaft ablegen, was dieser gegenüber dem Ersttext leisten soll. Welchen Aspekt soll der Posttext dem Prätext, den wir gerade lesen, hinzufügen?

Ein Posttext kann …

- den Prätext in seinem Inhalt bestätigen → **AFFIRMATION**
- ihm widersprechen → **NEGATION**
- ihn erweitern → **AUSSCHMÜCKUNG**
- ihn variieren (ironisieren, politisieren) → **VARIATION**
- in Teilaspekten umdeuten → **INNOVATION**
- einen Aspekt besonders hervorheben → **REDUKTION.**

Negation, Variation und Innovation eignen sich besonders gut für die Interpretation eines aussagekräftigen, motivstarken lateinischen Prätextes.

12 Die Reihenfolge von a) und b) kann auch umgedreht werden.

(b) Weiter muss man prüfen, ob sich der Posttext auf den gesamten Prätext bezieht oder nur auf einen Teilausschnitt. Markieren Sie ggf. diesen Ausschnitt und setzen Sie ihn für Ihre persönliche Verwendung direkt neben den Posttext. Durch diese Fokussierung lassen sich die Punkte des Vergleichs besser erkennen und operationalisieren.

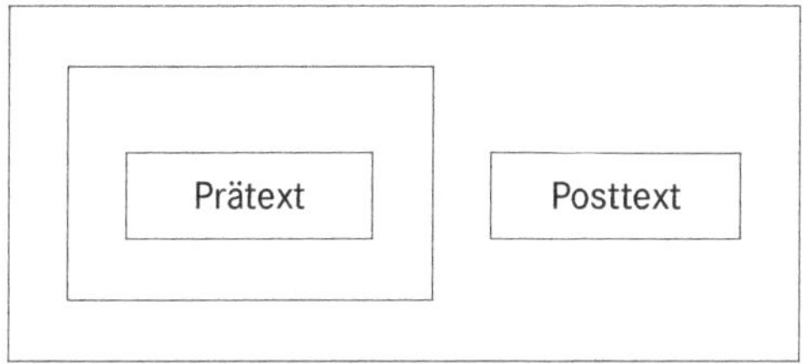

(c) Vergleichen Sie, falls erforderlich, auch die jeweilige äußere Form von Prä- und Posttext. Weist Letzterer eine andere Textsorte auf als der Prätext, sollte man überlegen, ob es Sinn macht, den Posttext durch eine entsprechende Aufgabenstellung seiner Form zu »entkleiden«, um auf die eigentliche Aussage zu stoßen. Oft allerdings gibt gerade die Textsorte des Posttextes in Verbindung mit der Aussage wertvolle Zusatzinformationen, die Auskunft über die Intention des Autors geben können. Beispiel: Wenn Sie einen Ausschnitt von Schillers Ballade »Die Bürgschaft« einer passenden Stelle aus Ciceros *Laelius de amicitia* gegenüberstellen wollen (z. B. 27,100), kann man den SuS nicht abverlangen, sich in die Sprache Schillers einzufühlen oder gar mit dem Versmaß der Ballade vertraut zu machen. Da könnte es angebracht sein, den Ausschnitt vorzulesen (um die Schönheit der Sprache zu zeigen) und dann mit einer Wiedergabe in ungebundener Sprache fortzufahren.

(d) Für den Vergleich zweier Texte benötigen wir in der Regel einen Parameter, der den Vergleich lenkt, ein *tertium comparationis.*

Legen Sie also einen Vergleichsparameter fest, nach dem Gemeinsamkeiten und Unterschiede der beiden Texte erarbeitet werden sollen. Beispiel: Vergleichen Sie den Zweittext mit dem Prätext, indem Sie die Unterschiede in der Aussage herausarbeiten.

(e) Jetzt erfolgt die Operationalisierung (vgl. auch Kap. 9.1). Grundsätzlich gilt: Je unerfahrener Ihre SuS im Umgang mit Zweittexten sind, um so kleinschrittigere Arbeitsaufträge müssen die Operatoren geben. Bei den weniger erfahrenen SuS muss zuerst das Verständnis des Posttextes gesichert werden, dann können diejenigen Stellen benannt und verglichen werden, an denen beide

Texte miteinander in Kontakt treten, d.h. die intertextuellen Bezüge müssen geklärt werden.

Je erfahrener dagegen Ihre SuS sind, umso weniger Aufgaben benötigen Sie. Dann können diese auch sehr offen sein und es kann passieren, dass die Antworten der SuS nicht durch Ihren Erwartungshorizont abgedeckt, aber dennoch möglich sind. Im Idealfall, wenn Ihre SuS ausreichend Erfahrung haben und die Wege des Interpretierens eingeübt sind, genügt beispielsweise der Auftrag: »Vergleichen Sie Post- und Prätext nach dem Parameter XY und interpretieren Sie die gewonnenen Ergebnisse.«

(f) Bei jeder Interpretation, aber besonders bei einem Text-Bild- oder einem Text-Textvergleich ist es von großer Bedeutung, für sich selbst einen ausführlichen, detaillierten Erwartungshorizont zu verfassen. Dieser hilft, die Sinnhaftigkeit und die Machbarkeit der Aufgaben zu überprüfen (der Lehrer ist *immer* die erste Testperson seiner Arbeitsaufträge!). Bild und Posttext sind ja einerseits Informationsträger und gleichzeitig auch Medien, deren Behandlung im Unterricht nicht unbedingt im Zentrum unserer philologischen Kernkompetenz liegt: Bilder sind subjektive Äußerungen voller Deutungsmöglichkeit, Posttexte können ganz anderen Wissenschaften, anderen Fächern entnommen sein, so dass wir allein schon inhaltlich erst nach längerer Recherche Fuß fassen. Texte machen eben Arbeit!

Zusammenfassung: Wie bereitet man den Einsatz eines Posttextes vor?

- ☐ Ziel des Posttextes bestimmen
- ☐ Prätext-Posttext einander exakt zuordnen
- ☐ Parameter des Vergleichs festlegen
- ☐ Für den Vergleich geeignete Operatoren entwickeln
- ☐ Erwartungshorizont formulieren

7.2.2 Beispiel Narzissus

Wenden wir uns noch einmal Narzissus' Rede zu, in der er seine Gefühle beschreibt, wie sie sich angesichts des wachsenden Erkennens der Wahrheit verändern.

Prätext: Ovid, Met, 3, 443–474

Posttext: Ein indisches Märchen[13]
Mit einem Löwen, der mehr Wild vertilgt hat, als zu seinem Lebensunterhalt notwendig gewesen wäre, haben die Tiere einen Vertrag geschlossen, wonach sie sich verpflichteten, ihm täglich eines von ihnen zu schicken, und eines Tages trifft das Los den Hasen. Dieser verspätet sich absichtlich, und als ihn der Löwe deshalb zur Rede stellt, gibt er vor, auf dem Weg zu ihm von einem anderen Löwen angehalten worden zu sein. Erbost will der Herr der Tiere den Rivalen sehen, der Hase führt ihn zu einer Zisterne, und da heißt es weiter: »Da nun der Löwe von seinem Spiegelbild seines Körpers nichts wusste, geriet sein Verstand auf einen *schlechten Pfad;* er dachte: ›Dies ist mein Widersacher‹ und stürzte sich, ohne zu zaudern, auf ihn.«

In diesem Text soll das Motiv des Spiegelbilds in seiner Weiterentwicklung untersucht werden. Der Posttext variiert das Spiegelmotiv; der Vergleichsparameter ist die *Wirkung* des Spiegelbildes: Was bewirkt das Spiegelbild jeweils in der Erzählung von Narzissus bei Ovid, was bewirkt es im indischen Märchen?

Mögliche Arbeitsaufträge:

1. 1 Beschreiben Sie, wie der Anblick des Spiegelbildes das Denken des Löwen beeinflusst.[14]
1. 2 Interpretieren Sie in diesem Zusammenhang den Ausdruck *auf einen schlechten Pfad.*
2. Untersuchen Sie, was für Gedanken oder Gefühle der Anblick des Spiegelbildes bei Narzissus hervorruft.[15]
3. Vergleichen Sie die unterschiedlichen Wirkungen beim Löwen und bei Narzissus: Was haben sie gemeinsam, was unterscheidet sie?[16]

---

13 Tantrakhyayika II, 24, zitiert nach Wesselski, 55 (Text gekürzt).

14 z. B. Verharren in Verhaltensmustern, überhastetes Handeln, Unüberlegtheit, Dummheit.

15 z. B.: Totale Liebe zum Bild, dadurch Abkehr von der Gesellschaft (asoziales Verhalten), aber auch Selbsterkenntnis, Todessehnsucht.

16 Mögliche Gemeinsamkeiten: der gespiegelte »Gegenstand« erregt und verführt zu unkontrollierbaren Emotionen, die Todesfolge – mögliche Unterschiede: beim Löwen: Unüberlegtheit – bei Narzissus: die Gesellschaft ausschließende (Selbst-)Liebe.

7.3 Literatur

AU 3/1997, Vergleichendes Interpretieren.

AU 6/2015, Text und Bildbetrachtung.

Bertscheit, R., Bilder werden Erlebnisse, Mitreißende Methoden in Schule und Museum, Mülheim an der Ruhr, 2001.

Hagedorn R., Narziß. Der Mythos als Metapher von Ovid bis heute, Freiburg/Würzburg 1984.

Henneböhl, R., LATEIN KREATIV, Ovid METAMORPHOSEN (Textband [2006], Übungsheft [2006], Begleitheft scaena [2012]) Bad Driburg.

Land, K./Pandel, H.-J., Bildinterpretation praktisch, Schwalbach 2009.

Reinhardt, U., Ovids Metamorphosen in der modernen Kunst, Auxilia 48, Bamberg 2007. Sauer, M., Bilder im Geschichtsunterricht, Seelze, 2007.

Schöppe, A., Bildzugänge, Seelze 2013.

Wiesen, B., Bilder zeigen den ganzen Menschen, in: Brüning, B./Martens, E. (Hg.), Anschaulich interpretieren, Weinheim und Basel 2007, 97–98.

Zülch, M., Die Welt der Bilder, in: Kunst + Unterricht – ein konstitutiver Teil der Allgemeinbildung, 244/200.

8 Kreativ-produktive Verfahren

Wegweiser durch dieses Kapitel:

8.1 Binnendifferenzierung und kreatives Handeln
8.2 »Große« und »kleine« Verfahren
8.3 Die fünf Säulen kreativer Textinterpretation
8.4 Impulsgebung
8.5 Literatur

8.1 Binnendifferenzierung und kreatives Handeln

Jeder Mensch lernt anders; die Kanäle des Lernens können visuell sein, auditiv, aktiv handelnd (auch: haptisch), analytisch und kognitiv, kommunikativ und kooperativ, motorisch.

Diese Analyse ist nicht neu, sie hat in der Vergangenheit zu vielen Veränderungen in der Bildungspolitik und im Bildungswesen geführt. Ein Verfahren, das auf den Vorgaben der Neurowissenschaft beruht, ist die Methode des Differenzierens, der *äußeren* Differenzierung, die aus verschiedenen Gründen im Schulalltag eher schwieriger zu realisieren ist, und der *inneren* oder Binnendifferenzierung, die in den letzten Jahren für alle Schultypen und alle Fächer geradezu perfektioniert worden ist.

Im Lateinunterricht spricht man von einer vertikalen und einer horizontalen Differenzierung, die innerhalb der Lerngruppe stattfindet. Die vertikale betrifft die Übersetzung, wobei die einen SuS den Originaltext, andere eine erleichterte Fassung bearbeiten können. Worin die Erleichterungen bestehen, liegt – nach entsprechender Diagnose – in der Entscheidung des Lehrenden. Den Aufgaben zur Interpretation liegt das Prinzip der horizontalen Differenzierung zugrunde:

»Aus vielen verschiedenen, im Ansatz gleichwertigen Denkansätzen wird eine Gesamtinterpretation des Textes «gewebt». Die Interpretation entsteht aus der Summe aller Wege, die beschritten werden, um den Text auszuschöpfen und ihn in seiner Vielschichtigkeit zu verstehen. Einzelne Aufgaben (kognitive, affektive, kreative, produktive) bzw. deren Lösungen sind Puzzleteile und fügen sich zu einer Gesamtinterpretation zusammen.«[1]

Somit ist die Binnendifferenzierung die ideale Organisationsform, wenn ein Text so interpretiert werden soll, dass er mit allen Lernkanälen begriffen werden kann. Jeder Lernweg steuert auf seine Weise einen Teil zur Gesamtinterpretation bei.

Nehmen wir beispielsweise den Lernweg A, den eine *analytisch* veranlagte Schülerin, die auch gerne selbstständig arbeitet, gehen kann: In der Interpretation könnte sie einen Prätext ohne Anleitung analysieren und begründet interpretieren oder ihn mit einer wissenschaftlichen These vergleichen.

Den Lernweg B beschreitet z. B. ein Schüler, der leichter und vor allem nachhaltiger durch *visuelle* Impulse lernt: Er kann bei der Interpretation mit Hilfe eines Bildes oder eines Filmausschnittes einen Prätext besser verstehen, unabhängig davon, ob das Bild den Text bestätigt oder zu ihm eine Gegenposition einnimmt.

Ein Lernweg C ist für SuS von Bedeutung, wenn sie *kontaktfähig* sind und gerne im Team arbeiten; sie gewinnen aus der *Kommunikation* mit anderen sichere Lernergebnisse. Bei der Interpretation sind solche Teamplayer besonders durch Gemeinschaftsaufgaben zu begeistern, so z. B. für die Erarbeitung eines Rollenspiels oder für das Auffinden oder Konstruieren eines Fallbeispiels bzw. einer Dilemmasituation, die den Prätext verdeutlicht. Auch Aufgaben zur Recherche sind bei ihnen gut aufgehoben.

Auf die ihnen entsprechende Weise können auch alle anderen Lerntypen ihren Beitrag zur Gesamtinterpretation eines Textes einbringen.

8.2 »Große« und »kleine« kreativ-produktive Verfahren

Für SuS, die gerne mit den Händen schaffen und etwas produzieren, gibt es entsprechende Arbeitsimpulse. Handarbeit – das wissen Bastler und Bastlerinnen – benötigt Zeit. Daher ist der beste Raum für diese SuS ein Projekt, das sich über mehrere Stunden oder Tage hinzieht. Kreatives Handeln kann in groß angelegten und in kleinen Formen organisiert werden. Großformen sind Wochen-

1 Göttsching/Scholz, 14.

planarbeit, Freiarbeit, Lernzirkel, Gruppenpuzzle. Die Großformen sind in der Literatur oft und ausführlich beschrieben, deshalb verweisen wir dazu auf die angegebene Literatur am Ende des Kapitels.

Kleinformen betreffen zeitlich enger definierte Aktionen. Ihre Produkte sind logischerweise auch kleiner. Das macht sie nicht weniger wertvoll als die kreativen Produkte, die aus Projekten hervorgegangen sind. In einem eng getakteten Stundenblock kann es oft nur Ansätze für kreatives Handeln geben:

- Beispielsweise könnte Horaz' Satire I, 9 mit wenigen Bildern zu einer Comic-Serie mit überzeichneten Figuren werden, deren Sprechblasen alle wichtigen Reaktionen des Dichters und des *garrulus* auf den Punkt bringen, um damit zu zeigen, was auch heute noch Anbiederung oder Stalking so widerlich macht und vor allem, warum das so ist.
- Oder liegt es nicht nahe, das Gastmahl, das Plinius in ep. 2,6 (vgl. S. 102) beschreibt, in ein pantomimisches Spiel umzusetzen, um das Ungebührliche, das Inhumane am Verhalten des Gastgebers am eigenen Leib zu verspüren und es auch andere durch das Spiel spüren zu lassen?

Im Folgenden (8.3) beschreiben wir kleine bzw. kleinere Aktionen, die ohne Probleme in den Unterricht eingebaut werden können, wobei wir immer den Blick auf den Material- und Planungsaufwand, den Zeitfaktor und – wichtig! – den Aspekt der Zusammenführung bzw. auf die Präsentation der Ergebnisse richten.

Selbstverständlich und nicht weiter auszuformulieren ist: Alle Sozialformen machen Sinn: die Einzelarbeit, wenn z. B. für eine Person des Textes ein innerer Monolog formuliert werden soll, die Partnerarbeit z. B. für eine Internetrecherche, die Gruppenarbeit wie oben beschrieben.

8.3 Die fünf Säulen kreativer Textinterpretation

Vorbemerkung:

Es kann bei der kreativen Umsetzung eines Textes keine 1:1-Gleichung geben, denn es ist ja gerade Signum der Kreativität eines Menschen, dass sie sich auf ein (oft zufälliges) Momentum einlässt, das die Idee zur Annäherung an den Text in Gang setzt. Meistens konzentriert sie sich auf *einen* Aspekt des Textes. Je intensiver der »Künstler« sich auf diesen einen Aspekt einlässt, desto mehr kann sich der Sinn des ganzen Textes verschieben. Dennoch muss im schulischen Kontext immer klar sein, d. h. die SuS müssen immer erklären können, in welchem Verhältnis in ihrer Interpretation Veränderung/Umformung und Textinhalt zueinander stehen.

Für kreative Produktionen im Unterricht gibt es gewöhnlich fünf Wege:
Man kann eine Textpassage
(A) inhaltlich mit *Worten* (schriftlich und mündlich) verarbeiten
(B) durch Zeichnung, Skizze u. ä. verdeutlichen
(C) in *Musik* oder
(D) *Bewegung* umsetzen und *last but not least*
(E) durch *Spiel* darstellen.

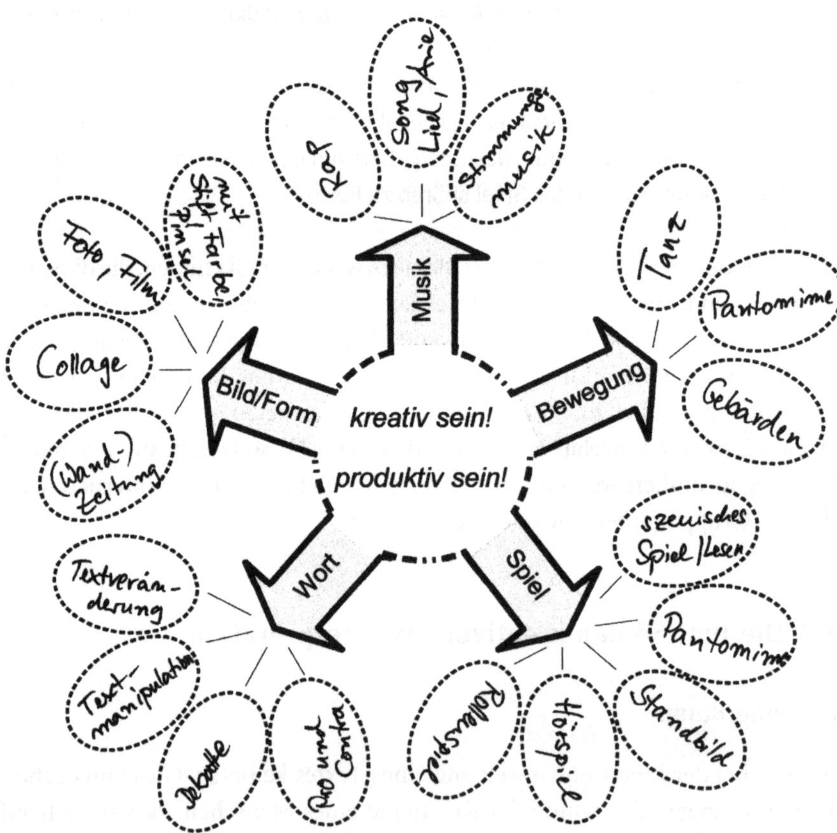

Abb. 34: Wege der Kreativität im Überblick, © V. Göttsching

Beispiele:

- Durch eine Pantomime kann herausgearbeitet werden, wie sich das Verhältnis zwischen Dido und Aeneas entwickelt hat und wie es schließlich abrupt endet. Didos Glück und die Klimax der Tragik, die sie durch Aeneas erleben muss, können durch das Spiel deutlicher zum Ausdruck gebracht werden als durch ein Bild; die sich vergrößernde Distanz zwischen den Liebenden wird deutlich.
- In diesem Kontext fertigen andere SuS ein Bild an oder eine Collage, wie sie sich dieses *fatum,* das für die Liebenden so »fatal« ist, vorstellen: Etwas Bedrohliches und zugleich Anmaßendes wird es an sich haben, möglicherweise wie eine Krake, die mit ihren Tentakeln nach Menschen greift.
- Ein weiterer Impuls für die Umsetzung in ein anderes Medium kann Aeneas' Dilemma sein, das ihn zerreißt, weil quasi zwei Parteien auf ihn Anspruch erheben: eine Frau (ein Mensch) und eine göttliche Macht.

Wenn irgend möglich, sollte jede Kreativ-Phase im Plenum abgeschlossen werden: Wer Zeit sparen muss, wählt die Abschlussreflexion, bei der jede Arbeitsgruppe ihre Erfahrungen in knappster Form einbringt bzw. ihr Produkt vorstellt; ein gemeinsamer Kommentar wird erarbeitet: Was hat unsere Phantasie angeregt? – Was (alles) haben wir mit der Textaussage gemacht? – Wo hat (haben) die Textaussage(n) uns oder unsere Lebenswelten berührt?

Wenn in dieser Phase viele Bilder entstanden sind, sollte (durch SuS oder Lehrer) eine Auswahl getroffen werden: Die ausgewählten Bilder können als Wandzeitung zur ständigen Betrachtung aufgehängt oder in eine Sammelmappe, in der auch andere Unterrichtsergebnisse gesammelt sind, gelegt werden. Diese soll den SuS immer zur Verfügung stehen.

Für die Phase kreativen Arbeitens ist natürlich die Präsentation der Ergebnisse das gegebene Mittel des Abschlusses. Jede präsentierende Gruppe muss sich an ein festes Zeitbudget halten (5 Minuten). Nachfragen müssen erlaubt sein, vor allem solche nach dem Bezug zum Text. Die Abschlussreflexion kann nach denselben Fragen wie oben ablaufen.

<table>
<tr><td>Weg A
Vorlesen, Vortragen</td><td>Weg B
Erläutern und Betrachten</td><td>Wege C - E
Präsentieren</td></tr>
<tr><td colspan="3" align="center">! Abschlussreflexion !</td></tr>
</table>

8.4 Impulsgebung

Kann man für etwas, das der individuellen Kreativität eines Schülers oder einer Schülerin entspringt, ein Beispiel geben oder ist das *per se* unmöglich? Tatsächlich geht die Kreativität eigene Wege, die nicht zu antizipieren sind. Und dennoch (!) skizzieren wir in aller Kürze Möglichkeiten, wie der Lehrer *Impulse für kreatives Schaffen* geben kann, nicht mehr und nicht weniger. Wie die SuS mit unseren wie auch immer gearteten Impulsen umgehen, lässt sich nicht vorausplanen.

Beispiele für Handlungsimpulse

Mit Worten:
Text: Plinius, ep. 8,22, 1–3 (Werteerziehung für Lästermäuler[2])

Übersetzung: Kennst Du diese Leute, die sich, selbst Sklaven aller möglichen Lüste, über die Laster andrer so aufregen, als ob sie sie darum beneideten, und diejenigen am schwersten bestrafen, denen sie am meisten gleichen, während sich doch auch für die, die keines Menschen Nachsicht bedürfen, nichts mehr schickt als Milde? Ich für meine Person halte den für den besten, perfekten Menschen, der seinen Mitmenschen so verzeiht, als ob er selbst täglich Fehler machte, und sich so bei Verfehlungen verhält, als ob er niemandem etwas verzeihe. Darum wollen wir daran festhalten, zuhause, in der Öffentlichkeit, in allen Lebenslagen, dass wir gegen uns selbst unerbittlich sind, aber versöhnlich auch gegen die, die nur gegen sich selbst Nachsicht zu üben wissen; und wir wollen uns daran erinnern, was ein sanftmütiger und eben darum großer Mann, nämlich Thrasea, häufig zu sagen pflegte: »Wer die Fehler hasst, hasst die Menschen.«

Möglicher Impuls:
aus der eigenen Lebenswelt Fallbeispiele beschreiben, die solche negativen Eigenschaften offenbaren, wie sie Plinius in diesem Text darstellt; das Schlechte dabei so übertreiben, dass daraus eine juristische Anklage/eine kleine Gerichtsszene entwickelt werden kann

Mit Bildern:
(Text: Seneca, ep. 12, 1–3 [4A])
Zusammenfassung: Seneca besucht sein Landgut und findet es in einem schlechten Zustand vor. Das Haus ist abbruchreif, die Bäume sind morsch und trocken.

2 AU 4/2015: Praxisbeitrag von Thommel, M., 46–51.

Seneca geht weiter und trifft einen alten, klapprigen Mann. Er erkennt zunächst nicht, dass er diesen Alten, als der noch ein Kind war, einst mit Spielzeug beschenkt hat. Wenn dieses Kind schon so alt ist, wie wird es dann um ihn selbst stehen? Materie, Natur und Mensch führen Seneca deutlich vor Augen, dass auch er »in die Jahre gekommen« ist. Seine Laune wird im Laufe des Erkenntnisprozesses immer grimmiger, bis er erkennt: Ich bin alt: Der Tod ist nahe.

Möglicher Impuls:
die einzelnen Stufen der Erkenntnis, die Seneca als Gutsbesitzer und als Mensch durchläuft, bildlich darstellen (siehe nächste Seite)

Mit Musik:
Text: Ovid, Met., 10, 1-105: Orpheus und Eurydike

Möglicher Impuls:
drei Musikstücke zusammenstellen, die die Stimmung des Orpheus zu verschiedenen Zeitpunkten ausdrücken: nach dem plötzlichen, frühen Tod seiner Frau - bei seinem Auftritt vor den Mächtigen der Unterwelt - nach dem endgültigen Verlust seiner Frau

Mit Bewegung:
Text: Prima nova, L. 24, S. 117: Keine Angst vor Gespenstern

Inhalt: In Athen verjagt ein Gespenst alle Bewohner des Hauses. Der Philosoph Athenodorus verspricht dagegen Abhilfe.
Möglicher Impuls:
eine kurze, gut darstellbare Szene auswählen und durch Tanz, Bewegung oder Gestik ausdrücken; die Empfindungen beim Tanz und beim Zuschauen beschreiben

Mit szenischem Spiel:
Text: Phaedrus, I 1: *Lupus et agnus*

Mögliche Impulse[3]:
sich vorstellen, dass der Wolf für die von Phaedrus mit *iniusta nece* bezeichnete Tat von der Staatsanwaltschaft angeklagt wird und es zum Prozess kommt → für den Prozess einen Angeklagten, einen Ankläger (Staatsanwalt), einen Verteidiger und einen Richter benennen → besprechen, was bei der Gerichtsverhandlung

3 Beispiel entnommen aus: Scholz/Sauter, 68.

jeweils zum Fall vorgetragen werden soll → ein Urteil mit Begründung formulieren → die Szene spielen oder ein Drehbuch für eine filmische Umsetzung verfassen

Beispiel zum Handlungsimpuls **»Mit Bildern«**: Schülerzeichnungen zu Sen., ep. 12, 1-3

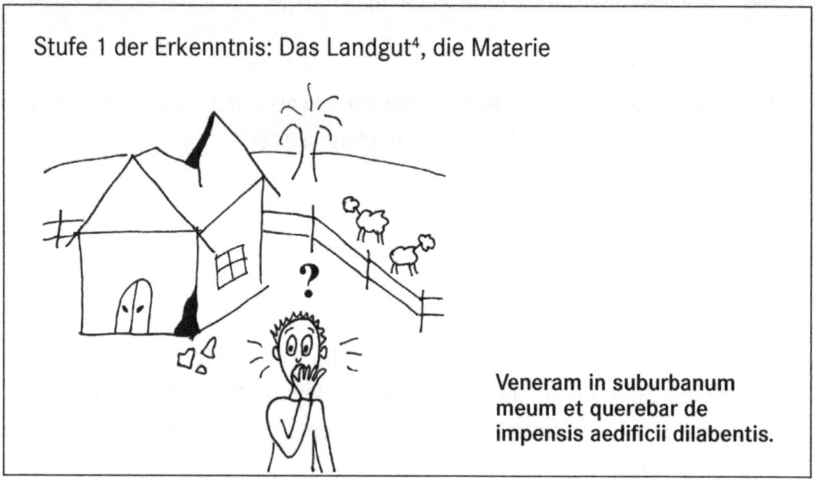

Stufe 1 der Erkenntnis: Das Landgut[4], die Materie
?
Veneram in suburbanum meum et querebar de impensis aedificii dilabentis.

Abb. 35: Schülerzeichnung 1

Stufe 2 der Erkenntnis: die Bäume, die Natur
? ?
›Apparet‹, inquam, ›has platanos neglegi: nullas habent frondes.‹

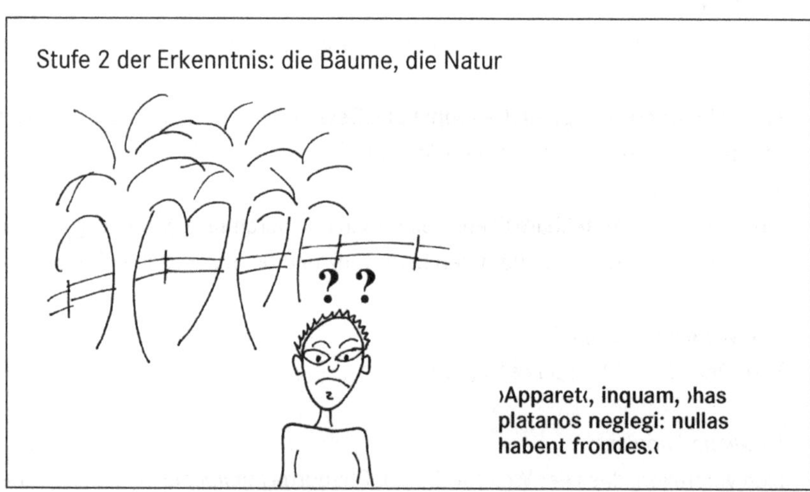

Abb. 36: Schülerzeichnung 2

4 Gezeichnet von Yannick Bührer und Elena Restle, Abitur 2009, Goethe-Gymnasium Emmendingen.

Abb. 37: Schülerzeichnung 3

Als Anregung für eine kreative Bearbeitung **mit Worten und mit Spiel** geben wir zum Abschluss noch ein Beispiel aus der eigenen Unterrichtspraxis. Die SuS hatten folgende Arbeitsaufträge zu einem Textauszug aus »Joseph und seine Brüder«:

- Bildet zwei Gruppen: Übersetzt jeweils einen Textabschnitt.
- Übertragt euren Abschnitt dann in Dialekt (hier: alemannisch) und
- entwickelt aus diesem Text eine Spielszene.

Zwei Auszüge aus den alemannischen Übersetzungen:

Dr Sepp un sini Brieder

Auszug 1: … Wie sini Brieder emol in Sichem die Viecher hütede, hot de Jakob gsait: »Dieni Brieder hüete d'Ochse in Sichem! Gong zu ne! Guck emol, was sie so triebe.« Donn isch er dert no gonge. Dene hets nit passt, dass er kumme isch, un si hän gsait: »Guck emol, do kummt der Treimer, dr einfältige Kerle! Was soll mer denn mit dem ofonge?« Donn hän sie drüber debadiert, ob sen umbringe solle, doch de Ruben, de Ältscht, häts nit welle un er hät gsait: »Kumm, mer werfet en in dene Brunne do!« …

Auszug 2: »Verehrter Pharao, dinne Treim uslege, isch mer e großi Ehr. D'siebe feddi, scheeni Küh, sell sin feddi, fruchtbore Johr, die magre Rindviecher sin siebe elendige Johr, mit leerem Topf un keinem Schiebli Brot im Kaschde« ...[5]

8.5 Literatur

AU 3+4/1994: Handlungsorientiert, darin: Haas, G./Menzel, W./Spinner, K.: Handlungs- und produktionsorientierter Literaturunterricht, 37–52.

AU 4/2009: »Szenisches Interpretieren«.

Drumm, J./Frölich, R., Innovative Methoden für den Lateinunterricht, Göttingen 2007.

Mattes, W., Methoden für den Unterricht, Kompakte Übersicht für Lehrende und Lernende, Paderborn 2011.

Göttsching, V./Scholz, I., Zwischen Nähe und Distanz, Lehrerkommentar zu scala-Heft 1, Bamberg 2013.

Kuhlmann, P., Lateinische Literaturdidaktik, Göttingen 2010, 71–73.

Scholz, I./Sauter, J., Phädrus Fabeln, ein kompetenzorientiertes Lektüreprojekt mit Binnendifferenzierung, Göttingen 2009.

Stangl, W., Lernstile – was ist dran? Praxis Schule 5–10, 31 Jg., Heft 3/2005.

www.methodenpool.uni-koeln.de/uebersicht.html (Zugriff: 07/2016).

5 Gemeinschaftswerk aller Lateinschüler der Kl. 10 am Geschwister-Scholl-Gymnasium Waldkirch (1995).

9 Basiswissen 1: Operatoren und Arbeitsaufträge

Wegweiser durch dieses Kapitel:

9.1 Einleitende Überlegungen
9.2 Operatoren – Benennung und Beschreibung
9.3 Weitere erprobte Arbeitsaufträge
9.4 Experiment: Schüler finden Operatoren
9.5 Literatur

9.1 Einleitende Überlegungen

Im Unterricht eines jeden Faches gibt es zahlreiche Möglichkeiten, Transparenz für die SuS zu schaffen. Operatoren zu benutzen ist eine dieser Möglichkeiten, weil die SuS an ihnen klar erkennen, welche Leistung sie bei einer bestimmten Aufgabenstellung zu erbringen haben.

► Operatoren können differenziert eingesetzt werden – je nach der kognitiven Entwicklungsstufe der SuS und nach der jeweiligen Komplexität des Textes.

► Um Lösungen zu den verschiedenen Operatoren messbar und für Lehrer und SuS vergleichbar zu machen, wurde auf der Grundlage der einheitlichen Prüfungsanforderungen (EPA) von den Kultusbehörden aller Bundesländer zu jedem Fach eine Liste von Operatoren erstellt, die für die Textarbeit in der Oberstufe verbindlich sind. Diese Operatoren sind als handlungsleitende Verben definiert.

► Diese Anforderungen, welche die SuS mit Hilfe der Operatoren erfüllen sollen, werden in drei Anforderungsbereiche (AFB) gegliedert:

- AFB I verlangt, Sachverhalte, Textinhalte und/oder einzelne Begriffe richtig zu beschreiben und wiederzugeben, außerdem selbstständig erlernte Verfahrensweisen auf andere Zusammenhänge zu übertragen
- AFB II umfasst das selbstständige Bearbeiten, Anordnen und Verarbeiten bekannter Sachverhalte unter vorgegebenen Gesichtspunkten
- AFB III verlangt, über komplexe Sachverhalte und Problemstellungen zu reflektieren, diese zu deuten und zu bewerten. Speziell bei der Interpretation wird ein angemessenes Niveau gefordert, das den AFB III voll und ganz erfüllt und auch Aufgaben der anderen beiden AFBs berücksichtigt und bewertet.

► Nicht in allen Fällen ist eine eindeutige Zuordnung eines Operators zu *einem* Anforderungsbereich möglich, z. B. kann der Operator »einordnen« je nach Textschwierigkeit den Bereich der Reproduktion tangieren, aber auch bis hin zum Bereich des problemlösenden Denkens reichen.

► Operatoren vermeiden W-Fragen, weil diese unter Umständen nur mit »ja« oder »nein« oder mit einem kurzen Satz beantwortet werden können und daher wenig hilfreich für den Prozess des Interpretierens sind. Operatoren öffnen das Nachdenken oder das Sprechen über ein Thema, sie geben den SuS Impulse. Dass diese durch das erlernte Repertoire von Operatoren den Text selbstständig analysieren und interpretieren können, könnte der Wunschtraum jeder Lehrerin und jedes Lehrers sein.

9.2 Operatoren – Benennung und Beschreibung

In folgender Tabelle finden Sie die offiziellen Operatoren, die dem Bildungsplan 2016 (Latein/Griechisch, Baden-Württemberg)[1] entnommen sind:

Operatoren	Beschreibung	AFB
analysieren/ untersuchen	formale und inhaltliche Aspekte eines komplexen Ganzen (Wörter, Formen, syntaktische Strukturen, Texte) oder eines Zusammenhangs unter aspektgeleiteten Fragestellungen herausarbeiten und die Ergebnisse strukturiert und systematisiert darstellen	II, III

1 Bildungspläne Baden-Württemberg, 35.

Operatoren	Beschreibung	AFB
anwenden/ nutzen	einen bekannten Sachverhalt oder eine bekannte Methode auf eine neue Problemstellung beziehen und zu deren Lösung und zum Erreichen von Zielen einsetzen	II
begründen	Positionen, Auffassungen und Urteile und so weiter bestimmen, argumentativ herleiten und durch Argumente stützen	II, III
belegen	Aussagen durch ein explizit ausgewiesenes Zitat oder einen Verweis stützen	II
(be-)nennen	Gegenständen oder Sachverhalten Begriffe zuordnen; Begriff und Sachverhalte aufzählen	I, II
beschreiben	Personen, Situationen, Vorgänge, Sachverhalte oder Zusammenhänge (strukturiert, nicht wertend) mit eigenen Worten darstellen	I, II
bestimmen	Sachverhalte und Inhalte prägnant und kriteriengeleitet feststellen	I, II
bewerten/ erörtern	Textinhalte und Textgestaltungen, Sachverhalte, Aussagen, Maßnahmen, Lösungen und so weiter reflektieren und prüfen und darstellen und eine eigene begründete Position vertreten	II
charakterisieren	Sachverhalte, Vorgänge, Personen u. a. in ihren spezifischen Eigenheiten pointiert darstellen; etwas unter leitenden Gesichtspunkten kennzeichnen und gewichtend hervorheben	II
darstellen	Zusammenhänge, Probleme und so weiter unter einer bestimmten Fragestellung strukturiert, sachbezogen und neutral wiedergeben	I, II
einordnen	einen Sachverhalt oder eine Aussage aspekt- und kriterienorientiert in einen Gesamtzusammenhang stellen	II
erklären	einen Sachverhalt in einen Begründungszusammenhang stellen, etwas kausal schlussfolgernd herleiten	II
erläutern	einen Sachverhalt veranschaulichen, verdeutlichen; etwas verständlich machen	II, III
erschließen	einen Text für die weitere Bearbeitung methodengestützt aufbereiten, neue Informationen, Erkenntnisse und Sichtweisen herleiten	II

Operatoren	Beschreibung	AFB
formulieren	ein Ergebnis, einen Standpunkt, einen Eindruck knapp und präzise zum Ausdruck bringen	I, II
gliedern	ein vorgegebenes Ganzes unter bestimmten Aspekten strukturieren und systematisierend, gleichgeordnet und/oder hierarchisiert in seinen Teilen darstellen	II
herausarbeiten	Strukturen, Leitgedanken, Strategien aus einem Textganzen/Sachverhalt herauslösen und akzentuiert darstellen	II
interpretieren	Texte auf Erkennen und Verstehen gerichtet auslegen; dazu Textform und Textinhalt in ihren Wechselwirkungen untersuchen mit dem Ziel einer schlüssigen Gesamtauslegung	III
präsentieren	vorbereitete Informationen zu einem Thema strukturiert, mediengestützt und adressatengerecht vortragen	II
Stellung nehmen/bewerten	sich zu einer Fragestellung argumentativ und urteilend positionieren	III
unterscheiden	Unterschiede, Ähnlichkeiten und Gemeinsamkeiten ermitteln	II
vergleichen	Gemeinsames und Unterschiedliches herausarbeiten und gegenüberstellen; gewichtend ein Ergebnis formulieren	II, III
wiedergeben	wesentliche Informationen aus einem Material entnehmen oder einen Sachverhalt aus dem Wissen vortragen	I, II
(auf-)zeigen	Sachverhalte, Textinhalte und/oder Textformen sachbezogen, teils deskriptiv, teils analysierend darlegen	I
zusammenfassen	Inhalte und Zusammenhänge von Quellen (Texte, Medien) sachbezogen, strukturiert und auf das Wesentliche ausgerichtet wiedergeben	I, II
zusammenstellen/gegenüberstellen	Begriffe/Elemente nach vorgegebenen oder selbst erarbeiteten Gesichtspunkten sammeln	I, II

Anmerkung

Im Unterricht hat sich gezeigt: Je umfangreicher die Liste der Operatoren ist und in je höherem Maß die zu erbringenden Leistungen fein oder feinst ausdifferenziert sind, umso weniger praktikabel sind die Operatoren für die SuS;

denn solche Feinheiten der Differenzierung können sie oft nicht erkennen bzw. umsetzen, auch weil der Sprachgebrauch im Alltag nicht den Definitionen entspricht. Die Unterscheidung ist für die SuS daher eher artifiziell. Diese Unterrichtserfahrung möchten wir an einigen Operatoren aufzeigen:

▶ Operatoren: »(be-)nennen« und »wiedergeben«:
Diese Operatoren sind je nach Text schwer auseinanderzuhalten. Im Prinzip meint »benennen« das einfache Aufzählen von Begriffen oder Fakten, »wiedergeben« fordert dazu auf, einen Sachverhalt oder Inhalt mit eigenen Worten auszudrücken. Das Anspruchsniveau ist bei diesem Operator höher. Dennoch kann es zu Überschneidungen kommen.

▶ Operatoren: »beschreiben« und »darstellen«
Die im Operator »beschreiben« geforderte Darstellung von Personen, Situationen, Vorgängen, Sachverhalten oder Zusammenhängen ist nichts anderes als die im Operator »darstellen« geforderte Wiedergabe von Zusammenhängen und Problemen.

▶ Operatoren: »erläutern« und »erklären«
Wie erklärt oder erläutert man dem Schüler den Unterschied zwischen »erläutern« und »erklären«? Hier braucht es wohl mehr Zeit zur Erläuterung – oder zur Erklärung? – als zur Bewältigung der Aufgabe.

9.3 Weitere erprobte Arbeitsaufträge

So weit, so gut. Die Anforderungen der genannten »amtlichen« Operatoren geben nicht nur für die Analyse die notwendigen Impulse, auch bei der eigentlichen Interpretation spielen sie eine wichtige Rolle.

Hier könnte ein *Interlocutor* einwerfen: »Ist es nicht gerade das Wesen und die Bestimmung der Interpretation, frei und ohne Rücksicht auf einen bestimmten Katalog Fragen an den Text stellen zu dürfen?«

Tatsächlich setzt ein Text unendlich viele und auch nicht exakt zu antizipierende Aspekte frei; damit entstehen ebenso viele Impulse, Arbeitsaufträge, Aufgaben, die aus dem Moment der Eingebung geboren sind und zu überraschenden Ergebnissen führen. Eine Sisyphusarbeit wäre es, diese spontan entstandenen Impulse zu sammeln und zu sichten. Aber sie existieren und neue kommen hinzu. Was die SuS mit ihrer Hilfe leisten, soll nicht unbedingt gemessen werden; sie zu bewerten muss auf andere Weise geschehen als durch ein falsch-richtig-System, z. B. nach den Kriterien der *Schlüssigkeit,* der *Logik,* der *Originalität,* des *Ausdrucks* und vor allem: *des Bezugs zum Text.*

Gerade solche Impulse haben im Unterricht einen wichtigen Platz, sie machen ihn lebendiger, phantasievoller und regen sowohl die Imagination als auch die Auseinandersetzung mit dem Text an: Sie fördern eigenständiges Vorgehen, den Austausch mit einem Partner oder innerhalb einer Gruppe, die Nutzung unterschiedlicher Strategien, trainieren auch die Fähigkeiten zur Problemlösung, sie lassen kreative Deutungsweisen zu, kurz: Sie lassen den SuS mehr *Freiheit.*

In der Konsequenz heißt das, dass wir für die textüberschreitende Interpretation sowohl auf die »amtlichen« Operatoren als auch auf viele andere Impulse zurückgreifen, die sich aus dem Text ergeben und die zu Leistungen führen, die nicht gemessen und bewertet werden müssen.

Aus diesen Überlegungen stellen wir zur Abrundung und zur allgemeinen Anregung weitere Aufgaben vor, die sich im Unterricht als gewinnbringend bewährt haben. Einige Aufgaben wurden von SuS entwickelt. Wir verzichten auf Definitionen und nennen Ihnen stattdessen zur Orientierung Beispiele und Einsatzmöglichkeiten aus dem Lateinunterricht.

Arbeitsaufträge[2] und Beispiele

▶ abstrahieren (= das Allgemeine im Einzelnen auffinden):

• Zu Seneca, ep. 60, 1–3: *Queror, litigo, irascor! Etiamnunc optas, quod tibi optavit nutrix tua aut paedagogus aut mater? Nondum intellegis, quantum mali optaverint? O, quam inimica nobis sunt vota nostrorum …*
Seneca kritisiert die Wünsche, die Eltern für ihre Kinder entwickeln. Überlege, was ein Wunsch eigentlich bedeutet bzw. welche Ziele Wünsche haben können. Formuliere Wünsche, die ein Stoiker vertreten würde, und vergleiche sie mit denen, die Eltern hegen.

▶ aktualisieren/Parallelen zum Heute aufzeigen:

• Zu Cicero, Pro Archia poeta, 26: *trahimur omnes studio laudis, et optimus quisque maxime gloria ducitur:*
Welche Lebensziele hat ein *optimus quisque*? Welche Lebensziele hat der Chef der Daimler-Benz-AG? Entwickle zwei Wertepyramiden, indem du die Ziele mit »weniger wichtig« bzw. »wichtig« (für die betreffende Person) bewertest.

2 Denken Sie bei allen Aufgaben hinzu: Aussagen müssen in der Regel begründet werden.

▶ assoziieren:

• Zu Cicero, Part. orat. 76–78:

Welche Aspekte verbindest du mit dem Begriff *virtus*? Bilde eine Assoziationskette. Gib zu zwei deiner Assoziationen ein Beispiel aus deiner Lebenswelt.

▶ ausdenken/vermuten:

• Zu Ovid, ars amatoria, 2, 641–662:

Ovid zählt Schönheitsfehler einer Frau auf. Denke dir entsprechende Fehler bei einem Mann aus. Und so wie Ovid die Schönheitsfehler der Frau schönredet, mache das auch bei den Fehlern des Mannes.

▶ auswählen:

• Zu NT, Lukasevangelium 15,11–32 (Erzählung vom verlorenen Sohn)[3]:

Wähle aus, wen du lieber zum Freund haben möchtest: den älteren oder den jüngeren Sohn?

• Zum Thema »Glück«:

Informiere dich über die 23 Glückslektionen, die Hector auf seiner Reise oder Suche nach dem Glück[4] kennen gelernt hat. Wähle die drei aus, die dir am wichtigsten sind.

▶ veranschaulichen/konkretisieren:

• Zu Vergil, Aen., 12, 919–952:

Aeneas hat eine Handlungsalternative: Er kann Turnus schonen oder ihn töten. Gib jeweils ein konkretes Beispiel, welche Folgen Aeneas' Entscheidung für die Trojaner und die Rutuler haben könnte.

▶ gestalten/entwerfen:

• Zu Ovid, Met. 6, 170–202:

Gestalte/zeichne ein Schmuckstück, das Niobe zur Verdeutlichung ihrer Stellung gerne tragen würde.

▶ abgrenzen:

• Zu Cicero, Laelius de amicitia, 25,91–93:

simulatio vitiosa est: Grenze folgende Begriffe gegeneinander ab:
Irrtum – Unaufrichtigkeit – Notlüge – Lüge – Täuschung[5]

---

3 Der Hinweis auf den Text und die Aufgabe wurden entnommen aus: Buchner Übergangslektüre 2, 11.

4 Lelord, F., zitiert nach https://de.wikipedia.org/wiki/Hectors_Reise (Zugriff: 07/2016).

5 Beispiel entnommen aus scala Heft 2 (C.C. Buchner): Freunde finden und gewinnen, 37.

► verallgemeinern:

• Zu einem Spruch, der dem Kaiser Caligula in den Mund gelegt wird: *Quo maior est metus mei, eo minor est metus meus.*
Verallgemeinere diese Aussage und überprüfe, was es für eine Gesellschaft bedeuten könnte, *wenn* diese verallgemeinert würde.

► sich informieren/recherchieren[6]:

• Zu Caesar, BG 4, 16–26 bzw. Tacitus, Agricola 30 (Rede des Calgacus):
Recherchiere die Bedeutung des Begriffes »Imperialismus« und stelle Motive für imperialistische Politik zusammen.

► vervollständigen:

• Zu Sallust, De coniur. Cat, Kap. 20 (Rede des Catilina an seine Anhänger):
Vervollständige folgenden Satz: Catilina zeigt sich in dieser Rede als ein ....

.... / .... / ....
Nenne drei charakterisierende Substantive.

► vorbereiten/planen:

• Zu Cicero, Tusc. Disp. 5, 61–64 (Damokles)
Für ein Referat über das Thema »Glück« willst du eine interessante Einleitung finden. Du beschließt, moderne Glückssymbole vorzustellen und die Mitschüler zur Erklärung der Symbole aufzufordern.

► Fortsetzung schreiben:

Schreibe eine Fortsetzung der Geschichte von Paris und Helena: Wie erging es Helena nach der Zerstörung von Troja? Denke dir zwei verschiedene Fortsetzungen aus.

► Lösung anbieten:

• Zu Ovid, Met., 1, 452–567:
Tröste Daphnes Vater; er hat gerade seine Tochter verloren. Biete ihm eine Lösung an, so dass er wieder Mut fasst und eine Lebensperspektive sieht.

► Fallbeispiel erarbeiten:

• Zu Senecas Forderung: *vindica te tibi!* (Ep. mor. 1,1):
Erarbeite zu dieser Forderung ein (auf dich selbst bezogenes) Fallbeispiel.

---

6 Tipp: Die SuS recherchieren ausschließlich die von Ihnen angegebenen web-Adressen.

► einen Gedankengang »reduzieren«:
- Zu Terenz, Adelphen, 1. Akt:

Reduziere die Erziehungsstile von Demea und Micio auf *drei* deutsche Imperative, welche die Väter jeweils an ihren Sohn richten.

► in Stillarbeit Notizen machen:
- Zu Cursus continuus, L. 34 bzw. Cicero, De re publica, III 22–23:

Mach dir in Stillarbeit Notizen zu folgender Aussage: »Gerechtigkeit ist Dummheit!« und ordne sie nach eigener Vorstellung.

► sich entscheiden: *verum aut falsum?:*
- Zu Phaedrus, I 5:

Ist folgende Aussage richtig oder falsch: *Numquam est fidelis cum potente societas*? Begründe deine Meinung und belege sie durch Beispiele.

► Argumentationslinien nachzeichnen/eine Entwicklung grafisch darstellen:
- Zu Nepos, Themistocles IV, 3–5.3:

Verfolge die Entwicklung der Argumentation und mache sie grafisch sichtbar.[7]
- Zu Ovid, Met. I 452–567:

Entwickle eine Kurve, die zeigt, welche emotionalen Höhen und Tiefen der Gott Apollo bei seiner Werbung um Daphne durchlebt.

► Übersetzung in Dialekt/Jugendsprache/Fachsprache (z. B.: Polizei) anfertigen: Siehe Kap. 8.4

► Portrait/Steckbrief/Facebook-Profil entwerfen:
- z. B. für Sempronia/Catilina/Plinius d.Ä./Plinius' Ehefrau Calpurnia/Sokrates

► in einen Text Gedankenblasen[8] einsetzen:
- Zu Martial, Ep. 10, 47:

Zeichne an Stellen des Gedichts, zu denen du Anmerkungen, Fragen oder Assoziationen hast, Gedankenblasen und notiere diese Anmerkungen in die Blasen.

► nachweisen:
- Zu Minucius Felix, Octavian 30:

Weise nach, dass der Erzähler ein Christ ist.

---

7 Oswald u. a., 45.
8 Vgl. dazu Hensel, A., *Vitam quae faciant beatiorem* – machbares Lebensglück, in: AU 5/2015, 17.

▶ Bilder zum Text hinzufügen:

- Zu Horaz, c. 1,9:

Entwickle eine Bildercollage, indem du zu jeder Strophe des Gedichts ein Bild hinzufügst.

9.4 Experiment: Schüler finden Operatoren

Wir haben bereits erwähnt, dass SuS sich gelegentlich schwer tun, Handlungsanleitungen, die durch Operatoren ausgedrückt sind, zu begreifen und umzusetzen. Nuancen und Differenzierungen zwischen den Operatoren übersehen sie oft. Gibt es Wege, dass SuS selbst erkennen, wie wichtig und komplex das Finden des richtigen Operators ist? Wir schlagen Ihnen Folgendes vor:

Füllen Sie z. B. eine Vertretungsstunde mit einem kleinen Experiment, indem Sie den Interpretationsprozess vom Ende her aufrollen: Die Schüler erhalten zu einem bekannten Text verschiedene Arbeitsaufträge ohne Operatoren. Ihre Aufgabe besteht darin, den richtigen Operator zu finden.

Beispiel zu Ovid, Met., 6, 170–202 (Rede der Niobe):

1. 1 .... Sie mit deutschen Oberbegriffen und lateinischen Belegen die Vorzüge, die Niobe bei sich sieht.
→ Erwartete Operatoren: *zusammenstellen und ordnen*

1. 2 .... Sie aus der Perspektive der Niobe deren Werteskala (Was ist ihr wichtig, was ist ihr weniger wichtig?)
→ Erwarteter Operator: *entwickeln*

1. 3 .... Sie diese Anordnung am Text!
→ Erwarteter Operator: *begründen (und eventuell belegen)*

Die SuS lesen zunächst die synoptisch aufbereitete Textfassung, dann die Arbeitsaufträge ohne Operatoren. Sie erkennen, dass in 1.1 die Vorzüge der Niobe aufgezählt werden und füllen die erste Lücke mit dem Operator »zusammenstellen« oder »nennen«; der Anmerkung »mit deutschen Oberbegriffen« können sie entnehmen, dass die gefundenen Begriffe nach eigenem Ermessen auch geordnet werden müssen.

Die zweite Lücke in 1.2 stellt schon eine größere Hürde dar: Hier helfen sowohl der Begriff »Werteskala« als auch die Klammer weiter: Was ist ihr wichtig, was ist ihr weniger wichtig? Der Operator muss ein transitives Verb sein, das mit dem Begriff »Werteskala« kombinierbar ist: »entwickeln«.

Die dritte Lücke in 1,3 ist mit »begründen« zu füllen, weil den SuS (hoffentlich) klar ist, dass eine von ihnen getroffene Anordnung nicht nur behauptet werden darf, sondern begründet werden muss.

Hatte etwa der Herr rechts nicht den richtigen Operator?

Abb. 38: Ulf Salzmann, Glück

9.5 Literatur

AU 5/2014: »Textinterpretation« (Operatoren bei den Beispielen).
Buchners Übergangslektüre Band 1 und 2, Bamberg 2013 bzw. 2015.
Lelord, F., Hectors Reise oder die Suche nach dem Glück, München 2005.
Oswald, R./Bauer, M.M./Lamot, C./Müller,W., Texterschließung, Wien 2011.
http://bildungsplaene-bw.de/site/bildungsplan/get/documents/lsbw/export-pdf/ALLG/GYM/L2/bildungsplan_ALLG_GYM_L2.pdf (Zugriff: 07/2016).

10 Basiswissen 2: Fachdidaktische Modelle

Wegweiser durch dieses Kapitel:

10.1 *H.-J. Glücklich* (1978): Die fünf Formen der Interpretation
10.2 *F. Maier* (1984): Die modellorientierte Interpretation
10.3 *K. Spinner* (1987): Interpretieren als Verständigung übers Verständnis
10.4 *W. Heilmann* (1993): *Quid ad nos?* als Leitgedanke des Interpretierens
10.5 *P. Kuhlmann* (2009/2010): Die Interpretation – hermeneutisch und pädagogisch

Zu einem für die Praxis hilfreichen Basiswissen gehören nicht nur die Operatoren, mit deren Hilfe wir das Interpretieren eines Textes in Gang setzen und bis zu einer befriedigenden Deutung weiterentwickeln (lassen) können.

Fachdidaktiker der alten Sprachen haben in der Vergangenheit über Grundlagen, Formen und Zielsetzungen der Interpretation geforscht und daraus wesentliche Prinzipien des Interpretierens entwickelt. In manchen Fällen sind daraus auch Modelle erwachsen. Alle Faktoren des Interpretierens, die jemals für die Interpretation be- und erdacht worden sind, müssen wir kennen, denn sie liefern uns, auch wenn wir sie nicht mehr in der vorgeschlagenen Form anwenden können, ein umfangreiches Wissen über Wege und Ansätze des Interpretierens; ohne dieses Fundament bleibt jeder Interpretationsversuch in der Begrenztheit des Schülerhorizonts stecken, mit Hilfe des Basiswissens sind wir in die komfortable Lage versetzt, zielführende Anregungen geben zu können. Dieses Hintergrundwissen wollen wir im Folgenden knapp zusammenfassen.

10.1 H.-J. Glücklich (1978): Fünf Formen der Interpretation

Aus den Bedingungen sprachlicher und interpretatorischer Arbeit ergeben sich nach Hans-Joachim Glücklich[1] bestimmte »Notwendigkeiten« für den Umgang mit Texten: auf syntaktisch-morphologischem Gebiet die Notwendigkeit des reflektierenden Übersetzens, auf semantischem Gebiet die Notwendigkeit der Erläuterung und Beschreibung von Wörtern in ihrem Bedeutungsfeld und auf pragmatischem Gebiet die Notwendigkeit inhaltlicher Konfrontation, d.h. thematischen Arbeitens.

Daraus sind fünf Ziele und Bereiche der Interpretation abzuleiten. Wir stellen sie in folgender Grafik dar.[2]

A Die philologisch-historische Werkinterpretation
Die Interpretation bleibt innerhalb des Textes/Textabschnittes und versucht ihn aus sich selbst heraus zu verstehen. Fragen werden gestellt:
Wer hat den Text verfasst?
Wer ist der Adressat?
Was ist die Intention des Autors?
Wie ist der Text gemacht?
Bei den Fragen geht es um Feststellungsakte oder Deutungsakte. Letztere betreffen in der Hauptsache weiterführende Beobachtungen zu Hintergründen u.a.

B Die biographische Interpretation
Diese Interpretation wertet die Biographie des Autors aus und untersucht, ob und wie Lebenserfahrungen oder Prägungen des Autors die Themenwahl und die Darstellung beeinflusst haben.

C Die soziologische Interpretation
Sie »untersucht ein Werk auf seine soziologischen Implikationen.«
Welche sozialen, gesellschaftlichen, wirtschaftlichen und kulturellen Verhältnisse des Autors und seiner Schicht haben das Werk ermöglicht? Wessen Interessen werden bedient, wessen geschädigt?

D Die motiv- und rezeptionsgeschichtliche Interpretation
Diese vergleicht Themen, Stoffe und Motive in ihrer Wiederverwendung und Weiterentwicklung bei anderen Autoren oder anderen Künstlern. Die sich aus dem Vergleich ergebenden Gemeinsamkeiten oder Unterschiede dienen dem Verstehen und Deuten des Prätextes.

E Die gattungs- und literaturgeschichtliche Interpretation
Sie untersucht, welche Stellung der Text bzw. das Werk innerhalb der Literaturgeschichte inne hat. Sie arbeitet die Eigenart des Textes heraus.

1 Glücklich, H.-J., Lateinunterricht, Didaktik und Methodik, Göttingen 2008 (1978), 13–18.
2 Glücklich, 15.

Von den Zielen A-E spielen ausschließlich A *und* D im heutigen Lateinunterricht noch eine wesentliche Rolle: Ansatz A entspricht der textimmanenten Interpretation, die wir in unserem Konzept mit der Bezeichnung »Analyse« versehen haben. In ihr werden jeweils die Ausdrucksebene (Analysequadrat: Textsorte und Struktur) und die Inhaltsebene (Analysequadrat: Inhalt und Aussage) untersucht; dadurch gelangt man zu einer Interpretation, die den Rahmen des Texts nur selten verlässt. Ansatz E wird heute in der Regel auf den rezeptionsgeschichtlichen Ansatz verkürzt.

Die Ansätze B, C und E benötigen, um die Texte unter diesem Aspekt eindeutig zu verstehen und zu interpretieren, eine solche Fülle an Informationen zur Textpragmatik, dass sie heute nicht mehr verfolgt werden können. Dennoch ist es nicht ausgeschlossen, dass gelegentlich besonderen Einzelheiten, die z. B. zur Biographie eines Autors gehören, innerhalb der Interpretation nachgegangen wird: »Je deutlicher ein Text auf seine Zeit bezogen ist, desto schwieriger ist dabei die richtige Gewichtung.«[3]

10.2 F. Maier (1984): Die modellorientierte Interpretation

Friedrich Maier[4] fordert, im Lektüre-Unterricht Rücksicht auf die unterschiedlichen Bedingungen der SuS zu nehmen, dahingehend, dass deren entwicklungspsychologische und kognitive Situation zu beachten und entsprechende didaktische Konsequenzen zu ziehen sind; diese Voraussetzungen gelten besonders für die Interpretation: »Alle didaktischen Entscheidungen müssen sich daran orientieren.«

In Übereinstimmung mit den drei Entwicklungsebenen (»präkonventionell«, »konventionell«, »postkonventionell«), von denen der amerikanische Psychologe Lawrence Kohlberg[5] spricht, entwickelt Maier drei Phasen des Lektüre-Unterrichts:

- die sachorientierte Interpretation
- die problemorientierte Interpretation
- die modellorientierte Interpretation.

3 Doepner, 119.

4 Maier, F., Lateinunterricht zwischen Tradition und Fortschritt, Band 2, Bamberg, 1984, 133–140.

5 Vgl. dazu Kap. 5.2, 119–122.

Das folgende Modell zeigt, dass die drei Interpretationsebenen hierarchisch aufgebaut sind, ohne dass sie voneinander zu isolieren sind. »Das Prinzip der Leistungsprogression« (in Wissen, Fähigkeiten, Verständnis) tritt gleichrangig neben das »Prinzip der optimalen Passung«.[6]

Interpretationsebenen im Lektüreunterricht

	im Oberstufenunterricht	
	im Mittelstufenunterricht	modellorientierte Interpretation
im Anfangsunterricht	problemorientierte Interpretation	problemorientierte Interpretation
sachorientierte Interpretation	sachorientierte Interpretation	sachorientierte Interpretation
WISSEN	**ANWENDEN, VERSTEHEN**	**WERTEN**

► Auf der *ersten* Ebene, der sachorientierten Interpretation, geht es um das **Wissen,** speziell um das Erfassen der Sache, der Realien, des kulturellen Umfelds (Textpragmatik) – so weit, wie es zum Verständnis des Inhalts und der angestrebten Interpretationsziele notwendig ist. Eingeschlossen sind Aspekte der sprachlich-stilistischen Gestaltung und der Textsorte (Maier bezieht sich dabei auf die Klassen 8/9).

► Die problemorientierte Interpretation auf der *zweiten* Ebene kommt dem allmählich wachsenden Problemdenken der Jugendlichen entgegen. Geeignet sind Texte, die Einstellungen, Haltungen und Fragen der individuellen und sozialen Existenz des Menschen behandeln. Erste eigene Argumentationsansätze und erste eigene Versuche der Auseinandersetzung werden angestrebt. Auf dieser Ebene geht es um das **Anwenden** und **Verstehen** (Maier bezieht sich dabei auf die Klassen 9–11).

► Auf der *dritten* Ebene der modellorientierten Interpretation verfolgt der Schüler eine Problemstellung über größere Zusammenhänge hinaus, das Problem wird zu einem exemplarischen Fall. Dieser Interpretationsansatz über-

6 Beide Zitate auf dieser Seite: Maier, 135–138.

prüft die zugrundeliegenden Strukturen und Hypothesen. Meistens geschieht das über eine Zusammenstellung mehrerer Texte, die einerseits repräsentativ sind, andererseits aber auch Merkmale einer besonderen Akzentuierung aufweisen. Diese Texte miteinander in Beziehung zu setzen, heißt, ihren modellhaften Charakter herauszuarbeiten. Dieser Arbeitsbereich bezieht sich auf das **Werten** (Maier ordnet die dritte Ebene den Klassen 11–13 zu).

Anmerkung:

Das Modell der drei Interpretationsebenen wurde von F. Maier vor mehr als 30 Jahren entwickelt. Es vermittelt den Eindruck einer Aufbruchstimmung, zeigt aber auch, welche komfortablen Voraussetzungen in den 80er und 90er Jahren des letzten Jahrhunderts für das Fach Latein gegeben waren. Lektüre-Unterricht setzte damals erst ein, wenn ein ausschließlich dem Spracherwerb dienender Anfangsunterricht weitgehend abgeschlossen war.

Unter heutigen Bedingungen hilft das Modell, für die entsprechende Altersgruppe einen geeigneten Interpretationsaspekt zu finden, auch und besonders für SuS der Unterstufe, in der wir in der modernen Fachdidaktik bereits mit dem Interpretieren beginnen wollen. Wichtig scheint daher die Feststellung, dass sich sowohl jüngere SuS in ihren jeweiligen psychosozialen Bedingungen mit Grundproblemen der Gesellschaft oder einzelner Menschen beschäftigen als auch reifere SuS einen Text nach existentiellen Fragen durchleuchten können. Alle Modelle müssen für alle SuS gelten, also »durchlässig« sein.

10.3 K. H. Spinner (1987): Interpretieren als Verständigung übers Verständnis

Für den Germanisten Kaspar H. Spinner ist Interpretation eine Angelegenheit der Subjektivität[7] der Interpreten: »Wer sich interpretierend mit anderen über einen Text unterhält, verlässt die Ebene der individuellen Rezeption, aber nicht notwendigerweise zugunsten einer Textanalyse …, sondern um den Sinn, den er dem Text glaubt entnehmen zu können, [*erg.*: anderen] plausibel zu machen und um neue Sinnaspekte zu entdecken.«

Im Gespräch über einen Text müssen »Textdeuter« aufeinander zugehen, ihre Deutungen erklären, Deutungen anderer für sich überprüfen. Interpretation ist daher ein kommunikativer Akt: Verständigung zwischen Verstehenden.

7 Spinner, K.H., Interpretieren als Verständigung übers Verständnis, in: Kreativer Deutschunterricht, Identität. Imagination. Kognition, Seelze 2015, 59–72 (Zitat: 59).

Die Interpretation darf nicht zum Entschlüsseln und Dekodieren eines Textes verkommen, textanalytische Beobachtungen dürfen nicht Selbstzweck sein, sondern dienen der lebendigen Frage nach dem Sinn. Wenn die Interpretation ein Modell für eine Verständigung ist, bei der keiner dem anderen seine Meinung aufzwingt, stimmt die Aussage: Es gibt keine objektive Textdeutung.

Wichtig für das Interpretieren ist, dass der Lehrende die Textauswahl und die Interpretationsimpulse an den jeweiligen Entwicklungsstand der SuS anpasst. Deren Verstehensfähigkeiten entwickeln sich parallel zu ihrer moralischen Entwicklung.

10.4 W. Heilmann (1993): Quid ad nos? als Leitgedanke des Interpretierens

Willibald Heilmann[8] stellt die Frage: »Ist die Annahme, auch in der Schule [*erg.*: nicht nur in der Universität] gehe es zunächst einmal vor allem um eine Art philologische Interpretation, in diesem Rahmen sachgemäß?«

Seine Antwort lautet: »Literatur will auf den Leser wirken, ... Literatur ist primär eine Sache der lebendigen Beziehung zwischen Leser und Text und nicht wissenschaftliche Objektivierung.«[9]

Damit diese Beziehung eingerichtet und am Leben erhalten wird, müssen folgende Punkte beachtet werden:

- der Text muss den Leser/Schüler ansprechen und sein Interesse wecken (Interesse als das leitende Agens) *und*
- die SuS müssen zur Mitarbeit ermuntert werden, z. B. indem sie die Leerstellen des Textes, der ja ein komplexes Gebilde ist, nach eigener Vorstellung füllen und gegebenenfalls aktualisieren und so zur Voraussetzung jeder Interpretation gelangen: *mea res agitur.*
- Eine Interpretation muss offen bleiben, sie kann nur selten rund und abgeschlossen sein: »Die Aussage des Textes wird *selektiv,* in der Beschränkung aber auch *intuitiv* aufgenommen.«[10]
- das Interesse der SuS bezieht sich in der Regel auf den Inhalt und die hinter ihm erkennbaren, eventuell existentiellen Fragen. Die Fragen *quid ad nos*? *quid ad me*? führen zu den wichtigsten Aspekten einer Interpretation.
- Grundlage jeder Interpretation ist die Übersetzung des Textes.

---

8 Heilmann, W., Interpretation im Rahmen eines lateinischen Literaturunterrichts, in: AU 3+4/1994, 5–22.

9 Beide Zitate: 6.

10 Heilmann, 10.

Fazit: Lehrende müssen der Art, wie SuS auf einen Text eingehen, Raum lassen und von dieser Grundlage aus bewusst selektiv interpretieren. Ein Text kann für die SuS nur in dem Maß lebendig werden, wie sie ihn begreifen können. Begreifen können sie ihn, wenn er sie selbst etwas angeht.

10.5 P. Kuhlmann (2009): Die Interpretation – hermeneutisch und pädagogisch

Peter Kuhlmann[11] reduziert das, was man über die Interpretation eines lateinischen Textes wissen muss, auf einen höchst pragmatischen, knappen und realitätsnahen Ansatz:
A Die Interpretation muss den Text inhaltlich und strukturell erschließen (hermeneutische Funktion).

→ A beschreibt die textimmanente Interpretation, in unserem Kontext kurz »Analyse« genannt.

B Der Text muss in seinem Bedeutungspotential für die SuS und ihre Gegenwart erschlossen werden.

→ B definiert die eigentliche Interpretation, die einen fremden Text – der unter anderen kulturellen und gesellschaftlichen Voraussetzungen entstanden ist – zunächst zu verstehen versucht, ihn dann erklärt und schließlich das herausarbeitet, was der Text den jungen Lesern zu sagen hat und wo und wie er deren Lebenswelten berührt.

Ihm folgt Rainer Nickel[12] (2014): Die erste Ebene der Interpretation eines Textes betrifft seine sprachliche Gestalt und seinen sachlichen Gehalt, die zweite – höhere – Ebene versteht unter Interpretieren das weiter greifende, verknüpfende und existenzielle Verstehen (unter Berücksichtigung des Vorverständnisses und der individuellen Rezeptionssituation).

11 Kuhlmann, P. Fachdidaktik kompakt, Göttingen 2009, 139–140.
12 Nickel, R.: Interpretieren heißt Verknüpfen, in: AU5/2014 (»Textinterpretation«).

11 Schlusswort

Wenn Ihnen dieses Buch dabei helfen kann, Interpretationen zu entwerfen, durchzuführen und mit den SuS zur Sache in einen lebendigen Dialog zu treten, dann hat es sein Ziel erreicht.

Zum Schluss des Buches ist es uns ein Anliegen, auf einen Aspekt noch einmal besonders hinzuweisen.

Kaum eine Lehrerin, kaum ein Lehrer ist von der ersten Stunde ihrer/seiner Lehrtätigkeit in der Lage, die »Balance zwischen verstehender Zuwendung und Führung«[1] herzustellen. Da aber eine Interpretation, die das *quid ad me?* berücksichtigt, **immer** eine ethische Dimension aufweist, ist sie der Ort, wo diese Balance geübt werden kann. Was liegt z.B. näher, als den recht kleinen Schritt zu tun, bei einer entsprechenden Aufgabenstellung zu den Erfahrungen der SuS seine eigenen, persönlichen hinzuzufügen und so zu erreichen, dass sich einerseits die SuS wahrgenommen fühlen und andererseits auch die Lehrkraft selbst ein Stück ihrer Persönlichkeit einbringt?

Das sind die Momente, in denen wir Lehrende eine Beziehung herstellen können, die alle Protagonisten des Unterrichts auf die gleiche Ebene stellt. Diese Beziehungen entspringen dem eigentlichen Unterricht, sie geben ihm eine »demokratische« Basis. Die oben erwähnte ethische Dimension lateinischer Texte ist das leitende Moment, Lehrende und SuS zusammenzuführen.

Solche Beziehungen treten gleichrangig neben Beziehungen, die wir außerhalb des Klassenraums mit den SuS in anderen sozialen Zusammenhängen knüpfen können.

Interpretieren ist dann und dadurch die beglückendste Seite des Lateinunterrichts. Die alten Sprachen sind alles andere als alt oder gar tot: Sie schenken uns sowohl formale Bildung als auch übermomentane Einsichten und Erkenntnisse für uns selbst.

---

1 Bauer, 56.

Stellenindex

Stellenindex		
Kapitel und Stelle (fett gedruckt: ausführlich behandelt)		
2.2.1	**Cic., De off. 1, 34–36**	
2.2.4	**Catull, c. 85**	
3.1	Prima, L.21 - Holberg, iter subterraneum, Kap. 4	
3.3	**Prima nova, In amphitheatro, S. 52**	
	Intra, L. 27 - Carmina Burana 196: in taberna quando sumus	
3.4	Intra, L. 13	
4.1.1	**VIVA 2, ganzes Buch**	
	Plinius, ep. 1,9;1,22;8,24	
4.1.3	**VIVA 2, L. 27: Das Urteil des Paris**	
4.2.1	**VIVA 2, L. 27: Das Urteil des Paris**	
	Sen., ep. 12, 1–4	
	Catull, c.8 - Phaedrus, I 5	
4.2.4	**Lumina nova, L.9, Text 2**	
	Cic., Phil. 2, 53–54	
	Phaedrus, II 7	
	Vergil, Aen., 4, 304–319	
5.1	**Plinius, ep. 2,6**	
	Livius, a.u.c., 2, 32	
5.2	**Intra, L. 25**	
5.2.4	Campus, L. 36	
5.2.5	**VIVA 2, L. 19**	
	Lucius@roma.it, Kap. 1 (Ausschnitt)	
5.3.4	**Caesarius von Heisterbach, Dial. Mirac., 4, 76**	
	L.Holberg, Nicolai Klimii iter subterraneum, Kap. 3–4	
6.1	VIVA 1, L. 1–3	
	Pontes, I–4	
	Joseph und seine Brüder (passim)	

Stellenindex		
Kapitel und Stelle (fett gedruckt: ausführlich behandelt)		
6.1	VIVA 1, L. 11	
	Intra, L. 23	
	Lumina nova, L. 12	
	Pontes 13	
	Phaedrus I 5	
	Intra, L. 12	
	Lumina nova, L. 8	
	Lumina nova, L. 7	
	Prima nova, L. 21	
	Prima nova, L. 23 Z	
	Cursus, L. 36	
	Ovid, Met., 8, 611-724	
	Cic., de finibus, 1, 29-33	
	Cic. Tusc. Disp. 5, 10	
	Cic., Acad. Post., 1,15	
	Cic. Tusc. Disp. 1, 22	
	Sen., ep. 53, 26, 20, 89	
	Lukrez, de rer. nat., 2,1-161/3,1-30	
	Cic. Tusc. Disp. 3,29-33/37 f.	
	Leges XII tabularum	
	Gaius, Insitutiones	
	Corpus iuris civilis	
	Cicero, de rep. III 9;11;37	
	Livius, a.u.c., II 23-35 (Ständekämpfe)	
	Sen. ep. 47	
	Cic., Laelius, de amic., 6,20; 27; 100	
	Sen., de ira, 3,13-9,75	
	Cic., de off., passim	

Stellenindex		
Kapitel und Stelle (fett gedruckt: ausführlich behandelt)		
6.3	Sallust, bell. Jug., 85,5	
	Terenz, Adelphen, 414-418	
	Ovid, Met., 2,19-39; 2,88-106 (Phaethon)	
	Cic., Laelius de amic., 21, 76-78	
6.4	Plinius, ep. 6,16	
	Vergil, Aen., 4, 332-333	
	Sallust, Cat., 20, 6-9	
	Vergil, Aen., 1, 257-283	
7.1	Kroesus, Prima nova 23	
7.1.1	Ovid, Met., 1, 474-559	
7.1.3	Lumina nova, L. 18	
	Cic., Laelius de amic., 6,22	
	Sallust, Cat., 20	
	Phaedrus I 5	
	Cic, Laelius de amic., 25, 91-93	
	Cic. De nat. deorum, 1, 50-53	
	Caesar, BG, 1, 52-54	
7.1.5	Ovid, Met. 3, 443-474	
7.2.1	Cic., Laelius de amic., 27,100	
7.2.2	Ovid, Met. 3, 443-474	
8.2	Horaz, sat. I 9	
	Plinius, ep.6,16	
8.4	Plinius, ep. 8,22, 1-3	
	Sen., ep. 12, 1-3	
	Ovid, Met., 10, 1-105	
	Prima nova, L. 24	
	Phaedrus, I 1	

Stellenindex		
Kapitel und Stelle (fett gedruckt: ausführlich behandelt)		
9.3	Sen., 60,1-3	
	Cic., Pro Archia poeta, 26.	
	Ovid, ars amat. 641-662	
	NT (Lukasev.) 15,11-32	
	Vergil, Aen., 12, 919-952	
	Ovid, Met. 6, 170-202	
	Cic., Laelius de amic., 25, 91-93	
	Caesar, BG 4, 16-26	
	Sen., ep. 1,1	
	Terenz, Adelphen, I 1, 26-80	
	Cursus continuus L. 34	
	Cic., de rep. III 22-23	
	Phaedrus I 5	
	Cic., de off., 3, 21-30	
	Martial, Ep., 10, 47	
9.4	Ovid, Met. 6, 170-202	

Bildnachweise

Verena Göttsching
- Abb. 2: Erwachsenwerden
- Abb. 3: Lebenswelten
- Abb. 4: Leben in der Gegenwart
- Abb. 5: Zukunftsorientierung
- Abb. 10 (Verena Göttsching + Stefano Marino)
- Abb. 12: Thementafel
- Abb. 34: Wege der Kreativität
- Grafiken auf S. 108 und 113

K. Spinner
- Abb. 15: Interpretationsfähigkeit im Schulalter

forschung-erleben.de:
- Abb. 9: Raffgier

Vandenhoeck & Ruprecht
- Abb. 14: aus Lumina, Lektion 19, S. 139, Göttingen 2009
- Abb. 24: aus Lumina nova, Lektion 18, S. 111, Göttingen 2010
- Abb. 26: aus nikomachos, Heft 5 (Bild von Ludger Koreng), Göttingen 2004

Fotolia
- Abb. 6: Rollentausch

Sibel Hündöl
- Abb. 16: Puer parvus

Akg images
- Abb. 21: Claude Vignon, Krösus
- Abb. 25: Maccari, Ciceros Anklage gegen Catilina
- Abb. 27: Merian, Gründung Roms
- Abb. 28: Salvator Rosa
- Abb. 32: Titus

deviantart.com
- Abb. 22: Apollo und Daphne

Beatriz Martin Vidal
- Abb. 23: Daphne und Apollo

James Cochran
- Abb. 33: Narcissus

Colourbox
- Help-Männchen
- Abb. 1: Laptop-Arbeit
- Abb. 17: Brücke, laufende Kinder
- Abb. 13: Römische Inschrift

Shutterstock
- Abb. 7: Bausteine

C.C.Buchner:
- Abb. 29: Löwe

Ulf Salzmann:
- Abb. 38: Comic »Glück«

Bibliographische Angaben zu den verwendeten Lehrbüchern:

- Intra I und II: Blank-Sangmeister, U./Hille-Coates, G./Hubig, S./Mosebach-Kaufmann, I./Müller, H., Vandenhoeck & Ruprecht, Göttingen 2008.
- Pontes 1: Bothe, M.-L./Hellwig, A./Schücker-Elkheir, D./Siewert, W./Weeber, K.-H., Ernst Klett Verlag, Stuttgart. Leipzig 2014.
- Prima, Ausgabe A: Utz, C. U (Hg.), C.C.Buchner, Bamberg 2004.
- Prima nova. Utz, C./Kammerer, A. (Hg.), C.C. Buchner, Bamberg 2014.
- VIVA 1,2 und 3: Bartoszek, V./Datené, V./Lösch, S./Mosebach-Kaufmann, I./ Nagengast, G./Schöffel, Chr./Scholz, B./Schröttel. W., Vandenhoeck & Ruprecht, Göttingen 2012.
- Actio 1 und 2: Holtermann, M./Meyer-Eppler, I. (et al.), Ernst Klett Verlag Stuttgart. Leipzig 2006.
- Campus, Ausgabe C: Utz, C./Kammerer, A./Heydenreich, R. (Hg.), C.C.Buchner, Bamberg 2008.